Fragmentierung und Überleben

– Zusammengestellt von Andreas Willisch –

Editorial

Mit dem Heftschwerpunkt „Fragmentierung und Überleben" nimmt die Redaktion eine Diskussion wieder auf, der sich die *Berliner Debatte* schon in den vergangenen Jahren wiederholt gewidmet hat. Im Bericht „Zur Lage in Ostdeutschland" plädierten die Autoren für einen Paradigmenwechsel in der Ostdeutschlandforschung. Sie begründeten die These, dass die Transformations- und Entwicklungsprobleme in Ostdeutschland nur im Kontext des übergreifenden sozialökonomischen Umbruchs zu verstehen sind, der Ende der 1970er Jahre in den entwickelten Industriegesellschaften und in der Weltwirtschaft eingesetzt hat und bis heute anhält (Heft 5/2006, S. 7). Aus dieser Perspektive diagnostizierte Rainer Land (ebd., S. 31ff.) in Ostdeutschland divergente Entwicklungstendenzen überregional agierender und auf lokale Märkte orientierter Unternehmen, die in eine fragmentierte Wirtschaftsstruktur und wachsende regionale Disparitäten münden: International wettbewerbsfähige innovative Unternehmen mit attraktiven Beschäftigungsverhältnissen sowie prosperierende Regionen und stagnierende Lokalwirtschaften mit prekären Beschäftigungsverhältnissen, deindustrialisierte Städte sowie sich entleerende ländliche Räume bestehen nebeneinander, ohne dass es zu *Spill over*-Effekten kommt, letztere daher auf Dauer vom allgemeinen Fortschritt abgekoppelt zu werden drohen. Doch wie „überleben" die Menschen, die in solchen Regionen „zurückbleiben"? *Andreas Willisch* hat für den Schwerpunkt dieses Heftes Beiträge aus dem „Wittenberge-Projekt" (2007-12) zusammengestellt, die dieser Frage gewidmet sind und aus soziologischer wie ethnologischer Perspektive individuelle und kollektive Strategien untersuchen, welche es den Bewohnern abgehängter europäischer Regionen ermöglichen, unter prekären Umbruchbedingen „fortzufahren, zu leben" (Derrida). Im Einleitungsbeitrag zum Heftschwerpunkt werden das „Wittenberge-Projekt" und die Einzelbeiträge näher vorgestellt.

Im Nebenschwerpunkt thematisieren *Wladislaw Hedeler, Nikita Petrov* und *Alexander Vatlin* den vor 75 Jahren in der Sowjetunion auf Weisung des Politbüros des ZK der KPdSU(B) von der politischen Polizei durchgeführten „Großen Terror", in dessen Verlauf Exilanten und Sowjetbürger aller Nationalitäten verfolgt, zu Zwangsarbeit im Gulag oder zum Tode durch Erschießen verurteilt worden sind. Dabei gehen sie insbesondere auf die sog. „Deutsche Operation" des Volkskommissariats für Innere Angelegenheiten (NKWD) ein, die am Beginn dieses gegen die Bevölkerung gerichteten Terrors stand. Während Hedeler einen Überblick über neuere russische und deutschsprachige Veröffentlichungen zum Thema gibt, stellen Petrov und Vatlin neue, auf ihren Archivrecherchen basierende Forschungsergebnisse vor.

Jan Wielgohs

Heinz Bude, Michael Thomas,
Rainer Land, Andreas Willisch[1]

Das Wittenberge-Projekt

Sozialkapital, Umbruch, Überleben

Nach der kulturellen Wende der 80er und 90er Jahre, die den Geisteswissenschaften ihre stillen normativen Voraussetzungen im Sinne einer unbedachten Präferenz für den europäisch-amerikanischen Weg des „weißen fleischessenden Mannes" bewusst gemacht haben, finden sich diese heute in einer gewissen Isolation von den harten sozialen Problemen unserer Gegenwartsgesellschaft wieder. Man ist diskursanalytisch höchst reflexiv, aber hat den Kontakt zu den Lebensproblemen der Leute verloren, die plötzlich „Nein" zu Europa sagen, sich zu ursprungsmythischen Volksbegriffen flüchten oder sich überaus wechselhaft in ihren politischen Optionen verhalten. Mit großer Überraschtheit entdeckt man die „Unterschichten" oder „Verworfenes Leben" (Zygmunt Bauman) in einem gesellschaftlichen Umbruchsprozess, der scheinbar fortwährend die Richtung verändert und Kontinuität nur in seiner anhaltenden Dynamik aufweist. Nachdem sich die Geisteswissenschaften über die Bedeutung der „Kultur" aufgeklärt haben, ist die „Gesellschaft" wieder zu einem unbekannten Gegenstand geworden. Die Menschen haben Angst vor plötzlichem Statusverlust und sehen sich mehr als Opfer unbeherrschbarer anonymer Kräfte denn als Akteure in einem nachvollziehbaren sozialen Wandel. Vor allem aber fühlen sich bestimmte Teile der Bevölkerung abgehängt vom Lebenszuschnitt der „Mehrheitsklasse" (Ralf Dahrendorf) und aufs Überleben verwiesen.

Überleben unter prekären *Umbruchs*bedingungen und die Entstehungsvoraussetzungen von *Sozialkapital* markieren das Feld des Wittenberge-Projekts. Im Kern geht es darum, der Versuchung zu widerstehen, Ostdeutschland als Sonderfall sozialen Wandels zu betrachten, und zugleich das Konzept einer „nachholenden Modernisierung" (Wolfgang Zapf) zu überwinden, indem wir die Forschung hin zum Wandel europäischer Arbeitsgesellschaften öffnen. Dabei sind mit den Begriffen *Schrumpfung, Fragmentierung* und *Exklusion* gesellschaftliche Dynamiken angesprochen, für die die eingeübten Vorstellungen Sozialkapital getragener positiver Entwicklungen nicht zuzutreffen scheinen. Mehr noch: das räumliche und zeitliche Nebeneinander erfolgreicher und abgekoppelter Regionen und gesellschaftlicher Teilbereiche innerhalb Europas verweist auf ein neues Modell von Gesellschaft. Während sich für die erfolgreicheren Entwicklungen das Konzept des Sozialkapitals in der gegenwärtigen Debatte aufzudrängen scheint, fehlen uns für die zurückbleibenden Akteure, Regionen und gesellschaftlichen Teilbereiche die Begriffe. Daher wurde versucht mit dem entwicklungsethnologischen Konzept des *„Überlebens"* ein bereits in der Öffentlichkeit diskutiertes „Bild" aufzunehmen und fortzuentwickeln.

Mit Derrida („Leben ist Überleben" 2005) lässt sich Überleben zum einen als „fortfahren zu leben" beschreiben, zum anderen als „Überleben" in seiner „strukturellen, ursprünglichen Dimension", dass etwas fortbesteht über den Tod hinaus und damit unmittelbar Zeugnis ablegt über das Gelebte. In diesen Überlegungen steckt sozusagen der optimistische Geist, wonach es sich lohnt zu fragen, was weitergegeben werden kann, was aufbewahrt werden muss und was – vielleicht verborgen zu Lebzeiten (oder in besseren Zeiten) – neu hervorgeholt werden könnte. Um diesen letzten Gedanken, dass bei allen dramatischen Verwerfungen in Zeiten rapiden sozialen Wandels auch Weitergabefähiges hervorgebracht werden kann, soll es insbesondere gehen. Natürlich muss uns zuerst interessieren, was die Leute machen, um unter veränderten, meist schwierigeren Bedingungen „fortfahren zu leben", wie sie ihre alltäglichen Arrangements anpassen oder neu erfinden. Doch diese Versuche unternehmen sie in gewisser Weise auch stellvertretend für die übrige Gesellschaft, und schon wird gefragt, was bleiben wird und was vom Verbliebenen, Ererbten wieder nützlich geworden ist.

Für die soziologische Debatte ist der Überlebensbegriff durch die Entwicklungssoziologie bzw. -ethnologie fruchtbar gemacht worden. Dabei nimmt er in den jeweiligen Konzepten durchaus eine Basisposition ein. So lautet die zentrale These der Bielefelder Entwicklungsethnologen (wie auch der Dependenz- und Weltsystemtheorien), dass sich in peripheren Gesellschaften (hier insbesondere die Länder der Dritten Welt) bestimmte Produktionsweisen zu spezifischen Gesellschaftsformen „verflechten" (Bierschenk 2002). Diese „Verflechtung" erlaube eine Art „Überausbeutung" der Arbeitskräfte, da der „zum Überleben" notwendige Teil der Güter und Dienstleistungen außerhalb des „kapitalistischen Sektors" durch Eigenarbeit hergestellt würde. Überleben erscheint hier in seinem ursprünglichen Sinngebrauch als „fortfahren zu leben". „Überleben" ist somit eine „Reproduktionsstrategie", um „Sicherheit und Absicherung" (Kitschelt 1987) unter den Bedingungen der Unterentwicklung erreichen zu können. Unter „Überlebenssituationen" verstehen wir Veränderungen der sozialen Zusammenhänge, die eine Reproduktion des gegebenen sozialen Kapitals in Frage stellen, also zu dessen Erosion, Auflösung und ggf. Verlust führen, aber auch dessen Neuaufbau und Reorganisation auslösen können. „Überlebenssituationen" sind also Gefährdungen der sozialen Existenz der Individuen in ihren gesellschaftlichen Kontexten, die nicht zwangsläufig mit physischem Überleben gleichgesetzt werden können..

Seit Ulrich Beck für „die politische Ökonomie der Unsicherheit" das Wort von der „Brasilianisierung des Westens" (1999) geprägt hat, dürfen wir die Erkenntnisse und Theorien der Entwicklungssoziologie und -ethnologie wieder zu Rate ziehen, wenn wir die Probleme der ersten Welt betrachten wollen. „Das Herausragende", so schreibt Beck, „ist die neue Ähnlichkeit von Entwicklungsprofilen der Erwerbsarbeit in der so genannten ersten und der so genannten dritten Welt. Damit breitet sich im Zentrum des Westens der sozialstrukturelle Flickenteppich aus, will sagen die Vielfalt, Unübersichtlichkeit und Unsicherheit von Arbeits-, Biographie- und Lebensentwürfen. [...] Die Menschen sind [...] Arbeitsnomaden, die zwischen verschiedenen Tätigkeitsfeldern, Beschäftigungsformen und Ausbildungen hin- und herpendeln" (S. 8). Es ist von einer „nomadischen Multi-Aktivität" die Rede, die bisher durch die Entwicklungsethnologie als eine Art „Kunst des Überlebens" (Kitschelt 1987) diskutiert wurde. Das weit entfernt liegende breitet sich wohl unter neuen Voraussetzungen und mit noch unbekannten Folgen im Zentrum aus. Wie mit dem Begriff der *Exklusion* (Bude/Willisch 2006) eine Verschiebung des Verhältnisses von Drinnen und Draußen beschrieben wird, so deutet die Bezugnahme auf den Überlebensbegriff, das kleinteilige Nebeneinander unterschiedlicher *Entwicklungsprofile* im europäischen Kontext an. Mit dem Begriff des Überlebens soll daher der Focus auf solche Typen krisengeschüttelter Gesellschaften gerichtet werden, die einerseits nur durch externe Transfers am Leben gehalten werden, während deren Bewohner andererseits beständig zum Experimentieren gezwungen sind, um gesellschaftliches Vertrauen, individuelle wie kollektive Sicherheit und funktionierende Gemeinschaftlichkeit zu ihrem eigenen Überdauern herzustellen. Überlebensgesellschaften sind Avantgarde und Bittsteller gleichermaßen, sind *reaktionäre Rebellen*, die ständig mehr verlangen, aber deren Beitrag zur gesellschaftlichen Entwicklung nur darin besteht, durch unablässiges evolutionäres Umwühlen ihrer Verhältnisse ungefragt Neues anzubieten.

Begriffe wie „soziale Exklusion", „Fragmentierung", „demografischer Wandel" oder „Schrumpfung" verweisen auf gesellschaftliche Verwerfungen, die zwar bereits in der Öffentlichkeit angekommen scheinen, denen aber ein geisteswissenschaftliches Fundament noch fehlt. Wir glauben zu wissen, wie „Globalisierung" und „Europäisierung" den Wandel von Institutionen und Organisationen und die damit zusammenhängenden Wirtschafts- und Sozialmodelle vorantreiben, aber wir wissen doch ziemlich wenig über die Veränderungen des in den sozialen Praktiken, Beziehungen und Netzwerken der Akteure geronnenen *Sozialkapitals*. Seit den Untersuchungen von Coleman (1988), Putnam (1993), Cusack (1999) und anderen gibt es deutliche Belege dafür, dass „soziales Kapital" in Umbruch- und Überlebenssituationen sehr wichtig sein und die Art und Weise, die Richtung der Bewältigung von gesellschaftlichen Veränderungen bestimmen kann.

Sterbende Dörfer, Industriedistrikte oder Stadtquartiere, sich auflösende und ggf. neu bildende bürgerschaftliche Netzwerke und Familienzusammenhänge kennzeichnen „Überlebenssituationen", die zuweilen zum Wiederaufstieg und – so unsere These – zur Reorganisation sozialen Kapitals, zur Neubildung bürgerschaftlicher und familiarer Netzwerke auf einer veränderten Grundlage führen können – oft unter Rückgriff auf Mitgegebenheiten, vorhandene Ressourcen und Traditionen, wenn diese im veränderten Kontext neu gedeutet und reorganisiert werden. Die Spezifik der hier vorgeschlagenen Perspektive besteht darin, die Reproduktion des Sozialkapitals in Überlebenssituationen in den Blick zu nehmen. Worauf rekurrieren die Leute, wenn es nicht mehr weiter geht? Wie verändern sich die sozialen Beziehungen, wenn man sich nicht mehr sicher sein kann, ob man überhaupt noch dazugehört? Welches soziale Minimum braucht es zum psychischen Überleben, wenn auf die bekannten materiellen Einkommensquellen und sozialen Sicherungen kein Verlass mehr ist? Mit dem Begriff des Sozialkapitals in Überlebenssituationen ist das Plädoyer zu einem gemeinsamen Bezugspunkt verbunden, auf den sich unterschiedliche disziplinäre Blickweisen wie verschiedene Ge-

genstandsbeschreibungen der Regenerationen des feinen sozialen Gewebes in krassen sozialen Umbrüchen beziehen können.

Einheitliche multinationale Institutionen und Organisationen und sich in der Tendenz eher angleichende Institutionen und Organisationen im Europa der Europäischen Union führen keinesfalls zu einer Angleichung der Figurationen des Sozialkapitals in den lokalen und regionalen Gesellschaftsorganismen, Netzwerken, Familienstrukturen. Die große Vielheit scheint unter den Bedingungen des Umbruchs trotz des Zusammenwachsens der Institutionen eher zuzunehmen. Hier kommt dem ostdeutschen Fall für das Verständnis der Veränderungen in der europäischen Soziallandschaft insofern exemplarische Bedeutung zu, als der Rückbezug auf indigene Ressourcen, die Resistenz gegenüber kolonisatorischen Taktgebern und das Erfinden von Lebensformen des zurande Kommens in ihrer gleichzeitigen Wechselwirkung wie in einem „natürlichen Experiment" (Kurt Lewin) zu studieren sind. Ostdeutschland stellt sich als ein in sich fragmentiertes Sozialgebilde dar, in dem Hochproduktivitätsregionen, solche des eingespielten sozialen Ausgleichs und verlorene Gebiete nebeneinander existieren. Von hier aus lassen sich Vergleiche zu anderen europäischen Regionen ziehen.

Die empirischen Untersuchungen von „Sozialkapital" zielten bislang vor allem auf die Beschreibung oder auch Messung eines lokal gegebenen Bestands sozialer Netzwerke, familiärer Bindungen und intergenerationeller Unterstützung und Zusammenarbeit und untersuchten, welche Wirkungen solche Bestände sozialen Kapitals haben können – etwa auf die wirtschaftliche Situation, auf die Höhe der Arbeitslosigkeit, auf die Stabilität oder Labilität sozialer Organismen. Die Frage nach der Veränderung, Entwicklung, dem Verlust oder dem Neuaufbau sozialen Kapitals wird bislang kaum systematisch empirisch untersucht – und wenn, dann eher in der Auflösung sozialen Kapitals im Zuge bestimmter Modernisierungen. Darüber hinaus gibt es Hinweise aus Untersuchungen, die zwar nicht direkt die Bildung sozialen Kapitals zum Gegenstand machen, aber mittelbar darauf schließen lassen: beispielsweise, wenn

Unterstützungsnetzwerke in den Siedlungen um stillgelegte Bergwerke in Großbritannien, informelle Ökonomien in Arbeitslosenmilieus oder wechselseitige Hilfe unter Alleinerziehenden analysiert werden.

Die forschungsleitende *Hypothese* des Wittenberge-Projekts lautete: Neubildung und Reorganisation von sozialem Kapital findet sich häufig in „Überlebensgesellschaften", also in Konstellationen, in denen die Reproduktion des bisherigen Bestands an Netzwerken, Bindungen und Identitäten gefährdet ist und das soziale Kapital in der bisherigen Weise nicht mehr fortbestehen kann. Zwar führen prekäre Situationen und Gefährdungen nicht notwendig zu einer Wiedergeburt bzw. zur Neubildung sozialen Kapitals. In vielen Fällen sterben solche sozialen Organismen langsam. Die Jugend wandert ab oder wechselt in andere Communities und Netzwerke. Das Dorf, das Stadtquartier, die Familien lösen sich langsam auf, der Generationenzusammenhang zerbricht. Aber nicht selten sind es gerade Überlebensgesellschaften, die besondere Kreativität bei der Restrukturierung und Neubildung sozialen Kapitals, der Reaktivierung und Neudeutung von Tradition, der Kombination von Innovationen und Mitgegebenem, der Verbindung von endogenen und exogenen Ressourcen entwickeln. Historische Beispiele wären das „Wunder" hochdynamischer Wirtschaftsregionen in dem ehemals hoffnungslos rückständigen Irland oder der Aufstieg großer Teile Bayerns aus der deutschen Armenstube in die Oberliga. Aber auch in den prekären Szenarien der Deindustrialisierung in Ostdeutschland finden sich Fälle der Entwicklung neuer sozialer Netzwerke, Kompetenzen und Kooperationsformen.

Landläufig werden die Folgen des sozioökonomischen Umbruchs in Gewinner- und Verliererpositionen differenziert, wobei nahe zu liegen scheint, dass die Gewinner diejenigen sind, die die besseren Karten, die passfähigeren Ressourcen und sozialen Fähigkeiten hatten. Beim genaueren Hinsehen aber zeigen Beobachtungen, dass diejenigen, die vom Umbruch „automatisch" nach oben getragen werden, im Aufstieg nicht selten soziales Kapital verlieren, während diejenigen, die zunächst in prekäre Konstellationen geraten, aber noch

über aktivierbare und restrukturierbare Ressourcen verfügen bzw. solche bilden können, zu möglichen Gewinnern der zweiten Stunde werden oder zumindest einen neuen Weg der Stabilisierung finden. Aus unserer Hypothese leitet sich die Forschungsfrage ab, unter welchen Voraussetzungen prekäre Umbruchs- und Überlebensfigurationen zur Entfaltung sozialer „Kreativität" führen und wann es zur Einigelung in überlebensfähige, aber stagnative Sozialstrukturen kommt.

Wittenberge in Europa

Die Stadt Wittenberge liegt im Nordwesten Brandenburgs an der Elbe und der Bahnstrecke Hamburg–Berlin. Sie hat heute noch ca. 19.000 von ehemals 30.000 Einwohnern und in den letzten 15 Jahren einen enormen Deindustrialisierungs- und Schrumpfungsprozess durchschritten. Wittenberg steht beispielhaft für einen europaweiten Umbruch industrieller Regionen und Gesellschaften. Dabei wurde bisher – bis auf in wenigen Ausnahmen wie dem Ausstellungsprojekt *shrinking cities* der Bundeskulturstiftung – das Hauptaugenmerk dieses Wandlungsprozesses auf die erfolgreicheren Städte und Regionen gelenkt, weil von ihnen ausgehend stabilisierende Einflüsse vermutet wurden und verallgemeinerbares „Best Practice-Wissen" gewonnen werden könne. Doch gerade sehr monostrukturell organisierte Regionen und Städte wie z.B. die des Kohlebergbaus im Ruhrgebiet oder Wales, der Werftindustrie in Norwegen oder England oder der industriellen Landwirtschaft in Ostdeutschland oder Nordpolen sind von dem Umbau wirtschaftlicher Strukturen in besonderer Weise betroffen. Nicht selten verlieren gerade sie mit dem Niedergang der bisher dominanten Industrie ihr Rückgrat und trudeln auf einer Abwärtsspirale von Abwanderung, Rückbau und demografischer Alterung.

Wittenberge stellt für uns einen solch exemplarischen Fall dar. Die Stadt gewann ihre regionale Bedeutung daraus, dass sie als Elbehafenstadt und Eisenbahnknotenpunkt geeignet war, die agrarischen Produkte des landwirtschaftlichen Einzugsgebietes schnell in die Handelsmetropolen Hamburg und Berlin verteilen zu können. Zudem etablierte sich in der Stadt eine Industrie für die Verarbeitung landwirtschaftlicher Erzeugnisse wie die Zuckerfabrikation oder die Ölproduktion. Daneben wuchsen „englische" Tuchfabriken und später die Nähmaschinenwerke schnell zu bedeutenden Industriezweigen heran, die die Stadt über die Region hinaus bekannt machten. Wie in vergleichbaren europäischen Städten wurde mit dem Ende dieser Industrien auch der Niedergang der Stadt eingeläutet, der bisher kaum durch postindustrielle Strukturen aufgefangen werden konnte. Auch als Transportknotenpunkt hat die Stadt dramatisch an Bedeutung verloren. Heute teilt sie mit anderen großen und kleinen europäischen „Verlierer-Städten" wie Nakskov in Dänemark, Puchezh in der russischen Region Ivanovo oder Vardo in Norwegen das Schicksal einer „schrumpfenden Stadt", in der das alltägliche Überleben für die Städte selbst wie auch für ihre Bewohner wieder zu einem durchaus gegenwärtigen Thema geworden ist.

Während der gesamten Forschungstätigkeit der Europäischen Ethnologen, Kulturwissenschaftler und Soziologen in Wittenberge ging es immer auch darum, die Forschungsergebnisse in einem vergleichenden Zusammenhang zu diskutieren. Das wurde einerseits realisiert, in dem alle fünf Teilprojektgruppen[2] selbst auch in anderen europäischen Regionen (Polen, Rumänien, Kroatien, Dänemark, Ungarn, England) forschten und mit Forschern am Vergleichsort kooperierten, sowie durch regelmäßige Workshops und Foren in Wittenberge, zu denen Gäste aus Deutschland und Europa eingeladen wurden[3]. Der vorliegende Schwerpunkt bietet daher sowohl die Innenperspektive, in dem „Wittenberger" Fragen in europäischen Vergleichskontext beantwortet werden sollen, als auch die Außenperspektive , indem Forschungsergebnisse aus vergleichbaren Projekten im Licht der Verbunderfahrungen diskutiert werden können. Während die Texte von Jörg Dürrschmidt und Judit Miklos für den Weg von Wittenberge nach London bzw. nach Victoria in Rumänien stehen, um die Antworten nach familiären Überlebensstrategien und charismatischer Führerschaft im

vergleichenden Kontrast zu schärfen, bieten die Texte von Fred Scholz, Regina Bittner und Matthias Wagner die Möglichkeit, den „Ort" Wittenberges in der Welt näher zu umreißen. Dabei wird deutlich, dass der (ost-)deutsche Fall einer der Mittellage ist: der eruptive Zusammenbruch der Industrie nach 1990 wurde in einer alimentierten Transfergesellschaft aufgefangen. Der Preis ist der fortdauernde Traum einer industriellen Zukunft, während der sich Alltag in einer kleinbetrieblichen, kleinfamilialen und pragmatischen Existenz für lange Zeit eingerichtet hat. Wittenberge gehört daher in Sinne Scholz` in das Fragment „Neue Peripherie", in der die Discounter mit den prekären Konsumenten gute Geschäfte machen, deren produktives Vermögen aber entbehrlich erscheint. Die Fragmentierung Wittenberges von den Boomregionen und die Zersprengtheit im Inneren hat allerdings auch keine transnationale Überlebensökonomie wie die der jamaikanischen Migrantenfamilien in London oder der transnationalen Märkte wie sie Regina Bittner beschreibt geschaffen. Vergleichbare Überlebensstrategien werden in der Mittellage von den Transfers der Wohlstandsgesellschaft und der Ressourcen des Ortes bestimmt. Schwarzarbeit und informeller Handel gehören zum Tagesgeschäft, müssen aber wesentlich mehr verborgen bleiben als in den Gesellschaften und Regionen Ost- oder Südeuropas wie sie Matthias Wagner beschreibt.

Anmerkungen

1   Der vorliegende Text basiert auf dem Antragstext des Verbundprojekts „Social Capital im Umbruch europäischer Gesellschaften - Communities, Familien, Generationen", an dem das Hamburger Institut für Sozialforschung, das Brandenburg-Berliner Institut für Sozialforschung, die Universität Kassel, die Humboldt-Universität, das Maxim Gorki Theater Berlin und das Thünen-Institut Bollewick beteiligt waren. Der Verbund wurde von 2007 bis 2012 vom Bundesministerium für Bildung und Forschung gefördert. Siehe auch Bude, Medicus, Willisch (Hg.) 2011 und Willisch 2012. Der Text wurde von Andreas Willisch bearbeitet und erweitert.

2   Die fünf Teilprojekte forschten zu den Themen

ambivalente Gemeinschaften, Charisma, Vertrauen, Familie und Alltagsstrategien der Selbsthilfe. Forschungsmethoden waren im Wesentlichen teilnehmende Beobachtung und qualitative Interviews. Die Mehrzahl der Forscher wohnte für mehr als ein Jahr in Wittenberge.

3   Dazu gehörten u.a. Helmuth Berking (Darmstadt), Didier Lapeyronnie (Paris), Fred Scholz (Berlin), Piers Vitebsky (Cambridge), Rosalind Edwards (London), Glen Elder (Chapel Hill), Hans-Georg Soeffner (Konstanz).

Literatur

Beck, Ulrich, 1999: Schöne neue Arbeitswelt. Vision: Weltbürgerschaft. Frankfurt/M.

Bierschenk, Thomas, 2002: Die Bielefelder Schule der Entwicklungssoziologie: Informeller Sektor und strategische Gruppen. In: Entwicklung und Zusammenarbeit, Nr. 10, S. 273-276.

Bude, Heinz/Medicaus, Thomas/Willisch, Andreas (Hg.), 2011: Überleben im Umbruch. Am Beispiel Wittenberge: Ansichten einer fragmentierten Gesellschaft. Hamburg.

Bude, Heinz/Willisch, Andreas (Hg.), 2006: Das Problem der Exklusion. Ausgegrenzte, Entbehrliche, Überflüssige. Hamburg.

Coleman, James S., 1988: Social Capital in the creation of human capital. In: American Journal of Sociology 94, Supplement, 95-120.

Cusack, Thomas R., 1999: Social Capital and European Democracy. London.

Derrida, Jacques, 2005: Leben ist überleben. Wien.

Kitschelt, Friedrich, 1987: Die Kunst zu überleben: Reproduktionsstrategien von Fischern in Jamaika. Saarbrücken.

Putnam, Robert D., 1993: Making Democracy Work: Civic Traditions in Modern Italy. Princeton, New Jersey.

Willisch, Andreas (Hg.), 2012: Wittenberge ist überall. Überleben in schrumpfenden Regionen. Berlin.

Regina Bittner

Transnationale Märkte zwischen Überlebensökonomie und neuem Kosmopolitismus

„Ich musste meine Stelle aufgeben, weil mir kein Gehalt mehr gezahlt wurde. Jeder weiß, dass das heute sehr oft und in vielen Unternehmen geschieht. Seit sechs Jahren betreibe ich hier auf dem Markt mein eigenes Geschäft. Und es ist schwer, ein wenig Profit damit zu machen, weil wir eine Menge Steuern zahlen müssen. Das Einkommen hier reicht nur zum Überleben. Aber da ich Selbstunternehmerin bin, habe ich doch ein paar Vorteile: Ich kann freimachen, wann ich möchte, oder eben an bestimmten Tagen nicht arbeiten. Die meisten Waren kommen aus Moskau, Ismailowski und Chernizovskaja sind die billigsten Märkte, um Waren einzukaufen. Ich fahre mit dem Bus dorthin. Wie oft ich fahre, hängt vom Handel ab, manchmal einmal, manchmal zweimal die Woche oder auch nur einmal im Monat. Ich kann es mir nicht leisten, in die Türkei oder nach Polen zu reisen, was die meisten Leute taten, als sie mit ihrem Pendelhandel (shuttle-trade business) Mitte der 1990er Jahre anfingen, zu einem Zeitpunkt, als die Bedingungen dafür günstig waren. Inzwischen können es sich immer weniger Leute leisten, in die Türkei zu fahren. Die, die Anfang der 1990er Jahre damit begannen, haben heute teure Kioske, einige haben sogar Geschäfte eröffnet. Sie können teure Waren verkaufen, ich verkaufe billige.

Während der Sowjetzeit habe ich in einer Fabrik gearbeitet. Ich wusste, dass ich immer mein monatliches Einkommen habe. Und wenn ich mir etwas Größeres leisten wollte, dann habe ich gespart, weil ich wusste, alles ist stabil, auch die Preise. Heute habe ich diese Möglichkeit nicht, weil ich nicht sicher bin, was morgen ist. Das Einkommen kann steigen oder fallen. Deshalb, ja, ich denke, es war besser vorher. Ich würde sogar wieder in einer Schlange anstehen, um Wurst oder Fleisch zu kaufen, weil ich zumindest wüsste, dass ich jeden Zwanzigsten des Monats ein stabiles Einkommen habe. Ich würde es nie vorziehen, hier auf dem Markt zu sitzen, meine Gesundheit zu gefährden und meine ganze Energie darauf zu verschwenden, all die Pakete von Waren hierher zu bringen. Ich mag diese Art Leben nicht, aber ich habe keine Alternative".[1] Die Händlerin ist Mitte vierzig, sie verkauft Kleidungstücke in einem eher provisorischen Verkaufsstand auf dem Kalhozny-Markt in Smolensk. Die Erzählung steht für viele, die wir auf den Märkten in Smolensk getroffen haben, einer 300.000-Einwohner-Stadt unweit der Grenze Russlands zu Weißrussland.

Neben Rentnern, die heute ihre selbstgezüchteten Kartoffeln und Möhren auf Holzkisten anbieten, um sich etwas zur Rente dazuzuverdienen, trifft man auf den Smolensker Märkten auch ehemalige Buchhalter, Sekretäre, Ingenieure oder Lehrer in zu Drogerien und Boutiquen umgebauten Garagen. Mit viel Improvisationstalent wurden die grauen Betonwürfel in Geschäfte verwandelt, die etwas von der Sehnsucht ihrer Betreiberinnen nach dem Glamour der Warenwelt erzählen. Entweder sie sind selbst die Besitzer dieser Kioske oder sie arbeiten für den Inhaber einer Kioskkette, eine jener Personen, die in den Hochzeiten des Kioskhandels reich geworden sind. Dennoch übersteigt für viele das Einkommen hier das, was sie im Schuldienst oder im staatlichen Unternehmen verdienen würden.

Auch in Smolensk geht die Stadtregierung mittlerweile restriktiv gegen die Kioske vor. Während Anfang der 1990er Jahre der Mangel an Konsumgütern und die Sehnsucht nach westlichen Waren, und seien es nur die Imitationen aus China und der Türkei, die provisorischen Märkte expandieren ließen, unterliegen diese heute mehr und mehr staatlicher Regulation. Die Kioske waren Wegbereiter einer Kapitalisierung der russischen Gesellschaft. Sie sind Orte eines prekären Unternehmertums, das an die Stelle der vormals staatlich garantierten lebenslangen Beschäftigung getreten ist.

Mit dem Wandel in den Konsummustern und der Konsolidierung gespaltener Einkommensverhältnisse möchte man sich nun auch der Provisorien eines „wilden Kapitalismus" entledigen. Aber während in Moskau und Sankt Petersburg die Märkte mehr und mehr zum Gegenstand der Diskriminierung von Seiten der politischen Eliten wurden, stellen sie in Provinzstädten wie Smolensk immer noch eine wichtige ökonomische Aktivität für diejenigen dar, die mit den Ungewissheiten und Unsicherheiten des postsowjetischen Russland szu kämpfen haben.

Der Kioskhandel wurde vielfach als Phänomen diskutiert, das in den Turbulenzen der gesellschaftlichen Transformation eher ein Übergangsmodell beschreibt, und insofern quasi als Fähre vom Sozialismus zum Kapitalismus westlicher Prägung zu verstehen sei. Aber dessen Persistenz stellt genau diese Perspektive in Frage. Denn sie folgte generell einer Lesart der Umbruchprozesse im östlichen Europa, die in den 1990er Jahren von einer wie es Klaus Müller nennt, „Mythologie eines universalen Übergangs aller Transitionsländer zur Marktwirtschaft und Demokratie" geprägt gewesen ist (Müller 2004, 66). Die Transformationsforschung hat in den letzten 15 Jahren diese evolutionistische Perspektive, die davon ausging, dass die Implementierung der Schlüsselprinzipien westlicher Gesellschaften – Privatisierung, Liberalisierung und Demokratisierung – rasch zu „blühenden Landschaften" führen würde, einer scharfen Kritik unterzogen.

Die Kioske sind insofern ein interessantes Forschungsfeld: Zum ersten stellen sie eine besondere ökonomische Aktivität dar, bei der die Logiken der Vergangenheit auf besondere Weise die Gegenwart beeinflussen. Ethnografische Studien in postsozialistischen Kontexten heben in diesem Zusammenhang hervor, dass eine strikte Opposition zwischen dem „Markt" und der „sozialistischen Marktwirtschaft" wenig zum Verständnis des postsozialistischen Alltags beitragen kann: "What is often forgotten" so Caroline Humphrey „is, that this version of the market did not land on unoccupied ground ... We are not dealing simply with the clash of two mutually alien economic systems, the market and the socialist planned economy, but with a more complex encounter of a number of specific culturally embedded and practical organisational forms" (Humphrey / Mandel 2002, 3). Wie diese differenten kulturellen Normen und Praktiken sich überlagern und welches Spannungsfeld widersprüchlicher Interpretationen dies hervorruft, soll am Beispiel des Kioskhandels diskutiert werden. Es wird zu zeigen sein, welche hybriden Formen prekären Unternehmertums aus der Gemengelage widersprüchlicher Dispositionen im Kioskhandel entstanden sind und wie „Markt" dabei neu erfunden wird.

Zum zweiten ist der „petty trade" der postsozialistischen Unternehmer, nimmt man die Konditionen des „doppelten Strukturwandels" ernst, von vornherein in einem transnationalen Raum angesiedelt. Er ist nicht nur Reaktion auf den global induzierten dann aber lokal wirksamen Zusammenbruch vieler auf dem Weltmarkt nicht mehr wettbewerbsfähiger Unternehmen, sondern hat selbst eine ganze Bandbreite von grenzüberschreitenden ökonomischen Aktivitäten zum Hintergrund: Der Verkäufer ist nur der Vorposten eines weit gespannten transnationalen Netzwerkes, bestehend aus Pendlern, die die Waren einkaufen, Busunternehmen, Billigfluglinien, Frachtunternehmen und anderen kleinen Dienstleistern, Sicherheitspersonal, Schutzgeldeintreibern, Warenproduzenten, billigen Hotels, Pensionen und Wohnungsanbietern. Der Kioskhandel stellt insofern auch hinsichtlich des im Globalisierungsdiskurs zentralen Begriffs der Mobilität ein aufschlussreiches Forschungsfeld dar. Aus dem Unterwegs-Sein, dem Agieren zwischen mehreren Welten, erwachsen schließlich auch neue Lebenschancen und Handlungsoptionen.

Es soll also im folgenden darum gehen, die Besonderheiten des prekären Unternehmertums des Kioskhandels nach zwei Seiten hin auszuleuchten: als hybride Mischform eines unternehmerischen Selbst, das aus unterschiedlichen kulturellen Versatzstücken und tradierten Formen einer Alltags- und Überlebensökonomie seine Anleihen bezieht, und als transnationale Praxis, die von neuen Formen sozialer Mobilität begleitet ist.

Zwischen Vertrauenssache, neuem Händlertum und sozialem Sprungbrett

Am Beispiel von drei der Praxis des Kioskhandels zugrundeliegenden kulturellen Konzepten sollen die Besonderheiten dieses postsozialistischen Unternehmertums analysiert werden. Dabei wird zu zeigen sein, welche Prägekraft tradierte Muster für das gegenwärtige Kioskhandeln haben. Es geht nun erstens, um die Rolle von Vertrauen in den sozialen Beziehungen, zweitens, um den Begriff von Arbeit und Produktion und drittens, um das Verständnis von Eigenem versus Fremdem.

Die Rolle des Vertrauens

Kioske existierten schon vor der Perestroika als mobile Handelseinrichtungen in den sowjetischen Städten. Meist an den Verkehrsknotenpunkten und U-Bahn-Stationen postiert, wurden hier vor allem Zigaretten und Wodka von „Babuschkas" verkauft – für viele Rentnerinnen überschüssige Güter, die sie aber im staatlichen Distributionssystem zugeteilt bekamen und aus deren Tauschwert sie nun Nutzen ziehen wollten. Kioske waren Ausdruck der Existenz marktwirtschaftlicher Elemente unter planwirtschaftlichen Bedingungen. Viele der Händlerinnen entwickelten aus dieser Praxis ein Standortwissen, das ihnen in postsozialistischen Zeiten zugute kam.

Auch im eigenen Anbau hergestellte Produkte, wie „Pickles" oder Gemüse wurden in den kioskähnlichen Strukturen angeboten. Insofern haben Traditionen der häuslichen Herstellung/Haushaltproduktion von Nahrungsmitteln auch in der kommunistischen Ära überlebt. In den nahe den Mikroraions gelegenen Datschas setzten sich Gewohnheiten ländlicher Lebensweise und Tradition fort. Deema Kaneff hat am Beispiel bulgarischen Kleinhandels nachgewiesen, dass das ideologische Konzept des „Transforming peasants into workers...meaning petty commodity who traded at the local market into collectivized producers engaged into state production" seinen eigenen Pfad unter den Bedingungen der Mangelwirtschaft nahm (Kaneff 2002, 37). Staatliche Produktion und Haushaltproduktion existierten nebeneinander und die Individuen waren oft gleichzeitig in beide Formen involviert. Das galt vor allem für jene, die vom Land in die neuen Mikroraions zogen: Datschas ersetzten den Verlust des eigenen Hofes. Diese hauswirtschaftliche Ökonomie gehörte zu den bestimmenden Elementen der familiären Rituale: Man half sich gegenseitig bei der saisonalen Ernte, selbst wenn die Familienmitglieder in unterschiedlichen Städten lebten. Diese Beispiele verdeutlichen, dass Traditionen einer „zweiten, inoffiziellen Ökonomie" bis in die Gegenwart hinein wirksam sind. Vor dem Hintergrund einer Mangelökonomie hatten sich im gesamten ehemaligen Ostblock Netzwerke der Versorgung mit Ressourcen, Dienstleistungen und Waren gebildet. Diese zweite Ökonomie betraf nicht nur das alltägliche Leben des „kleinen Mannes", auch die staatliche Ökonomie war hochgradig von informellen Aktivitäten durchsetzt. Informelle Beziehungen existierten innerhalb weitgreifender Familiennetzwerke, aber auch und vor allem zwischen Freunden, Nachbarn, Kollegen. Um ein normales Leben im sozialistischen Alltag zu führen, waren informelle Kanäle nahezu unerlässlich. Das soziale Kapital einer Person konnte insofern bei ihren alltäglichen Interaktionen in eine andere Kapitalsorte transformiert werden. Alena Ledeneva hat die kulturelle Besonderheit des *Blat* – so das russische Wort für diese spezifischen Austauschbeziehungen – in Abgrenzung von Beziehungen analysiert, wie sie dem Schenken oder dem Warenaustausch zugrunde liegen.

Blat findet in einer Gemeinschaft statt, zwischen Menschen, die regelmäßig interagieren. *Blat* ist insofern repetitiv, und die Partner sind einander bekannt. Die Reziprozität in *Blat*-Beziehungen basiert auf einem beiderseitigen Verständnis von Fairness und Vertrauen, dem zufolge jede Seite Verantwortung trägt für die Befriedigung der jeweils anderen. Weil es keine formellen Sanktionen und Regeln gibt, muss die wechselseitige Balance in *Blat*-Beziehungen immer wieder neu hergestellt werden (vgl. Ledeneva 1998, 193). Inwiefern haben sich nun diese Austauschbeziehungen nach 1990 verändert? Der Wandel des Sprichworts „Du hast nicht 100 Rubel, aber 100 Freunde" zu „Du hast nicht 100 Freunde, aber 100 Dollar" beschreibt zweifellos gut die radikale Monetarisierung sozialer Beziehungen. Er zeigt an, dass Geld nun zum realen Medium des Austauschs geworden ist – anstelle persönlicher Beziehungen und Netzwerke. Viele Studien machen jedoch darauf aufmerksam, dass sich zwar die Bedingungen der „economy of favours" verändert haben und damit auch der Charakter dieser informellen Netzwerke, dass sie aber nicht vollständig verschwunden ist (Arnstberg / Boren 2003, 13ff.). Gerade in den schwierigen Zeiten der Transformation war und ist *Blat* für diejenigen eine wichtige Ressource, die nicht über große Geldsummen verfügen. Sie sind abhängig vom sozialen Kapital – um einen zweiten Job zu finden, ein Darlehen zu bekommen oder ein postsozialistischer Selbstunternehmer zu werden. Hat *Blat* vorher den Mangel an Waren ausgeglichen, so kompensiert er nun den Mangel an Geld und hat wahrscheinlich für die Mehrheit ein Überleben in den Turbulenzen der Transformation erst möglich gemacht.

Zum Konzept von Arbeit

Viele Menschen, die wir auf dem Markt trafen, verloren ihre Beschäftigung in einem staatlichen Unternehmen in Smolensk Mitte der 1990er Jahre. Für den Kiosk-Markt in Kiseljowka trifft das auf besondere Weise zu: Die Mehrheit der Bewohner des Mikroraions Papovka zog erst in den 1960er Jahren vom Land in die Plattenbauten. Sozialistische Neubausiedlungen wie

der Mikroraion in Smolensk wurden in einer Zeit gebaut, als mit der Konzentration auf die Schwerindustrie in der Sowjetunion massenweise Bevölkerung vom Land für die Arbeit in der Industrie rekrutiert wurde. Für viele stellte das Wohnen in einem modernen Block mit fließend warmem Wasser und Heizung einen Fortschritt dar. Das ideologische Projekt der Transformation der ländlichen Bevölkerung in sozialistische Arbeiter eines staatlichen Betriebes hinterließ seine Spuren auf der Seite dieser neuen Werktätigen: Die Herauslösung aus ländlichen Traditionen und die Integration in eine wenn auch wenig urbanisierte Umgebung waren zweifellos auch mit Emanzipation verkoppelt. „Bevor ich hier angefangen habe, Obst und Gemüse aus meiner Datscha zu verkaufen", erzählt uns eine Händlerin, „habe ich die technische Ausrüstung von Düsenjets betreut, die schneller flogen als die Lichtgeschwindigkeit. Ich habe das Institut für Luftfahrttechnik absolviert. Ich habe gut verdient und nun bin ich Rentnerin. Jeder, der hier auf dem Markt arbeitet, hatte vorher einen guten Job und alle mussten ihre Arbeit aufgeben, auf den Markt gehen oder als Shuttler arbeiten. Meine beiden Söhne zum Beispiel haben das Militärinstitut abgeschlossen und was machen sie jetzt: Sie sind beide gezwungen, als Shuttler zu arbeiten, und sie pendeln zwischen Polen und Smolensk. Ich lebe hier im Mikroraion neben dem Markt. Alles was ich verkaufe, habe ich selbst gezüchtet auf meinem eigenen Land in der Datscha. Ich spekuliere nicht, ich verkaufe nicht, was andere Leute produziert haben. Ich verkaufe nur, was ich selbst hergestellt habe. Während der Sowjetzeit kam niemand auf die Idee, irgendetwas zu verkaufen. Aber inzwischen sind die Menschen nicht mehr wohlhabend".[2] Hier sind es zum einen normative Vorstellungen von Arbeit, die nur im Zusammenhang mit Produktion als sozialer Wert verstanden wird, weil sie für die Gemeinschaft tätig sind, währenddessen Händler in dieser Sicht vorrangig für ihre eigene Tasche arbeiten. Es sind Wertvorstellungen von ehrlicher Arbeit, für das Kollektiv und in Respekt vor der arbeitenden Bevölkerung, die das Selbstverständnis und den Werthorizont vieler Bewohner des Mikroraions bis heute prägen (Humphrey 1999,

22ff.). Hinzu kommt im Falle der oben zitierten Händlerin der Stolz, an einem technologischen Fortschritt verheißenden Projekt – der Flugzeugproduktion – mitgewirkt zu haben. Der Handel mit im eigenen Haushalt hergestellten Gütern muss sich demgegenüber wie ein Schritt zurück ins Mittelalter ausmachen. Vor diesem Hintergrund ist es nicht überraschend, dass viele Menschen immer noch mit ihrer inneren Abneigung zu kämpfen haben, sich als Händler oder Händlerin im Straßenraum öffentlich zu exponieren.

Für die zitierte Händlerin stellt die Anforderung, heute, nach langer Anstellung in einem Staatsunternehmen eine prekäre unternehmerische Existenz aufzubauen, nicht nur auf Grund der Risiken und Unsicherheiten ein schwieriges Unterfangen dar: An der Ecke zu stehen und Sachen zu verkaufen, ruft auch deshalb Scham und Unwohlsein hervor, weil in ihrem Wertekosmos diese Tätigkeit nicht mit ihren tradierten Vorstellungen von Arbeit korrespondiert. Es handelt sich um ein spezifisches Verständnis von ehrlicher „Arbeit" und „Produktion", das auch die Art und Weise prägt, wie sie ihre gegenwärtige Tätigkeit interpretiert. Kleinhandel auf dem Markt wird vor allem von denjenigen abgewertet, die lange Zeit in staatlichen Betrieben beschäftigt gewesen waren. Schließlich galt der „Markt" in sozialistischen Zeiten als eine der inneren Logik des Systems grundsätzlich widersprechende Praxis: Er stand für eine individualistische Aktivität in einer wettbewerbsorientierten Umgebung. Demgegenüber galt die Beschäftigung in der staatlichen Produktion als Ausweis der Integration in das sozialistische Kollektiv (Kaneff 2002, 34).

Das Verständnis von Eigenem versus Fremdem

Kioskhandel ist eine ökonomische Aktivität, die in besonderer Weise mit Mobilität verkoppelt ist. Menschen sind dabei zum einen permanent gezwungen, regionale und nationale Grenzen zu überwinden, um ihren eigenen Lebensunterhalt zu sichern. Mobilität gehört zum Alltag der Händler, die in unserem Fall zwischen Smolensk, Moskau und Istanbul hin- und herpendelten. Zugleich bilden sich im Kioskhandel aber auch die mit dem gesellschaftlichen Systembruch verbundenen Flexibilisierungs- und Mobilitätsanforderungen an die Individuen ab. Auf dem Markt trifft man schließlich auch Menschen, die mit dem Kioskhandel auch neue Lebenschancen für sich entdeckt haben: „Ich kann nicht sagen, dass ich unglaublich reich geworden bin", erzählt uns eine Händlerin, „aber ich behaupte schon, dass das mein Business ist. Das ganze Leben, denke ich, habe ich mich eigentlich in diese Richtung bewegt. Ich mag es, mit den Leuten zu reden, und sie mögen es, sich mit mir zu unterhalten. Ich mag diesen Markt hier. Sicher ist hier vieles mangelhaft, aber ich mag meine Kunden, und sie mögen mich. Ich habe 22 Jahre in einem Ingenieurbetrieb gearbeitet, und natürlich konnte ich dort nicht bleiben. Ich war gezwungen, hierher zu gehen. Aber selbst wenn das alte Unternehmen mir eine Menge Geld anbieten würde, ich käme nicht zurück. Das ist meine Berufung, mein Business".[3] Andere auf dem Markt sind Angestellte von Betreibern mehrerer Kioske. Eine junge Lehrerin, die wegen ihres geringen Einkommens als Staatsangestellte nun lieber als Verkäuferin auf dem Markt arbeitet, zählt uns die Vorteile auf: Sie muss sich nicht mehr herumplagen mit Kindern, die nur noch gegen Geld anderen bei den Hausaufgaben helfen, und sie hat ein sicheres Einkommen als Angestellte, anders als die Kleinunternehmer draußen in den Garagenkiosken. Ein jüngeres Pärchen betreibt zwei Kioske in Smolensk – sie verkaufen Turnschuhe, zumeist aus China. Beide haben Ökonomie studiert und sehen den Kioskhandel als Start für ein eigenes Unternehmen. Der Argwohn, der den erfolgreichen Händlern auf dem Markt entgegenschlägt, hat nicht nur etwas mit den kontrastierenden kulturellen Vorstellungen von ehrlicher Arbeit zu tun, sondern ist auch Ausdruck der Irritation des Einbruchs des Fremden, in Gestalt der mobilen Praktiken der Händler, in den gewohnten Nahbereich. Gerade postsowjetische Städte wie Smolensk waren bisher wenig durch Austausch und Bewegung geprägt. Die Wahrnehmung des prekären und mobilen Unternehmertums der Kioskhändler trifft auf eine Gesellschaft, die durchzogen ist von den Wertkomplexen und Erfahrungsbeständen einer eher geschlossenen Gesellschaft. Sarah Busse hat darauf aufmerksam gemacht, dass die ehemalige Sowjetunion auf mehreren Ebenen auf besondere Weise sozial-räumlich strukturiert war: Reisebeschränkungen auf nationaler Ebene wurden in der ehemaligen Sowjetunion noch verstärkt durch die Restriktionen des Propiska-Systems zwischen den einzelnen Oblasten, und diese Beschränkungen setzten sich fort in der nahezu nicht vorhandenen sozialen Mobilität: Arbeitsverträge galten sozusagen von der Wiege bis zur Bahre – was zu langfristigen sozialen Beziehungen mit Nachbarn, Kollegen und Freunden führte, aber auch zu sozialer Isolation und wenig Kontakt mit Fremden (Busse 2001). Aus dieser Konstellation resultierten bestimmte Normen und Wertvorstellungen von Sesshaftigkeit und Heimat, die bis heute ihre Prägekraft erhalten haben. Aus der besonderen Konstellation der vormals geschlossenen Gesellschaft resultiere, das behauptet Caroline Humphrey, ein bestimmtes „regime of citizenship" in Russland. Dabei handelt es sich um Konstruktionen von Gemeinschaft, die von der Brigade, verstanden als Kollektiv, über das Unternehmen, den Distrikt und die Region bis hin zu Russland selbst reichen – und die angesichts der permanenten Unsicherheit im „Territorium" quasi letzten Halt in riskanten Zeiten versprechen. Händler gelten auch deshalb als bedrohlich, weil ihre Existenz auf dem Austausch von Produkten über Grenzen hinweg beruht und sie diese quasi letzten Gewissheiten in Frage stellen (Humphrey 1999, 22ff.).

Zwischen einem „Wir" und den „Anderen" wird säuberlich unterschieden. Ulf Matthiesen hat darauf hingewiesen, dass eine zentrale Figur, die um die raumzeitlichen Verortungen im Transformationskontext kreist, das Verhältnis zwischen Eigenem und Fremdem ist. Gesellschaftliche Umbrüche wie der komplexe Systemwandel im östlichen Europa hätten diese Koordinaten menschlichen Handelns gründlich durcheinandergebracht.

„Unter dem starken Transformations- und Globalisierungsdruck", so Matthiesen weiter, „werden Naherfahrungen offenkundig strukturell besonders prekär. Umso dringender bedür-fen sie der Rekodierung bzw. eines spezifischen re-embedding. Zugleich wird der Einbruch von unberechenbaren Fremdheitserfahrungen zum chronisch erwarteten Erfahrungshintergrund" (Matthiesen 2002, 340). Die mobilen Praktiken der Händler und der auch damit verbundene Erfolg provozieren bisherige Vorstellungen von Sesshaftigkeit: Auf den Einbruch des Fremden in den gewohnten Alltagshorizont wird mit Abwehr reagiert. Für die Dagebliebenen wird die Normalität des Zuhause quasi zum letzten Refugium, das noch Ordnung und Sicherheit angesichts einer sich ständig verändernden Außenwelt garantiert. Hier wird auf einen Ort der Unveränderlichkeit und Normalität in einem Kontext insistiert, der durch das Aufbrechen von gewohnten Bezugsrahmen und Soziallandschaften, durch neue soziale Differenzierungen und durch mobilisierte Verortungen gekennzeichnet ist. Manuel Castells hat für diese Modi der raum-zeitlichen Verortung den Begriff des „defensive space" (Manuel Castells) eingeführt: Das sind Räume die von denen errichtet werden, die vom Leben in einer sich beschleunigenden postindustriellen Gesellschaft mehr und mehr ausgeschlossen werden (Castells 1996, 402).

Die Rückkehr des Marktes als kosmopolitisches Unternehmen

Unter den Bedingungen einer globalen Arbeitsteilung sind auch die ökonomischen Aktivitäten des Shuttle Trades in internationale Austauschnetzwerke eingebunden.

Schließlich erlaubte die rasche Öffnung zum Weltmarkt, dass Waren und Arbeitskräfte zunächst ungeregelt zu- und abströmten. Die erheblichen Preis- und Wechselkursdifferenzen ließen einen umfangreichen grenzüberschreitenden Handel bzw. Schmuggel entstehen. Menschen mit unterschiedlichsten Berufen, die zunächst meist nur ihr Einkommen mit einem Zuverdienst aufbessern wollten, pendelten zwischen Istanbul-Laleli, Moskau und Smolensk hin und her, um Unmengen von Textilien und Stoffen in Russland weiterzuverkaufen und damit die Nachfrage nach Konsumgütern zu decken. Dutzende von sogenannten

Pendelunternehmern, alleine oder mit zwei bis vier Partnern, importierten, was sie zu schleppen in der Lage waren. Dabei benutzten sie gewöhnliche Gepäckstücke (meist riesige Stofftaschen), die sie in einem Zugabteil, im Schiff oder Flugzeug verstauen konnten. Die Geographie des Kioskhandels besteht aus einem weit gespannten Netzwerk von Austauschbeziehungen. Urbane Knotenpunkte dieses transnationalen Kofferhandels stellten Moskau, Budapest, Warschau und Istanbul dar. Seit Anfang der 1990er Jahre ist der Istanbuler Stadtteil Laleli ein Zentrum des transnationalen Textilhandels zwischen Ländern des ehemaligen Ostblocks und der Türkei. Die in der Türkei preiswert produzierten Textilien lockten, als die Grenzen geöffnet wurden, scharenweise Händlerinnen aus Russland nach Istanbul. Die kauften, so viel sie selbst in ihren Koffern tragen konnten, um die Waren dann in Moskau weiterzuverkaufen. Damit bedienten sie nicht nur die Nachfrage nach Konsumgütern in Russland, sondern verhalfen auch der türkischen Wirtschaft zu einem gigantischen Aufschwung. Der Istanbuler Stadtteil auf der historischen Halbinsel ist eingezwängt zwischen dem mehr und mehr auf Hochglanztourismus zusteuernden Sultanahmet und Aksaray, einem Viertel mit transnationalen Nachbarschaften, ein Ort der Zuflucht, ein Transitviertel, das unsichtbare Flüchtlingsströme beherbergt, die hier verzweifelt auf eine Chance warten, nach Westeuropa weiterzureisen.[4] Oberhalb von Aksaray beginnen die mit Boutiquen, Hotels, Restaurants ausgestatteten Straßenzüge von Laleli. Was auf den ersten Blick wie eine typisch innerstädtische Anordnung anmutet, täuscht. Denn gesprochen wird hier Russisch, die Werbung ist zweisprachig und gehandelt wird in Dollar. Seit Anfang der 1990er Jahre hat es der Textilhandel zwischen russischen Geschäftsfrauen und Händlern, die zumeist aus den ländlichen Regionen der Türkei kommen, oft mit kurdischem Hintergrund, oder aus Bulgarien, Bosnien und Mazedonien stammen, geschafft, fast ein Drittel des formalen Exports der Türkei zu erwirtschaften. Laleli`s transnationaler Markt war anfangs noch als „Natascha trade" konnotiert und mit Prostitution verbunden, hat sich jedoch inzwischen

professionalisiert. Hotels bieten den russischen Geschäftsfrauen organisierte Shop-Touren an, die jeweils von Sonntag bis Donnerstag dauern – damit die Waren am Samstag auf dem Moskauer Markt verkauft werden können, wenn die Händlerinnen nicht reguläre Geschäfte bedienen. Der Bezirk ist maßgeschneidert für die Bedürfnisse eines Handels zwischen Personen: Obwohl sich die Abwicklung der Geschäfte modifiziert hat, bleiben die Spuren des Kofferhandels, mit dem alles begonnen hatte, im Stadtraum lesbar. Die großen Ballen mit der Aufschrift „Nadja" oder „Tamara", die in den Kellern der Hotels, umfunktioniert zu Lagerräumen verschwinden, werden von den billigen und meist illegalen Arbeitskräften aus dem nahen Aksaray auf Handkarren durch die Straßen geschoben. Eine Tätigkeit, die für die meisten Neuankömmlinge in der Hierarchie der Einwanderer so etwas wie den Start ins Business darstellt. Händler und Geschäftsleute haben über Jahre eine verlässliche persönliche Partnerschaft etabliert, die vor allem auf Vertrauen basiert. Viele betonen, dass gerade die persönliche Ebene des Handelns und das gemeinsame Interesse am „making money" zum Abbau von Stereotypen und zu gegenseitigem Respekt, ja nahezu freundschaftlichen Beziehungen beigetragen haben. Demgegenüber gelten Politiker, egal welcher Nationalität, als einer Ebene zugehörig, die diese auf Gegenseitigkeit beruhenden sozialen Räume bedroht. Anders als in den üblichen innerstädtischen Boutiquen, finden sich in den Schaufenstern und Shops nicht das eine zur Ikone ausgestellte Kleid in dezenter Beleuchtung, sondern Pullover, Jacken und Shirts liegen stapelweise und in großer Stückzahl quasi zum Abholen bereit. Die Konsummuster, denen Lalelis Kunden folgen, sind nicht vom ausgefeilten Geschmack einer an Distinktion interessierten Mittelklasse bestimmt. Geschäftsfrauen und Händlerinnen betonen, dass während in der Türkei auffallende Kleidung zu tragen eher die Ausnahme ist, in Russland Mode bevorzugt wird, die die Aufmerksamkeit der Leute in Anspruch nimmt. Dass die billigen Imitate von Glamour und Exklusivität aber auch eine Chance für viele Frauen darstellen, dem eher grauen postsozialistischen Alltag in Russland zu entkommen, das bestätigen viele der in Laleli arbeitenden Russinnen.

Die Kleidung, die hier angeboten wird, entsteht in den vielen kleinen Unternehmen in Istanbul. Zumeist sitzen schlechtbezahlte ArbeiterInnen der letzten Zuwandererwelle an den Nähmaschinen. Insofern ist Lalelis Alltag eingebunden in eine komplexe Geografie, die sich aus persönlichen Geschäftsbeziehungen, transnationalen Migrantenströmen und Geldflüssen zusammensetzt und dabei nationalstaatliche Grenzen unterläuft.

Angesichts dieser Entwicklung vertritt die türkische Soziologin Deniz Yükseker die These, dass die Restrukturierung der Weltökonomie in den letzten Jahren zu einer Wiederbelebung des Marktmodells geführt habe, das Fernand Braudel in seiner Analyse des ökonomischen Lebens herausgearbeitet hat: Der Markt als Zone des kleinen Profits und eines stark ausgeprägten Wettbewerbs mit hohen persönlichen Risiken und Unsicherheiten steht dem Kapitalismus als Zone des besonderen Profits, der großen Kapitalkonzentration und Monopolisierung gegenüber. Transnationale Konzerne agieren heute ebenso über nationalstaatliche Grenzen hinweg wie der sich mehr und mehr entfaltende Pendlerhandel (*shuttle trade*). Zwei Prozesse sind es, die Deniz Yükseker für die Renaissance des Braudel'schen Marktmodells verantwortlich macht: zum einen die mit Migration, Flucht und Tourismus verbundene Ausbreitung von transnationalen sozialen Räumen, wo über Grenzen hinweg Menschen, Images, Waren und kulturelle Symbole einander kreuzen; zum anderen erodiere, parallel zur Globalisierung der Ökonomie, die Regulationsfähigkeit nationaler Ökonomien. Der Nationalstaat wird immer unfähiger, Finanzströme auf seinem Territorium zu kontrollieren und gibt bewusst die Kontrolle in bestimmten ökonomischen Bereichen auf. Gerade die Länder der ehemaligen Sowjetunion und Südosteuropas sind Fallbeispiele für diese Rückkehr des Marktes (Yükseker 2006).

Auch die russische Verkäuferin im Ledergeschäft in Laleli/Istanbul bewegt sich in diesem transnational operierenden Netzwerk. Soziale Mobilität bedeutet für sie, zwischen Moskau und Istanbul hin- und herzupendeln. Trotz Familie, sie ist verheiratet und hat zwei Kinder,

hat sich die ausgebildete Krankenschwester auf den Weg gemacht, um Geld zu verdienen – die Löhne in Russland sind zu niedrig. Sie teilt sich mit drei anderen Russinnen ein Apartment ganz in der Nähe von Laleli. Schließlich seien sie hergekommen um Geld zu verdienen und können sich es nicht leisten, auch noch viel Geld für die Übernachtung auszugeben. Dennoch sei es wichtig, mit vertrauten Menschen zusammenzuwohnen. Wie sie dazu gekommen ist? Freunde, die zuerst da waren, haben ihr vor drei Jahren erzählt, wie das geht, und sie ist dem gefolgt. Sie hätte mit dem Handel schon Anfang der 1990er Jahre beginnen sollen, als es in Russland noch zu wenig Angebot gab. Jetzt sind die Märkte überfüllt. Ob es eine Schule des Kapitalismus ist? Nein, wohl eher eine fürs Leben. Sie hat hier gelernt, sich auf die andere Kultur einzustellen, ihr Leben zwischen zwei Welten einzurichten. Sicher bringt dieses dauernde Unterwegssein Probleme für die Familie mit sich. Sie hat ihre Entscheidung, nach Istanbul zu gehen, quasi über Nacht getroffen und dafür Mann und Kinder zurückgelassen. Sie sah keinen anderen Weg, da es zu Hause keine Chance mehr gab, Geld zu verdienen.[5] Sie erzählt, dass viele Familien daran zerbrochen sind, wenn sich die Frauen auf den Weg gemacht haben, um das Familieneinkommen zu sichern, während die Männer zu Hause bei den Kindern bleiben. Manche blieben für acht, neun Jahre in der Türkei, und auch wenn sie zwischendurch ab und an nach Russland kämen, könnten sie nicht mehr das Familienleben führen, das sie verlassen haben – meist sei dieses dann nur noch bloße Verpflichtung. Dennoch entsteht bei den Gesprächen mit den Händlerinnen der Eindruck, aus der prekären Existenz des Unterwegsseins und Pendelns, einen Emanzipationsgewinn gezogen zu haben; die meisten sprechen inzwischen Türkisch und haben es geschafft, sich in gleichwohl für sie völlig fremden Kontexten durchzusetzen.

Märkte mit ihren überbordenden Angeboten sind auf besondere Weise Phantasieräume. Gerade der transnationale Handel mit Kleidung und Mode ist immer begleitet von Bildern und Narrativen von Schönheit, Überfluss, einem besseren Leben. Die großstädtische Boutiquen imitierenden Garagen in Smolensk oder die schrillen Auslagen in Laleli transportieren dieses Versprechen als Teil einer globalen Konsumkultur. Der amerikanische Kulturanthropologe Arjun Appadurai hat in seinem Buch „Modernity at Large. Cultural Dimensions of Globalization" die neue Verschränkung zwischen globaler Konsumkultur, Medien und Migration als einen entscheidenden Faktor der Hervorbringung einer veränderten Subjektivität in der Gegenwart herausgestellt. Das Besondere dieses Prozesses bestünde darin, dass die Integration des Globalen in die alltägliche Praxis dabei wesentlich über die Imagination vermittelt wird. Die „Kraft der Imagination" bestünde darin, dass die über Konsumkultur und Medien international verbreiteten Bilder und Narrative auch Ressourcen darstellen, die zur Ausbildung von Entwürfen eines möglichen anderen Lebens führen und sie setzt Menschen auf der Suche nach diesem anderen Leben in Bewegung. Dass sich die Frauen aus Smolensk und Moskau auf den Weg gemacht haben, hat schließlich diese „imagination" als kollektive Selbstermächtigung zum Hintergrund. Und umgekehrt stellen die zu Boutiquen umgebauten Garagen in Smolensk wiederum Imaginationen von Schönheit und Luxus vor, Phantasiewelten, die es den Subjekten ermöglichen „to live in such imagined worlds and thus are able to contest and sometimes even to subvert the imagined worlds of the official mind and the entrepreneurial mentality that surround them" (Appadurai 1996, 31). In dieser Lesart sind physische und imaginäre Räume auf neue Weise verschränkt; neue kulturelle Ordnungen und Bedeutungen werden aus der Melange aus Bildern, Räumen und Kulturen immer wieder neu produziert.

Die Ethnologin Regina Römhild sieht in dieser Praxis der Migration inzwischen ein kosmopolitisches Projekt am Werk, das aus der Fähigkeit zu mehrfachen Bindungen an unterschiedliche geografische, soziale und kulturelle Orte erwachsen ist. Im Unterschied zum elitären Kosmopolitismus bürgerlich westlicher Provenienz, der von dem Privileg der intellektuellen und ökonomischen Freisetzung aus materiellen Zwängen profitieren kann, entstehe dieser „Kosmopolitismus von unten ... unmittelbar aus dem Pragmatismus

des Alltags und der hier anknüpfenden sozialen Imagination" (Römhild 2005, 216). Folgt man den Erzählungen der russischen Händlerinnen in Laleli, so bildet sich in ihren Mobilitätsprojekten diese Mischung aus Pragmatismus und Imagination ab: was sie befähigt, zwischen mehreren Orten, sozialen Räumen und Beziehungen zu navigieren. Römhild weist darauf hin, dass daraus keine utopischen Entwürfe „postnationaler Zustände" entstehen, vielmehr ließe sich von „prekären Heterotopien", die den „Traum vom besseren Leben im Rahmen des Machbaren" anvisieren, sprechen. So ist der transnationale Handel, den sie erfolgreich treiben, selbst Ausdruck ihrer taktischen Fähigkeiten, sich die den Anforderungen des flexibilisierten Kapitalismus an seine Dienstleister irgendwie anzupassen (ebd., 222). Aber ob aus der fragmentierten Praxis des transnationalen Handels zwischen Istanbul, Moskau und Smolensk auch eine Wahrnehmung gemeinsamer Problemlagen oder neue Formen transnationaler Solidarität entstehen kann, dafür gibt es kaum Anzeichen. Schließlich ist diese vitale Geografie transnationaler Netzwerke zutiefst ambivalent, indem sie zum einen Ausdruck der Fähigkeit der Akteurinnen ist, sich mit der Prekarität der ökonomischen und politischen Verhältnisse eines globalisierten Kapitalismus zu arrangieren, und zum anderen ihr Vermögen beschreibt, diese mobile Praxis trotz der offensichtlichen Zumutungen als Möglichkeit der Selbstermächtigung zu begreifen.[6]

Anmerkungen

1   Interview mit einer Kioskhändlerin in Smolensk, geführt von Joanne Richardson und Oleg Kireev, März 2004.

2   Interview mit einer Kioskbetreiberin in Smolensk, geführt von Joanne Richardson und Oleg Kireev, März 2004.

3   Interview mit einer Kioskbetreiberin in Smolensk, geführt von Joanne Richardson und Oleg Kireev, März 2004.

4   Siehe Pelin Tann im Gespräch mit Behzad Yaghamanian. In: Esen / Lanz (2005, 205).

5   Interview mit einer russischen Geschäftsfrau in Istanbul, geführt von Ekaterina Vikulina, Januar 2005.

6   Der Beitrag basiert auf Feldforschungen in

Smolensk, Moskau und Istanbul im Rahmen der Programme „Transiträume" und „Transnational Spaces" im Bauhaus Kolleg/Stiftung Bauhaus Dessau.

Literatur

Appadurai, Arjun, 1996: Modernity at Large: Cultural Dimensions of Globalization. Minneapolis.

Arnstberg, Karl Olov / Boren, Thomas, 2003: Everyday Economy in Russia, Poland and Latvia. Introduction. In: Dies. (Hg.): Everyday Economy in Russia, Poland and Latvia. Oslo.

Busse, Sarah, 2001: Strategies of Daily Life: Social Capital and the Informal Economy in Russia. In: Sociological Imagination 38 (2/3).

Castells, Manuell, 1996: The Rise of the network society. Oxford.

Esen, Orhan/ Lanz, Stefan, 2005: Selfservice City Istanbul. Berlin.

Humphrey, Caroline, 1999: Traders, Disorder and Citizenship Regimes in Provincial Russia. In: Michael Buroway, Katherine Verdery (Hg.): Uncertain Transition: Ethnographies of Change in the Postsocialist World. Oxford.

Humphrey, Caroline / Mandel, Ruth, 2002: The Market in Everyday Life. In: Dies. (Hg.): Markets & Moralities: Ethnographies of Postsocialism. Oxford.

Kaneff, Deema, 2002: The Shame and Pride of Market Activity. In: Caroline Humphrey, Ruth Mandel (Hg.): Markets & Moralities: Ethnographies of Postsocialism. Oxford.

Ledeneva, Alena, 1998: Russia's Economy of Favours. Cambridge.

Matthiesen, Ulf, 2002: Fremdes und Eigenes am Metropolenrand: Postsozialistische Hybridbildungen in den Verflechtungsmilieus von Berlin und Brandenburg. In: Ders. (Hg.): An den Rändern der deutschen Hauptstadt. Opladen.

Müller, Klaus, 2004: In: Die Entdeckung der Kultur und die Zukunft der Transformationsforschung: eine Umfrage. In: Berliner Debatte Initial, 15 (5/6).

Römhild, Regina, 2005: Alte Träume, neue Praktiken: Migration und Kosmopolitismus an den Grenzen Europas. In: Transmigration Forschungsgruppe (Hg.): Turbulente Ränder: Neue Perspektiven auf Migration an den Grenzen Europas. Bielefeld.

Yükseker, Deniz, 2006: ‚Embedding' Trust in a Transnational Trade Network: Capitalism, the Market and Socialism. In: Working Paper, The Hopkins University Sociology Department. URL http://www.colbud.hu/honesty-trust/yukseker/pub01.doc (15.5.2006).

Fred Scholz

Fragmentierung – Realität der Globalisierung

Wahr aber bleibt, dass die größten Ungerechtigkeiten
von denen ausgehen, die das Übermaß verfolgen,
nicht von denen, die die Not treibt.
Aristoteles

Einführung

Seit Ende der 1980er Jahre finden strukturell tief greifende Veränderungen im Entwicklungs- geschehen sowohl der Länder des Nordens als auch des Südens statt. Sie stehen im Zusammenhang mit einer sich weltweit durchsetzenden Liberalisierung, Privatisierung und Deregulierung, dem neoliberalen Credo der Globalisierung. Eindeutiger noch als bisher wird dabei auf Wachstum gesetzt, was in der Vergangenheit fortdauernd aufsteigende wirtschaftlich begründete Entwicklung von Ländern und deren Gesellschaften als Ganze bedeutete.[1] Für die Länder des Südens erlangte dieses Entwicklungsverständnis in der sowohl modernisierungs- als auch dependenztheoretisch begründeten Strategie der nachholenden Entwicklung praktische Bedeutung.[2] Doch die Erfolge gerade im Süden sind bescheiden gewesen und daran hat sich seit der Globalisierung mit ihrer wachstumsbasierten Ideologie nichts geändert. Im Gegenteil: die bestehenden Gegensätze zwischen Nord und Süd und innerhalb dieser, zwischen Reich und Arm, haben sich überall dramatisch verschärft (Kreutzmann 2002, Neuburger 2003, Scholz 2003, 2010). Diese noch zu erörternde Tatsache veranlasst dazu, das bisher geltende und durch die Globalisierung neu belebte und bestärkte Entwicklungsverständnis kritisch zu hinterfragen.[3]

Beobachtungen und Tatsachen

Empirische Beobachtungen und detaillierte Studien sowie unzählige Berichte liefern von den direkten Effekten der Globalisierung allgemeine und in den einzelnen Ländern räumlich differenzierte, vielfältige und widersprüchliche Ergebnisse.[4] Zweifellos wurden – darauf sei nachdrücklich hingewiesen – durch die Globalisierung weltweit beeindruckende makroökonomische Wachstumserfolge erzielt. Aber nicht weniger hat sie auch bestehende prekäre soziale und wirtschaftliche Situationen verschärft oder neue erzeugt. Dadurch wurden zahlreiche kritische Fragen aufgeworfen. Um eine Vorstellung von der Reichweite und dem Ausmaß der Globalisierungseffekte zu vermitteln und den danach folgenden theoretischen Überlegungen die empirische Basis zu liefern, seien übersichtsartig einige augenfällige strukturelle Auswirkungen der Globalisierung angeführt:[5]

Beobachtung I

Im Norden „strahlen" *zum einen* die traditionellen Zentren des weltweit agierenden Finanz-, Bank- und Versicherungswesens, der dominierenden multinationalen Organisationen sowie der weltweit operierenden Wirtschaft: transnationale Konzerne, global tätige Firmen, Stiftungen und Fonds (Sassen 1997). *Zum anderen* haben sich auch die Unternehmen der IT-, Dienstleistungs-, Tourismus- und Mode-Branche, der Pharmazie, Chemie, Gentechnologie sowie der Automobilherstellung, Feinmechanik, des Maschinenbaus und der Öko-Energie hier konzentriert. Viele dieser Firmen können nach ihrer Organisationsstruktur als „virtuell"[6] gelten. Außerdem sind noch zahlreiche „alte" Gewerbe- und Industriegebiete erhalten, soweit sie über Betriebe mit besonderer Fertigungskompetenz verfügen und spezielle Erzeugnisse anbieten oder sich den Jetztzeit-Herausforderungen des globalen Wettbewerbs gestellt, modernisiert und gefragte Produktpaletten entwickelt haben. In all diesen Standorten herrschen funktional Milieus von global wirksamer Dynamik, innovativen Ideen und trendsetzenden Entscheidungen vor. Räumlich bilden sie ein weitmaschiges transnationales Cluster konkurrierender wie kooperierender Entscheidungsträger (*global player*). Wenn überhaupt lokalisierbar, dann vollzogen sich hier all jene Vorgänge, deren Zusammenspiel die Globalisierung hervorbrachte (Castells 2003; Sassen 1997; Scholz 2010, Kap. 3).

Physiognomisch und strukturell zeichnen sich diese global aktiven Zentren durch eine kühne und funktionale Architektur, weltweite IT-Vernetzung (Datenautobahnen, Breitband-, Glasfaserkabel etc.) und effektive Verkehrsanbindung, leistungsfähige infrastrukturelle Ausstattung, qualifizierte Serviceanbieter und hoch spezialisierte Arbeitskräfte (Wissensarbeiter) aus (Kulke 1999; Rifkin 1999). Ihre globale Bedeutung erwächst letztlich aus erfinderischer, innovativer Kreativität, zukunftsweisender Forschung und Entwicklung sowie einer über Jahrhunderte strukturell gewordenen ökonomischen, politischen und letztlich selbst militärischen Machtdominanz.

Zu diesen Schaltstellen mit weltweiter Geltung gehören natürlich auch modernste Wohnareale mit höchstem Bildungs-, Kultur-, Freizeit- und Unterhaltungsangebot, mit Hotels, Restaurants, Boutiquen und Einkaufszentren (*shopping malls*) der Luxusklasse. Sie gelten als Paradiese und Festungen (weil häufig durch Zäune und Sicherungsanlagen geschützt) oder als Inseln des Reichtums. Derartige Verhältnisse sind in allen führenden Städten des Nordens ausgebildet. Verwiesen sei beispielhaft auf Paris/ La Defense, Arc d'Or (Barcelona-Nîmes-Rom), „Blaue Banane" (London-München-Mailand), Frankfurt/Westend, London (City), New York (Fifth Avenue), Silikon Valley (Los Angeles), Toronto (Bay Street) oder auch Tokyo (Giese et al. 2011; Heineberg 2006; Sassen 1997).

Ein Beispiel des Nordens

Frankreich ist ein seit dem Mittelalter auf Paris zentriertes Land. Die nach 1945 eingeleitete Dezentralisierungspolitik war wenig erfolgreich. Erst die Globalisierung leitete eine Wende ein.

Seit 1947 wurden von verschiedenen französischen Regierungen elf Raumplanungskonzepte mit dem Ziel einer Dezentralisierung formuliert und umzusetzen versucht. Doch erst mit dem Dezentralisierungsgesetz unter Präsident François Mitterand von 1982 trat eine spürbare Wende ein. Durch das neue Gesetz, vom aufkommenden Zeitgeist der Deregulierung und Liberalisierung geleitet, wurden 22 selbständige Planungsregionen geschaffen und deren Parlamente mit Planungs- und Mittelkompetenz ausgestattet. Auf dieser Basis bildeten sich sieben Regionen in peripherer, grenznaher Lage heraus (Ausnahme La Défence, Paris), die in Kooperation mit den aktiven Wirtschaftszentren in den Nachbarländern innovative Milieus entfalteten (Abb. 1). Auf sie konzentrieren sich 84 Prozent der staatlichen Mittel für Forschung und Entwicklung. Aus wissenschaftlicher Perspektive handelt es sich um global agierende, transnationale

Abb. 1: Frankreich

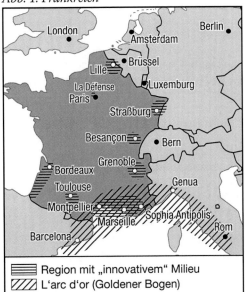

Region mit „innovativem" Milieu

L'arc d'or (Goldener Bogen)

Vernetzungsräume. Diese Bezeichnung trifft vor allem auf Elsass-Mittelbaden mit dem Zentrum Straßburg-Kehl-Offenburg, auf die Region Besançon-Belfort mit Anbindungen an die Schweiz und Südbaden sowie auf die Küstenzone am Golf von Lyon zu.

Diese Küstenzone (L'Arc Mediterranéen, „Goldene Banane"/Arc d'Or, „sun belt") zeichnet sich durch ein transnationales Netzwerk aus, das sich küstennah von Rom bis Barcelona erstreckt und unzählige Technologieparks umfasst. Hier konzentrieren sich Unternehmen der Elektro-, Elektronik-, Hightech- und IT-Branche, universitäre Lehr- und Forschungseinrichtungen sowie international gefragte Ausbildungsstätten. Auch gibt es modernste Luftfahrtforschungszentren, Automobilteststrecken, Industriekomplexe und Hafenanlagen (z.B. Containerterminal in Fos-Marseille, Genua, Barcelona) mit leistungsfähiger Verkehrsvernetzung. Diese litorale Zone hebt sich in ihrer ökonomischen Ausrichtung, infrastrukturellen und technologischen Ausstattung, den hier möglichen Einkommen und der ständigen europaweiten Zuwanderung von den angrenzenden Hinterländern ab. Innerhalb Frankreichs fällt insbesondere den Städten Perpignan (Anzahl der Innovations-/Technologieparks = 4), Toulouse (6), Montpellier (4), Narbonne (3), Béziers (2) sowie Nîmes (5) und Sophia Antipolis besondere Bedeutung zu.

Nîmes, dank kulturellen Reichtums, landschaftlicher Vielfalt und prachtvoller Wohnlagen ein Ort hoher Lebensqualität, zeichnet sich durch vier moderne Technologieparks (KM-Delta, Georges Besse, Grezan, ZAC) und ein Innovationszentrum (Ville Active) aus. Hier befinden sich neben mehreren „grand surface" (Einkaufzentren) zahlreiche Werbeagenturen, elektrotechnische Institute sowie medizinische, chemische und ökologische Labore. All diese Einrichtungen haben zusammen mit mehreren agilen universitären Forschungseinrichtungen eine führende Position innerhalb des „sun belts" inne.

Eine global noch größere Bedeutung innerhalb des Arc d'Or hat das Hightech- und Dienstleistungszentrum Sophia Antipolis erlangt. Im Rahmen des Dezentralisierungsgesetzes im hügeligen und bewaldeten Hinterland

von Antibes und Nizza neu gegründet, stellt Sophia Antipolis heute einen aus zahlreichen, architektonisch eigenwillig und hypermodern gestalteten (Werk-)Baukonstruktionen, Villen und Apartmentkomplexen bestehenden Park dar. Ausgestattet mit verschiedenen Forschungs- und Bildungsstätten (Schulen, Universitäten), Sport-, Unterhaltungs- und Freizeitanlagen sowie direkter internationaler Verkehrsanbindung haben sich hier über 600 Unternehmen aus insgesamt 14 Staaten mit annähernd 100 verschiedenen Aktivitäten niedergelassen. Darunter befinden sich 15 global players wie Dow Chemical, Searle, Digital Equipment, L'Oreal, Nestlé und Aisin-Seiki. Sie bieten Beschäftigung für über 35.000 hochqualifizierte Wissensarbeiter. Davon stammen 59 Prozent aus Frankreich (21% aus der Region selbst) und 41 Prozent aus dem Ausland. Allen voran USA (48%), Großbritannien (22%) und Deutschland (6%) gefolgt von Italien, Spanien und Japan. Hier befinden sich die Buchungszentralen für Air France, TGV, Ganzaz-Logistik und für Turfwetten. Nach Auskunft des Chambre de Commerce et d'Industrie Nîmes (2007) nimmt die Vernetzung zwischen den Firmen im Bereich Forschung und Entwicklung ständig zu. L'Arc Mediterranéen (Arc d'Or) zählt heute nach Einschätzung der EU-Wirtschaftsvertreter zur ersten Liga der Aufsteigerregionen Europas.

Dieser offensichtlichen Aufwertung der Peripherie Frankreichs, Ergebnis liberalisierter Politik und durch Globalisierung möglich gewordener transnationaler Vernetzung, steht ein bemerkenswertes Ereignis gegenüber. In Paris entstand mit dem „Etablissement Public d'Aménagement de la région de la Défense" nach 1988 ein weltweit vernetztes und agierendes Kommunikations-, Dienstleistungs- und Wirtschaftszentrum. Es sollte nach dem Willen des Präsidenten der aktiven Rolle von Paris in einer globalisierten Welt Ausdruck verleihen. Auf einer Fläche von 750 ha sind über 200 postmoderne Bürohochhaus- („tours", „gratte-ciels") und Wohngebäudekomplexe („immeubles") konzentriert, die sich vom übrigen Stadtgebiet wie eine Zitadelle abheben. Hier haben sich dank staatlicher Initiative 3.600 Firmen mit ca. 150.000 Beschäftigten (2007) niedergelassen.

Die Wohnbevölkerung besteht zu 24 Prozent aus Führungspersonal (davon ca. drei Fünftel aus Frankreich) und zu 52 Prozent aus höheren Angestellten. Von den 20 größten Unternehmen Frankreichs haben allein 14 hier ihren Hauptsitz. Außerdem sind 13 der bedeutendsten 50 Global Player der Welt hier vertreten. La Défense hebt sich somit nicht nur baulich inselgleich aus dem Gebäudemeer von Paris heraus, sondern auch durch seine ökonomische Stellung und globale Reichweite.

Beobachtung II

Vornehmlich in den Ländern des Südens lassen sich seit drei Jahrzehnten vermehrt Standorte ausmachen, die sich ebenfalls durch beachtliche Finanzkraft, lukrative Investitionsmöglichkeiten, Luxusimmobilien, mondäne Einkaufszentren und großartige Freizeiteinrichtungen auszeichnen (Bronger 1996; Coy, Kraas 2003; Heineberg 2001, Scholz 2001, 2003, 2005). Sie stützen sich meist auf finanzstarke Persönlichkeiten und Regierungen, die spektakuläre städtebauliche Ideen, technisch-erfinderische Kreativität sowie unternehmerische Visionen entwerfen, anregen oder/und realisieren. Daneben entstehen vielerorts ausgedehnte moderne Fabrikanlagen, Export- oder Freie Produktionszonen, wo sowohl hoch qualifizierte Wissensarbeiter als auch Heere von Arbeitskräften im Niedriglohnsektor Waren aller Art für den Weltmarkt produzieren. Auch werden ausgedehnte Landareale zum Kauf oder zur Pacht offeriert (*land grabbing*; BMZ/S2 2012; ID7, 2011), um Nahrungsmittel sowie agrarische Rohstoffe an- und mineralische abzubauen. Selbst in entlegenen Gegenden produzieren inzwischen landwirtschaftliche Großbetriebe (*agrobusiness*) Blumen, Gemüse und Südfrüchte für die Märkte des Nordens. Dorthin orientieren sich inzwischen sogar bislang selbstversorgende (Subsistenz-)Bauern bei der Produktion hochwertiger Nahrungs- und Genussmittel (vgl. Neuburger 2003). Obwohl all diese Aktivitäten auf den Weltmarkt gerichtet sind, wurden sie doch überwiegend direkt oder indirekt extern initiiert oder hängen von Entscheidungen ab, die in den Finanz- und Wirtschaftszentren des Nordens getroffen werden. Damit handelt es sich letztlich um Reaktionen, die durch Globalisierung entstanden sind.

Sichtbare Gestalt nehmen diese Aktivitäten in den inzwischen weltweit berühmt gewordenen (Büro-)Hochhausenklaven und (vertikalen/ horizontalen) Wohnparadiesen (*„gated communities"*; *„no-entrance-areas"*; vgl. Coy, Pöhler, 2002) an sowie in den riesigen Werkhallen, ausgedehnten Plantagen und agrarischen Monokulturen (*agro business*). Als Beispiele für die wirtschaftlich aktiven und doch abhängigen Zentren des Südens seien hier Hongkong/ Shenzhen, Manila, Djakarta, Singapur, Dhaka, Bombay, Bangalore, Dubai, Doha, Moskau, Rio de Janeiro und Sao Paulo genannt. Verwiesen sei gleichfalls auf die Farmen, Plantagen und Bergwerke in Lateinamerika sowie in mehreren afrikanischen und asiatischen Ländern.[7] Dabei dürfen nicht die zahlreichen peripher gelegenen Regionen in Europa übersehen werden, die sich als Standorte vielseitiger Zuliefer- oder Niedriglohnbetriebe entwickelt haben (z.B. Spanien/Baskenland, Aragonien, Portugal, Rumänien, Irland, Westpolen).

Ein Beispiel des Südens

Indien ist die größte Demokratie mit der gegenwärtig am raschesten wachsenden Wirtschaft und den meisten Armen der Welt. Dieser Widerspruch hat sich in den vergangenen zwei Jahrzehnten noch verstärkt. Als Indien 1947 die Unabhängigkeit erlangte, setzte die Regierung von Jawaharlal Nehru[8] auf den Aufbau einer eigenständigen Wirtschaft durch importsubstituierende Industrialisierung. Begleitet wurde diese Strategie durch eine staatlich regulierte Wirtschaftspolitik. Sie umfasste den Ausbau des öffentlichen Sektors mittels Investitionslenkung sowie die Lizenzierung[9] der Privatwirtschaft mit dem Ziel: Diversifizierung und Produktionssteigerung. Um die eigene Wirtschaft vor überlegenen Importen zu schützen, wurden umfassende Zollmaßnahmen eingeführt. Außerdem wurden alle ausländischen Unternehmen gezwungen, den größten Teil ihrer Gewinne wieder in Indien zu investieren. Über all diese Maßnahmen wachte eine aus britischer Kolonialzeit stammende, sich ständig aufblähende und immer starrer werdende Bürokratie. Durch diese intervenierende Politik erstarb jeglicher Wettbewerb, was eine leistungsorientierte Produktion erschwerte und letztlich die Konkurrenzfähigkeit der indischen Wirtschaft verschlechterte. Während kurz nach der Unabhängigkeit Indien noch mit 1,9 Prozent (1950) am Welthandel beteiligt war, sank dieser Wert in den folgenden zwei Jahrzehnten auf 0,6 Prozent (1973; Müller 2006, Wamser 2005).

Je abhängiger Indien jedoch vor allem von der internationalen Energieversorgung wurde, desto mehr stieg das Bedürfnis nach Devisen. Dadurch wurde eine partielle Öffnung des Landes notwendig. Diese Einsicht veranlasste Anfang der 1980er Jahre Premierminister Rajiv Gandhi[10], das Land zumindest partiell für ausländische Direktinvestitionen und für industrielle Kooperationen zu öffnen. Auch förderte er verschiedene IT-Initiativen. Durch diese zwar anfangs bescheidene, sich jedoch ständig erweiternde Öffnung geriet Indien in ausländische (Kapital-)Abhängigkeit. Die Auslandsschulden stiegen von 1980 bis 1990 um 350 Prozent. Das Zahlungsbilanzdefizit vervierfachte sich. Als Anfang der 1990er Jahre durch den Irak-Krieg die Ölpreise sprunghaft anstiegen, über 700.000 Inder aus der Golfregion zurückkehrten und so ihre Überweisungen in die Heimat versiegten, befand sich Indien in einer derart katastrophalen Finanzkrise, dass es sich dem Strukturanpassungsprogramm von Weltbank und IWF nicht entziehen konnte. Als Gegenleistung für die gewährten Kredite zur Wiederherstellung der internationalen Zahlungsfähigkeit war die indische Regierung gezwungen, die Wirtschaft weiter zu liberalisieren. Wichtigste erste Maßnahmen betrafen die Öffnung des Landes für ausländische Beteiligungen (*joint ventures*) sowie den Abbau der Lizenzierung der Privatwirtschaft, der restriktiven Importquoten für Industriewaren aller Art und der Zollschranken, die bislang dem Schutz der heimischen Wirtschaft vor internationaler Konkurrenz gedient hatten. Auch wurde mit Sonderwirtschaftszonen experimentiert: 2004 gab es 15 vom Binnenmarkt völlig ab-

getrennte Zonen. Inzwischen ist ihre Zahl auf über 150 angestiegen.

Im Unterschied zu den meisten Ländern, in denen Strukturanpassungsmaßnahmen eingeführt wurden, vermochte die indische Regierung jedoch die Kontrolle über diesen extern ausgelösten und von den einheimischen Kapitaleignern begrüßten Vorgang weitgehend zu bewahren und in überschaubare Bahnen zu lenken. So können von ausländischen Unternehmen in Indien maximal 40 Prozent Anteile an Geldinstituten, in der IT-Branche und dem Automobilsektor bis 51 Prozent, in den Bereichen Hotellerie, Pharmazie, Energie und Transport jedoch bis 100 Prozent erworben werden (Wamser 2005). Doch ungeachtet dieser Neuerungen gilt die Bürokratie allenthalben

Abb. 2: Indien

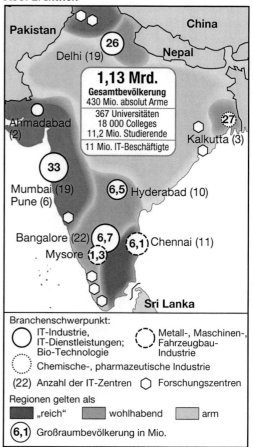

noch immer als schwerfällig, korrupt und ineffizient. Zusammen mit einer völlig ungenügenden technischen Infrastruktur wird sie als wesentlicher Grund dafür angesehen, dass sich das globale Kapital, trotz einer Verdoppelung auf sieben Mrd. USD von 2005 auf 2007, noch auffällig von Indien zurückhält. Diese Aussage gilt nicht für die Textil- und Elektronikbranche sowie für IT-Dienstleistungen. Letztere bietet Unternehmen, Organisationen und sogar Privatpersonen vor allem des anglophonen Raumes beispielsweise an, Softwareprogrammierung und Call-Center-Dienste (z.B. Buchhaltung, Informations-/Kundenservice, Flugticketbuchungen) auszuführen. Der Export solcher Dienstleistungen hat sich vom Ende der 1990er Jahre bis heute von knapp zwei Mrd. USD auf über 60 Mrd. USD erhöht. Von den weltweit nachgefragten Diensten dieser Art werden 44 Prozent allein in Indien erledigt; bei den IT-Aufträgen sind es sogar 66 Prozent (Müller 2006).

Anfang 2005 gab es ca. 750.000 IT-Dienstleister in Indien; jährlich sollen weitere 250.000 Jobs dazukommen. Die Zahl der IT-Jobs wird im Jahr 2010 die Marke von 11 Millionen überschritten haben. Von der IT-Industrie hängen 2,23 Millionen direkt und geschätzte neun Mio. indirekt ab (Angaben d. Wirtschaftsattachés d. Botschaft Indiens, Berlin, 2009). Indien gehört damit zusammen mit Irland zu den größten IT-Dienstleistungsexporteuren der Welt. Aber auch auf dem Weltautomobilmarkt schickt es sich an, mit der Übernahme der Nobelmarken Jaguar und Range Rover sowie mit extrem preiswerten Kleinwagen der indischen Marke Tata den japanischen, europäischen und US-amerikanischen Traditionsmarken Paroli zu bieten. Nicht weniger dynamisch entwickeln sich die Biotech- und Pharmaindustrie, die mit ihren preiswerten Erzeugnissen vor allem auf den afrikanischen und lateinamerikanischen Markt drängen.

Die führenden Unternehmen all dieser Branchen sind in Bangalore (Bengaluru), Delhi (Dilli), Hyderabad, Madras (Chennai), Bombay (Mumbai) und Kalkutta (Kolkata) konzentriert (Abb. 2; Bronger 2000; Müller 2006, Nissel 2001). Mit der Gründung der Freihandelszone „Software Technology Park" bei Bangalore im Jahr 1990 wurde diese moderne Industrieentwicklung eingeleitet. Das relativ hohe Bildungsniveau vor allem der Mittelklasse, die kolonialzeitliche feinmechanische und militärtechnische Tradition und nicht zuletzt auch die Klimagunst von Bangalore begünstigten hinfort eine Entwicklung mit jährlichen Zuwachsraten von über 50 Prozent. Doch der Erfolg von Bangalore geht im wesentlichen auf die Initiative einzelner Unternehmerpersönlichkeiten zurück, die heute Firmen mit über 50.000 Beschäftigten und Jahresumsätzen von über zwei Mrd. USD vorstehen. Sie tragen dazu bei, dass sich punkthaft isoliert Inseln prachtvoller Baugestaltung und sichtbaren Wohlstandes entfalten und eine in Indien bislang kaum vorhandene, kastenunabhängige Mittelklasse entsteht (Dittrich 2003). Die Liberalisierungspolitik der indischen Regierung hat aber ganz offensichtlich ihren traditionellen „Kernraum", das ländliche Indien, aus dem Blick verloren. Aufmerksam darauf macht die große Zahl an Selbstmorden verschuldeter Bauern. Als Ursache dafür werden die staatliche Deregulierungspolitik und damit die Beendigung der Förderung der Kleinstbauern angesehen. Gleichzeitig vermochte das transnationale *agrobusiness* über die lokalen Partner die Preise für Saatgut, Düngemittel, Herbe- und Insektizide zu bestimmen und mit hybriden Getreidesorten das lokale Saatgut zu verdrängen. Als nach dem Wegfall der staatlichen Förderung und dem Anstieg bislang unbekannter Kosten auch noch die Preise für ihre Produkte wegen des durch die Liberalisierung (Strukturanpassungsmaßnahmen) möglich gewordenen freien Importes (z.B. billigen Getreides aus den USA) sanken, gerieten unzählige Bauern in eine Schuldenfalle. Eine Lösung bot sich den Bauern auch nicht in der von der Regierung unterstützten Umstellung des Anbaus auf exportwürdige Produkte (*cash crops* wie Kaffee, Vanille, Pfeffer, Kardamom), da die Weltmarktpreise hierfür von einigen *global players* kontrolliert werden. Indien hat in der jüngeren Vergangenheit eine beeindruckende, aber auch widersprüchliche Entwicklung vollzogen. Im Süden und Westen des Landes haben sich ausgesprochene Gewinnerregionen herausgebildet. Hier konzentrieren sich in isolierten Standorten Bildungs-,

Forschungs- und Entwicklungseinrichtungen der Privatwirtschaft wie des Staates und haben sich transnationale Unternehmen aus den USA, Europa und Ostasien niedergelassen, Joint-Venture-Betriebe gegründet oder Aufträge an einheimische Firmen vergeben. Aber auch eigene Unternehmen wurden geschaffen und zu weltweiter Bedeutung ausgebaut. Weite Teile des Landes und die überwiegende Mehrheit der Bevölkerung haben davon aber nicht profitiert (Müller 2006, Nissel 2001).

Beobachtung III

Die voranstehende Feststellung trifft nicht einzig für die Weiten und die Mehrheit der Bewohner Indiens zu. Sie gilt nicht weniger bedeutsam auch für all jene ausgedehnten Räume in den Ländern des Südens, die von den punkthaft auftretenden wirtschaftlich aktiven und dominierenden Zentren und Standorte nicht berührt sind. Dieser große Rest, inzwischen in Anlehnung an den stigmatisierten Begriff „Süden", als der „neue Süden" bezeichnet (Beck 1997), ist im Norden wie im Süden zu finden. Hierzu gehören sowohl die zahlreichen ehemals Tragenden und prosperierenden sowie heute verödenden Industriestandorte des Nordens als auch all jene Gebiete weltweit, wo Armut zunimmt und Überflüssigsein um sich greift.

Optisch wird diese wirtschaftlich scheinbar uninteressante, überflüssige Welt, dieses Meer der Armut, zum einen in den wenig oder gar nicht infrastrukturell erschlossenen und nur minimal ausgestatteten Millionen von Dörfern: Ihnen fehlt oder mangelt es an Versorgung mit sauberem Trinkwasser, Gesundheitsdiensten, Schulen, Arbeit/Beschäftigung, funktionierender Verwaltung und Beteiligung der Bewohner selbst an den sie betreffenden Entscheidungen. Es fehlen kulturelle und wirtschaftliche Anreize sowie IT- und technische Infrastruktur. Selbst (unqualifizierte) Arbeitskräfte für den Niedriglohnbereich sind nicht überall vorhanden, weil die Menschen beispielsweise an Krankheiten leiden und deshalb dauerhaft keine Arbeit ausführen können. Zum anderen zeigt sich diese „Restwelt" in den Slums und Hüttenvierteln der Mega- und rasch wachsenden Millionen-Städte, den Ghettos oder Höllen. Zu dieser

wirtschaftlich kaum interessanten Welt zählen die Mehrzahl der Länder des Südens mit ihren weiten Territorien sowie viele Staaten der ehemaligen Zweiten Welt (Nachfolgestaaten der Sowjetunion und ehemalige sozialistische Bruderstaaten), aber auch Absteigerregionen in Europa[11] und Nordamerika. Verwiesen sei hier nur auf die Altindustriestandorte wie die Autometropole Detroit oder Teile des Ruhrgebietes, Zentral- und NW-Frankreichs sowie die Region Manchester-Birmingham. Diese Restwelt bedeckt nicht nur den größten Teil der Erde, hier lebt auch die Mehrheit der Weltbevölkerung, darunter Milliarden Arme, Hungernde und Überflüssige.[12]

Exkurs: Sozial-wirtschaftliche Effekte

Den aufgezeigten vielfältigen räumlich fassbaren Auswirkungen der Globalisierung liegen tief greifende sozial-wirtschaftliche Zerwürfnisse, Brüche und Veränderungen zugrunde. Sie seien hier kurz in zwei gegenläufigen Prozessen zusammengefasst:

Mit Aufstieg, Abgrenzung, Abschottung oder Inklusion – die eine Seite der globalen Entwicklung – werden strukturelle Vorgänge bewusster, gezielter und aktiver sozialer Absonderung bezeichnet. Sie stehen für all jene, die als Gewinner, Aufsteiger, Erfolgreiche, Reiche/ Wohlhabende und *global players* oder mehr bildhaft als *flying geese* (Sunkel/ Mortimore 2001) bezeichnet werden oder sich als solche begreifen. Es sind die, die sich dem Wettbewerb stellen und dauerhaft erfolgreich am Angebot der Globalisierung teilhaben. In ihrer persönlichen Wahrnehmung rechnen sich nicht selten auch jene dazu, die hieran nur kurzfristig erfolgreich partizipieren, als Zeit-, Leih-, Heim- und e-Heim-, Tele- oder Billig-/NiedriglohnarbeiterInnen sowie als *perma-temps* oder Ich-AG.

Sie alle sind im Norden wie im Süden ebenso anzutreffen wie im städtischen oder ländlichen Raum. Sie sondern sich meist räumlich konzentriert und durch ein jeweils spezifisches Ambiente als Gruppe (vermeintliche/ berechtigte „Erfolgreiche") oder als Individuen (Aufsteiger) ab. Ihrer Funktion entsprechend sind die berechtigt „Erfolgreichen" mehr oder weniger global vernetzt, wissen trotz großer Distanzen mehr voneinander als von den räumlich näher lebenden Menschen. Doch ihre Position ist ebenso wie die der vermeintlich „Erfolgreichen" in hohem Maße fragil, denn sie hängt von Entscheidungen und von Entscheidungsträgern (*global players*) ab, auf die sie keinen Einfluss haben und die auf sie auch keine Rücksicht nehmen können.

Abstieg, Ausgrenzung, Abkopplung, Marginalisierung oder Exklusion – die andere Seite der gegenwärtigen Entwicklung – stehen hingegen für Alternativen all jener, die sich dem Wettbewerb stellen und dabei verlieren, kaum eine Chance finden, ihm zu begegnen und verzagen oder eben als dreifach überflüssig gelten. Diese Überflüssigen, deren Zahl weltweit zunimmt, sind als Käufer nicht interessant, weil sie über keine Kaufkraft verfügen, als Arbeitskraft werden sie wegen des großen Angebotes nicht benötigt und die Produkte, die sie herstellen (können), sind global nicht gefragt. Mit Begriffen wie Verlierer, Scheingewinner, Absteiger, *working poor*, *underclass*, *underdogs*, *les exclus*, *coach potatoes* oder *sitting ducks* (Beck 1997; Sunkel/Mortimore 2001) haben sie Eingang in den Sprachgebrauch und die Literatur gefunden.

Doch die Überflüssigen sind keineswegs ohne Perspektive oder Lebensqualität. Sie entwickeln eigenständige Existenz und Überlebensstrategien wie Tauschringe, Bonusmärkte, Wärmestuben, Nachbarschafts- oder Quartiershilfen. Sie wiederentdecken alte und schaffen neue gesellschaftliche Identitätsrituale, Kommunikationsformen, alternative Bewertungskonzepte. Sie reaktivieren ethnische oder sprachlich begründete Regionalismen oder Nationalismen. Sie steigern sich auch in militante Frontstellungen bis hin zu terroristischem Aktionismus. Sie besinnen sich in bemerkensvoller Weise auf die Werte traditioneller, ehemals gültiger lokal/regional typischer Sprachen sowie auf tragende Gebräuche, Techniken, Handwerke, Anbauweisen, Werkstoffe und Nutzpflanzen. Und sie wiederbeleben vergessen geglaubte soziale Netzwerke und Bezugssysteme[13]. Diese Vorgänge sind zwar inzwischen allenthalben weltweit zu beobachten. Doch handelt es sich

meist noch um Suchvorgänge, deren Vielfalt, Tragfähigkeit und Nachhaltigkeit bislang nicht annähernd abzuschätzen sind. Struktur und Vielfalt dieser Peripherie- oder peripherisierten Parallelgesellschaften sind bislang nur zu ahnen (Menzel 1998). Denn bislang liegen dazu noch keine oder nur in Ansätzen detaillierte Studien vor.

Beobachtung IV

Von allgemeiner und grundlegender Erkenntnis ist die Tatsache, dass sich die Effekte positiver Entwicklung stets nur auf einzelne lokale Standorte und/oder auch Regionen, nie aber – auch nicht tendenziell - auf Staaten oder Gesellschaften als Ganze erstrecken. Folglich partizipieren daran auch nicht die jeweiligen Bewohner insgesamt. Außerdem lassen sich keine wachstumspolartigen, räumlichen Ausstrahlungseffekte, wie von erfolgreichen Orten (Entwicklungspolen) erwartet, nachweisen. Diese Feststellung gilt weltweit, das heißt, sie trifft – wenn auch nicht gleichermaßen – sowohl für den Norden als auch für den Süden zu. Aus all den Beobachtungen ist somit die Folgerung zu ziehen, dass Globalisierung zwar einen weltweit fassbaren Durchdringungsprozess mit eindrucksvollen städtebaulichen, infrastrukturellen und technischen Ergebnissen sowie wirtschaftlichen Erfolgen auf der Makroebene darstellt. Doch nicht weniger bemerkenswert – aber eben problematisch – sind die Ergebnisse auf der Mikroebene. Hier haben sich soziale und räumliche Gegensätze und Unterschiede herausgebildet oder verschärft, die die Weltgesellschaft regelrecht gespalten oder zutreffender „fragmentiert" haben (Scholz 2000, 2010).

Theorie fragmentierender Entwicklung

Die Ausführungen zu den Effekten der Globalisierung haben verdeutlicht, dass die eingangs aufgeworfene These von einer wachstumsbasierten Entwicklung von Gesellschaften und Ländern als Ganzen nicht Zutrifft (Gray 1999; Scholz 2010; Schumann, Grefe 2008; Stiglitz 2006). Eine Antwort auf die dafür relevanten

Hintergründe und Zusammenhänge bietet die Theorie der fragmentierenden Entwicklung in Form einer erklärenden Beschreibung und Analyse der Entwicklungsrealität in der Ära der Globalisierung.[14] Das Entwicklungsverständnis, das spätestens seit Ende des 18. Jahrhunderts den zivilisatorischen Prozess bestimmt, beruht auf der These fortdauernd aufsteigender (nachholender) Entwicklung von Ländern und Gesellschaften als Ganzen durch wirtschaftliches Wachstum[15]. Wachstum bildet auch die Grundlage für die Verheißungen der Globalisierung (TE 2012). Doch von diesen Verheißungen profitieren keineswegs Länder und Gesellschaften per se. Daher lautet die hier vertretene *These*: Nicht nachholende, sondern fragmentierende Entwicklung ist das Ergebnis. Diese These sei in mehreren Schritten diskutiert:

1. Globalisierung ist ein zutiefst widersprüchlicher und durch Gegensätze geprägter Vorgang. Er resultiert aus dem (exzessiven) Wettbewerb sowie – ganz wichtig – aus der Entpersönlichung von Produktionsmitteln (Kapital), Produktion (Automatisierung, Digitalisierung) und Produktionsstätten (*outsourcing*, *delocation*, Standortfluktuation). Diese Vorgänge sind wegen des geltenden Erfolgszwanges per se nicht von Konsens und Solidarität, sondern von Erfolg, Konkurrenz und Verdrängung bestimmt. Denn, so folgert die Gruppe von Lissabon: wenn das Ziel der Sieg ist, kann es nur wenige Gewinner geben (vgl. DGL 1997).

2. Niederschlag finden diese Vorgänge in der Gleichzeitigkeit und im räumlichen Nebeneinander inkludierender (einschließender) und exkludierender (ausschließender) Prozesse. Sie seien hier mit dem Begriff *Fragmentierung* bezeichnet. Darunter wird die bruchhafte Trennung zwischen Gewinnern und Verlierern, Aufsteigern und Absteigern, berechtigt und vermeintlich Erfolgreichen, Teilhabern und temporären Teilhabern (Scheingewinnern), Marginalisierten und Überflüssigen in sozialer, wirtschaftlicher und räumlicher Dimension (Fragment) verstanden.

Bruchhaft ist diese Trennung, weil sie unter wettbewerbsbestimmtem und erfolgsverpflichtetem Zwang abläuft und (letztlich) konsensfrei und solidaritätsentbunden erfolgt.[16] Damit ist auch eine Abkehr von der sozialen Verantwortung der Gemeinschaft/des Staates (Verlust der Errungenschaft der Sozialen Marktwirtschaft!) verbunden. Diese Tatsache hat schon Niederschlag in Lehrbüchern gefunden, wo es heißt: „Begriffe wie das ‚öffentliche Interesse' haben in einer individualistisch orientierten Finanzwissenschaft keinen Platz. Sie gehören in den Instrumentenkasten einer kollektivistischen Staatslehre, die die Gesamtheit über das Individuum stellt" (S. 10) oder „soziale Wohlfahrtsfunktionen … sind nicht nur unrealistisch, sondern auch undemokratisch und laufen den Grundsätzen freiheitlicher Gesellschaften zuwider" (Blankart, 2001, S. 35). Und einer der wohl bekanntesten neoliberalen Wissenschaftler, August von Hayek, verkündete in seiner Freiburger Rede schon 1979: „Ich kann nicht sozial denken, denn ich weiß gar nicht, was das ist. … Was es eigentlich heißt, weiß niemand. Wahr ist nur, dass eine soziale Marktwirtschaft keine Marktwirtschaft, ein sozialer Rechtsstaat kein Rechtsstaat, ein soziales Gewissen kein Gewissen, soziale Gerechtigkeit keine Gerechtigkeit – und ich fürchte auch, soziale Demokratie keine Demokratie ist" (zit. n. Scholz 2010, 45).

3. Die möglichen Fragmente sind keineswegs gleich. Nach dem jeweiligen globalen Milieu – agierend, reagierend, stagnierend/regressiv (Abb. 3) – und nach der räumlichen und funktionalen Struktur sind verschieden ausgeprägte funktionale Fragmente denkbar. Modellhaft[17] sei die mögliche Vielfalt in drei Kategorien zusammengefasst und in ihren Strukturen jeweils gekennzeichnet. Sie bilden die Grundlage für anschließende Erläuterungen (Abb. 3; vgl. Scholz 2004, 2010):

Global agierendes Milieu: Die „globalen Orte/Regionen"[18] sind die Schaltstellen des durch grenzübergreifenden Wettbewerb gesteuerten weltwirtschaftlichen Geschehens (Giese et al. 2011; Nuhn 1997). Dieses vollzieht sich global wie lokal über Kapitalbewegungen und Investitionen sowie über Produktionsaufträge, Produktionsstandorte, Produktionsumfang, Produktionskonzepte/-netz und Produktionsdauer (Schamp 1996). Virtuelle Firmen kreieren hier ihre *„logos"* (Markenzei-

Abb 3: Fragmentierung der Erde

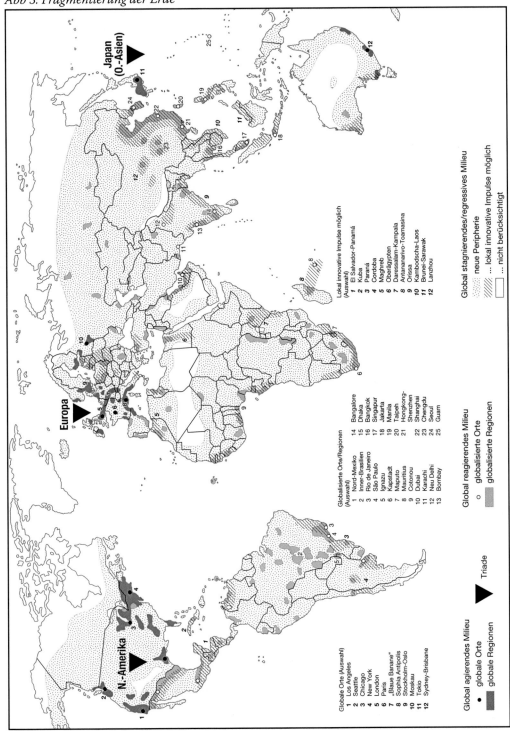

chen) und „*brands*" (Marken), betreiben daselbst Forschung und Entwicklung, Produktentwurf, -planung, -werbung und -vermarktung. Die jeweilige Produktfertigung erfolgt weltweit. An den jeweiligen Standorten erlangen die Unternehmen durch ihre ökonomische Wichtigkeit auch politische Entscheidungsmacht und vermögen Einfluss auf lokale wie auch auf weit davon entfernte Vorgänge zu nehmen (Scholz 2010).

Global reagierendes Milieu: Funktional und in der Entscheidungshierarchie nachgeordnet folgen die „globalisierten Orte/Regionen", die „*affected global cities/regions*". Dazu zählen zum einen die Stadt- oder Landesteile mit den Filialen der transnationalen Konzerne oder den Aktionszentren der lokalen Partner. Zum anderen gehören dazu auch die (Niedriglohn-) Weltfabriken für Billig- wie für Luxuswaren, für Hightech-Erzeugnisse und anspruchsvolle Dienstleistungen (*outsourcing*-Betriebe; Klein 2002; Scholz 2001). Die verschiedensten mineralischen und agrarischen Rohstoffe und Luxusgenussgüter werden mittels billiger Arbeitskräfte, überwiegend Frauen (teilweise sogar Kinder), produziert. Auch wird die externe Nachfrage nach kostengünstigen, üppig ausgestatteten und (wehrhaft) abgesicherten

Enklaven für Freizeit, Zweitwohnsitz und Tourismus befriedigt. Über die Zukunft dieser „globalisierten Orte/Regionen" und ihrer Akteure (im global reagierenden Milieu) entscheiden sie nicht selbst, sondern jene in den Schaltzentralen der Macht, in den „globalen Orten/Regionen".

Global stagnierendes, regressives Milieu: Die dritte Kategorie der modellhaft vorgestellten Fragmentierung bildet die „Neue Peripherie". Sie ist im Norden wie im Süden anzutreffen und von Kontinente übergreifender und flächenweiter Ausdehnung. Sozial, ethnisch, sprachlich, kulturell vielfältig differenziert, zeichnet sie sich durch all jene Merkmale aus, die für die bisherige Dritte Welt als typisch erachtet werden. Dazu gesellen sich jetzt noch Ausgrenzung, Abkopplung und Überflüssigsein (Herkommer 1999; Krüger 2003).

4. Diesen drei räumlichen Kategorien (von Fragmenten) liegen elementare soziale Fragmentierungsprozesse zugrunde, die einerseits mit Aufstieg, Abgrenzung, Abschottung oder Inklusion und andererseits mit Abstieg, Ausgrenzung, Abkopplung, Marginalisierung oder Exklusion beschrieben werden. Diese modellhafte Fragmentierung erstreckt sich aber nicht einzig auf die Erde als ganze, sondern findet auch

Abb. 4: Lokale Fragmentierung

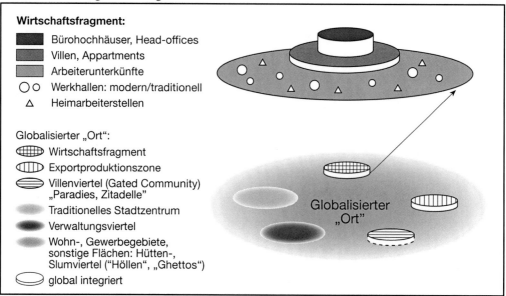

ihre lokale Entsprechung (Abb. 4). So nehmen zum Beispiel „globalisierte Orte" keineswegs geschlossen an der Globalisierung teil. Vielmehr sind es stets nur Fragmente derselben; eben jene Teile, die für die Kapitalverwertung geeignet sind, oder jene Gruppen und Individuen, die sich dem Wettbewerb stellen. Für die eingangs angeführte These fragmentierender Entwicklung in Zeiten der Globalisierung lassen sich aus dem Modell der drei unterschiedlichen Fragmente mehrere erklärende Folgerungen ableiten:

a) Bei den verschiedenen räumlichen und sozialen Fragmenten handelt es sich keineswegs um Funktionsstandorte hoher Persistenz und bleibender Nachhaltigkeit per se. Auch gehen von den globalen und globalisierten Orten keine wachstumspolgleichen, raumgreifenden und die gesamte Gesellschaft durchdringende Sickereffekte und Entwicklungsimpulse aus (Dittrich 2003). Insbesondere bieten sie keineswegs unveränderbare soziale Zuordnungen (z.B. auf solidarische, schichtenübergreifende Gemeinschaften oder karitative Bezüge und Dienste). Noch weniger garantieren sie bleibende, gesicherte Positionen.

Ursache dafür ist ganz konkret der herrschende (exzessive) Wettbewerb, dem sie auf globaler Ebene ausgesetzt sind. Daher, und darauf sei betont hingewiesen, können sie sich – wollen sie selbst fortbestehen/überdauern – nur um das eigene Überleben kümmern. Das gilt insbesondere für die „globalisierten Orte", ihre Akteure und die dort vorherrschenden Scheingewinner, zu denen ebenso die qualifizierten Wissensarbeiter wie unzählige Niedriglohnempfänger gehören. Denn gemäß der Logik des Wettbewerbscredos können sie, falls sie nicht zu reüssieren vermögen, ganz oder partiell (immer) wieder in die ausgegrenzte „Neue Peripherie", die Welt der Überflüssigen, zurückfallen.

b) An dem globalen Wettbewerb und seinen Segnungen partizipieren nicht Länder an sich und nicht deren Bevölkerung als Ganze, sondern nur bestimmte Orte/Regionen und Teile der Bevölkerung. Und diese Partizipation währt nur so lange, wie es die Wettbewerbsbedingungen erlauben. Das schließt keineswegs aus, dass einzelne Orte/Regionen Erfolg haben und in die Welt der „globalen Orte/Regionen" aufzusteigen vermögen. Auch ist es möglich und wahrscheinlich, dass immer wieder hier ansässige Einzelpersonen, Personengruppen und Betriebe erfolgreich sind und zu den *global players* aufzuschließen vermögen.

c) Prinzipiell und der Logik des Wettbewerbs gemäß steht selbst der „Neuen Peripherie" die Option zur Partizipation am Wettbewerb offen. *Strukturell* jedoch bleiben ihr und ihren Bewohnern aus globaler Sicht nicht viele wirtschaftliche Alternativen. Beispielhaft verwiesen sei auf ihre mögliche Funktion als Absatzmarkt für Gebrauchtwaren und industrielle Massenartikel, Standort für Billiglohnproduktion, Lieferant von Rohstoffen, Luxus- und Nahrungsmitteln, menschlichen Organen, IT-Spezialisten, Hochleistungssportlern, exotischen Frauen oder seltenen Haustieren. Sie können aber auch als Empfänger von Arbeitslosenunterstützung, Sozialhilfe, Almosen, Katastrophenhilfe, Terrorpräventionen und Befriedungsaktionen, gelegentlich technischer und finanzieller Entwicklungs- und Militärhilfe fungieren. Langfristig wird die hier lebende Mehrheit der Weltbevölkerung jedoch nicht nur doppelt, sondern sogar dreifach überflüssig sein: als Arbeitskraft, als Konsument und als Produzent. Momentan besteht sogar die Gefahr, Teile oder Gruppen dieser „Restwelt" als Lieferanten terroristischen Aktionismuses zu stigmatisieren.

d) Daraus folgt generell, dass an den ökonomischen Möglichkeiten, welche die Globalisierung zweifellos bietet, nur jene Orte und Personen partizipieren, die sich eben dem Wettbewerb stellen. Erfolgreich werden sie aber nur dann sein können, wenn sie ihren Eigeninteressen folgen. Daher können niemals alle Staaten, kein Land an sich und auch nicht seine Bevölkerung insgesamt Gewinner sein. Gemäß dieser Logik kann es daher in Zeiten der Globalisierung keine – wie von den Marktbefürwortern und Globalisierungsapologeten vertreten – wachstumsbasierte nachholende Entwicklung für Länder und Gesellschaften *als Ganze* geben.

5. Von zentraler Bedeutung für die fragmentierende Entwicklung ist der Verlust an gesellschaftlichem Konsens und sozialer Soli-

darität. Sie wurden durch das Primat und die Exzessivität des globalisierten Wettbewerbs verdrängt. Ergebnis ist die Tatsache, dass von einer weltweiten Bruchlinie auszugehen ist. Auf der einen Seite findet sich jene Mehrheit (80%) wieder, die um das elementare Überleben kämpfen muss. Auf der anderen Seite residiert jene Minderheit (20%), deren Wohlstand sich vermehrt und die im Extrem alle Taktiken exzessiv unverschämter Reichtumsanhäufung mit Erfolg einsetzt.[19]

In einer Welt, in der der Sieg das Ziel ist, kann es kaum ein anderes Ergebnis geben. Diese Aussage spiegelt die ganze Tragweite des weltgesellschaftlichen Dilemmas wider, das durch die Globalisierung verursacht und mit der These fragmentierender Entwicklung hier modellhaft skizziert und theoretisch beschrieben wurde.

Globale Fragmentierung konkret

Das ganze Ausmaß fragmentierender Entwicklung wird erst wirklich sichtbar und begreifbar in seiner konkreten geographisch/kartographischen Umsetzung. Dabei sei auf einige Besonderheiten hingewiesen (Abb. 5):

1. All jene Fragmente, die agieren (globale Orte/Regionen), befinden sich in den Triade-Regionen bei punkthafter Streuung und arealmäßig äußerster Begrenzung. Dabei zeichnen sich Verteilungsmuster ab, die zum einen tradierten Vorgaben folgen, zum anderen aber schließen sie Orte aus, die sich in der Vergangenheit durch Dynamik und Wachstum auszeichneten.

2. Partielle/potentielle Aufsteiger, die reagierenden, globalisierten Orte, sind mehrheitlich in den Ländern des Südens konzentriert. Verwiesen sei dazu auf Teile von Blue China, Korea-Dreieck, Dubai, Mumbay/Bombay oder Sao Paulo. Im Norden sind dazu beispielsweise das baskische Spanien, Westpolen, Ost-Apulien oder Irland zu zählen.

3. Doch besonders augenfällig ist die Tatsache, dass der stagnierende/regressive „Rest" in flächendeckender Weite die Kontinente ausfüllt. Dabei handelt es sich nicht mehr einzig um den armen Süden, die Entwicklungsländer;

dazu zählen heute eben auch weite Teile des Nordens und sogar Regionen oder Standorte, die ehemals tragende wirtschaftliche Bedeutung besaßen. Hierfür können z.B. die europäischen Mittelgebirge, die meisten Altindustriegebiete weltweit oder auch die traditionellen Getreideanbauregionen Europas gerechnet werden.

Fazit: In diesem Sinne und im Unterschied zur allgemein vertretenen Auffassung[20] wird unter Globalisierung hier ein Prozess verstanden, der neben sozialen (sozialkritischen), politischen und ökonomischen (marktwirtschaftlichen) Implikationen die räumliche Dimension mit einbezieht: Globalisierung ist danach ein

Abb. 5: Globale Fragmentierung

primär wirtschaftliches, zutiefst heterogenes und weltweit präsentes Phänomen. Es basiert auf Wettbewerb, freiem Handel und Wachstum. Dabei wird auf Solidarität verzichtet, gesellschaftlicher Konsens zurückgestellt/unterdrückt und soziale Verantwortung als obsolet betrachtet. Einerseits generiert es, punkthaft gestreut, ökonomisches Wachstum, politische Macht sowie individuelles soziales Ansehen, berufliche Teilhabe und materiellen Wohlstand. Andererseits bewirkt es flächenhaft/weltumspannend wirtschaftliche Stagnation/Regression, gesellschaftliche und politische Ausgrenzung, beharrende und wachsende Armut sowie ökologische Probleme. Diese Gegensätze verschärfen sich bei gleichzeitigem Schwinden der vermittelnden und stabilisierenden „Zwischenräume".

Anmerkungen

1 Vgl. Rostow 1960; Ribeiro 1971; Wehler 1975; grundlegend Schumpeter 1912.
2 Zum Beispiel B. Behrendt 1971; Senghaas 1974; zusammenfassend Bohnet 1971; Rauch 2009; Scholz 2004.
3 Vgl. Altvater, Mahnkopf 1997; Hennings 2009; George 2001; Scholz 2000, 2002, 2004, 2010.
4 Dazu sei verwiesen auf: Fisher, Ponniah 2003; Giese et al. 2011; Gray 1994; Giddens 1995; Haensch et al. 2000; Krätke 1995; Kulke 1999; Nuhn 1997; Stiglitz 2006; Ziegler 2008.
5 Eine ausführliche Darstellung der in der folgenden Übersicht zusammengefassten strukturellen Effekte der Globalisierung findet sich bei Scholz 2010, Kap. 4, 5.
6 Virtuelle Unternehmen konzentrieren sich auf die branchenspezifische Kernkompetenz. Darunter werden Produktentwicklung, Werbung, Marketing/ Branding und Vertrieb verstanden. Die Produktherstellung (Massenfertigung) hingegen wird über *outsourcing* – i.d.R. bei Externalisierung aller Folgekosten - an Firmen vergeben, die sich meist in Niedriglohnländern befinden. Derartige virtuelle Unternehmen, wahrhafte *global players*, sind vornehmlich in der Textil-, Leder- und Spielwarenbranche vertreten.
7 Bronger 1996; Coy 2002 ; Coy/Pöhler 2002; Coy/ Kraas 2003; Heineberg 2006; Kraas 1996; Scholz 2003, 2005; Taraschewsky ...
8 Jawaharlal Nehru (1889-1964). Indischer Premierminister (1947-1964), setzte sozialistische Planwirtschaft mit marktwirtschaftlichen Elementen durch.

9 Lizenzierung: Private Unternehmen durften Betriebsneugründungen oder -erweiterungen erst nach der Erteilung einer staatlichen Lizenz, nicht selten in Verbindung mit umfangreichen Auflagen, vornehmen.
10 Rajiv Gandhi (1944-1991). Indischer Premierminister (1984-1989), begann mit der Liberalisierung der Wirtschaft (Abbau der Lizenzierung), modernisierte und baute – auch aufgrund persönlicher Begeisterung – die IT-Industrie (z.B. in Bangalore; Dittrich 2003) aus und verbesserte die Beziehungen zu den USA.
11 Auch für die Bundesrepublik, d.h. Ostdeutschland, werden die Überflüssigen ganz konkret thematisiert. Land/Willisch (2006) stellen, auf empirischer Forschung basierend, heraus, dass ihre strukturellen Merkmale immer vielfältiger werden: „Qualifikations- und Motivationsdefizite werden festgestellt, Mobilität und Flexibilität sind zu gering, die Ressourcen reichen nicht zum Lebensunterhalt, Familienprobleme, Schulden, Sucht und sozialer Kompetenzmangel werden diagnostiziert [...]".
12 Zu den Überflüssigen gehören all jene weltweit, deren Arbeitskraft nicht benötigt wird, deren Erzeugnisse nicht nachgefragt werden und die als Kunden keine Rolle spielen, weil sie keine Kaufkraft haben. Ricardo (1951/55) spricht gegen Ende des 18. Jahrhunderts schon von ihnen als *„redundant population"*.
13 Derartige Einrichtungen nehmen z.B. in Deutschland auf Initiative von Betroffenen oder von zivilgesellschaftlichen Akteuren zu. Verwiesen sei auf die alternativen „Supermärkte" (gewinnfrei geführte Bonusläden), in denen sich Arbeitslose und Hartz IV-Empfänger kostenlos versorgen sowie Rentner/Senioren und sonstige Bedürftige preisreduziert einkaufen können. Die Waren stammen von Einzelpersonen der Überfluss- und Wegwerfgesellschaft. Oder es handelt sich um Artikel aus Supermärkten, deren Verfallsdatum (*obsolescence*) überschritten ist oder die sich in verkaufsungünstigem Zustand befinden. In Armenküchen, die in den Großstädten an Zahl zunehmen, werden z.B. die „exquisiten" Reste von Bankettbuffets ausgegeben. Dieses Geberverhalten ist jedoch in erster Linie nicht (wenn überhaupt!) Ausdruck von Solidarität oder „Nächstenliebe". In Frankreich kommt den „dépôt vente"-Läden eine ähnliche Versorgungsfunktion zu. Doch werden sie privatwirtschaftlich und gewinnorientiert geführt.
14 Ausführliche Darstellung der Theorie der fragmentierenden Entwicklung Scholz 2002, 2004/ Teil 4. Hennings (2009, 256) schreibt dazu: „ ...die Theorie der Fragmentierenden Entwicklung ... ist ... als im entwicklungstheoretischen Diskurs ‚angekommen' zu betrachten, weil es (sich) hier um

einen ganz wesentlich auf die Besonderheiten der Globalisierung bezogenen Ansatz handelt. ...dass die Theorie der Fragmentierenden Entwicklung als heute zeitgemäße Version der Leittheorien der 1950erbis 1970er Jahre verstanden werden kann, denn tatsächlich nimmt die Theorie mit den sie prägenden Dimensionen, Merkmalen und Indikatoren das auf, was heute zeitgemäß für Modernisierungs- und Dependenztheorien wäre, jetzt nicht mehr als zwei miteinander konkurrierende Theorien, sondern als ein integrierter Theorieansatz, der marktwirtschaftliche Dynamik mit marxistischer Sozialkritik verbindet."

15 Wachstum ist volkswirtschaftlich der Anstieg des realen Volkseinkommens pro Kopf der Bevölkerung in einem bestimmten Zeitraum.

16 Das Konsensdenken hat letztlich mit den Errungenschaften der Französischen Revolution, nämlich den Humanitätsidealen Freiheit, Gleichheit, Brüderlichkeit, weltweit gesellschaftlich Einzug gehalten: Anfangs (18./19. Jh.) in Europa durch aufgeklärtes Bürgertum und Zivilgesellschaft, nach dem Ersten Weltkrieg über den Völkerbund und nach dem Zweiten Weltkrieg über die Vereinten Nationen weltweit. Im Prinzip, nicht jedoch de facto, sind diese Ideale allgemein als internationale politische und gesellschaftliche Handlungsgrundlage akzeptiert. Das in Zeiten der Globalisierung geltende Primat des „Ökonomischen" stellt diese Ideale in Frage, hebelt sie – wie die Realität zeigt – vielfach geradezu aus. Vgl. dazu DGL 1997; Feuchte 2007; Klein 2002; Scholz 2010; Weiss/Schmiederer 2008; Werner 2008.

17 Unter Modell wird ein auf die tragenden Strukturen reduziertes Abbild der Wirklichkeit verstanden, über das eine Theorie (hier: die folgenden Überlegungen) handelt.

18 Der Begriff „globale Orte/Regionen" ist umfassender als *„global cities"* im Sinne von Sassen (1991), die ihn auch nicht in funktional-räumlicher, sozialgeographischer Dimension und Funktion begreift. Daher ist es m.E. wenig sinnvoll und theoretisch fragwürdig, von diesem Begriff – wie gelegentlich schon geschehen (Gerhard 2004) – funktionale, quasi zentralörtliche Unterkategorien (z.B. *global cities* 1. 2. oder 3. Grades) abzuleiten. Um im geographischen Verständnis den Unterschied zwischen „globalen Orten/Regionen" und *„global cities"* zu betonen, seien hier die global aktiv agierenden Städte als *acting global cities* bezeichnet. Sie stellen eine spezielle Ausprägung der globalen Orte/Regionen dar. Vgl. dazu auch Castells 2003.

19 Diese Reichtumsanhäufung geschieht nicht selten auf kriminellem Wege z.B. über Geldwäsche, Drogen-, Waffen-, Menschenhandel, die durch Globalisierung befördert/erleichtert wurden (Ziegler 1990). Oder sie erfolgt über Bereicherungspraktiken, die ganz legal geschehen, jedoch volkswirtschaftlich zu Buche schlagen (grundlegend dazu: Kapp 1958) bzw. vom Staat subventioniert und damit von der Bevölkerung bezahlt werden (Weiss, Schmiederer 2008): eine perfide Form der Ausbeutung und Armutsvermehrung!

20 Allgemein geltende Auffassung von Globalisierung: Es handelt sich um ein primär wirtschaftliches, Wachstum generierendes und Wohlstand verheißendes weltweit präsentes Phänomen. Es findet fassbaren Niederschlag in der Entgrenzung der Finanz-, Waren-, Arbeits-, Rohstoff- und Produktionsmärkte sowie in der Gültigkeit von Wettbewerb, Privatisierung und Deregulierung (materielle Basis). All dies wiederum schlägt sich nieder in weltweiten technologischen Netzwerken, Transport-, Produktions- und Informationssystemen, in einem supranationalen politischen Zusammenspiel und sogar in der Ubiquität von alltäglichen Lebensweisen, Konsumverhalten und kulturellen Bedürfnissen. Damit werden Wahrnehmungen und Handlungen initiiert, ermöglicht und gesteuert, die über soziale, ethnische, kulturelle und nationale Grenzen hinweg greifen sowie gleichzeitig und ungeachtet räumlicher Ferne ablaufen (gesellschaftlicher Überbau). (vgl. dazu: Altvater, Mahnkopf 1997; Beck 1997; DGL 1997; Scholz 2010).

Literatur

Anmerkung: Die im Text aufgeführten Quellen stellen lediglich eine beschränkte Auswahl möglicher einschlägiger Verweise dar. 2. Quelle der Abb.: Scholz 2010.

Altvater, E./Mahnkopf, B. (1997): Grenzen der Globalisierung. Ökonomie, Ökologie und Politik in der Weltgesellschaft. Münster.

Beck, U. (1997): Was ist Globalisierung? Frankfurt a.M.

Behrendt, R. F. (1971): Lob des Westens. Zürich.

Blankert, Ch., B.(2001): Öffentliche Finanzen in der Demokratie. München.

BMZ (2012) = Bundesministerium für Wirtschaftliche Zusammenarbeit und Entwicklung, Strategiepapier 2: Investitionen in Land und das Phänomen des „Land Grabbing". Bonn.

Bohnet, M. (Hrsg.) (1971): Das Nord-Süd-Problem. Konflikte zwischen Industrie- und Entwicklungsländern. München.

Castells, M. (2003): Das Informationszeitalter III. Opladen.

Coy, M.; Kraas, F. (2003): Probleme der Urbanisierung

in den Entwicklungsländern. In: Petermanns Geografische Mitteilungen 147, 1, 32-41.

Coy, M.; Pöhler, M. (2002): Condominios fechados und die Fragmentierung der brasilianischen Stadt. Typen – Akteure – Folgewirkungen. In: Geographica Helvetica 57, 4, 264-277.

DGL (1997) = Die Gruppe von Lissabon: Grenzen des Wettbewerbs. Die Globalisierung der Wirtschaft und die Zukunft der Menschheit. München.

Dittrich, C. (2004): Bangalore – Globalisierung und Überlebens- sicherung in Indiens Hightech-Kapitale. Saarbrücken.

Feuchte, B. (2007): Billig nähen für den Weltmarkt – Lebens- und Arbeitsbedingungen der Beschäftigten der bangladeschischen Bekleidungsindustrie. Berlin.

Fisher W. F.; Ponniah, Th. (2003): Another world is possible. Popular alternatives to globalization at the World Social Forum. Nova Scotia, Selangor, Cape town, London/New York.

George, S. (2001): Der Lugano-Report oder Ist der Kapitalismus noch zu retten? Reinbek bei Hamburg.

Giddens, A. (1995): Konsequenzen der Moderne. Frankfurt a.M.

Giese E.; Mossig, I.; Schröder, H. (2011): Globalisierung der Wirtschaft. Paderborn.

Gray, J. (1999): Die falsche Verheissung. Der globale Kapitalismus und seine Folgen. Berlin.

Haas, H.-D.; Neumair, S.-M. (Hrsg.) (2005): Internationale Wirtschaft. Rahmenbedingungen, Akteure, räumliche Prozesse. München.

Hanesch, W.; Krause, P.; Bäcker, G. (2000): Armut und Ungleichheit in Deutschland. Reinbek b. Hamburg.

Heineberg, H. (2006): Grundriss Allgemeine Geographie: Stadtgeographie. Paderborn.

Hennings, W. (2009): Entwicklungsforschung. Frankfurt/New York.

Herkommer, S. (Hrsg.)(1999): Soziale Ausgrenzungen. Gesichter des neuen Kapitalismus Hamburg.

ID7 (2011) = INKOTA-Dossier 7: Die neue Landnahme. Der globale Süden im Ausverkauf. Berlin

Kapp, K.W. (1958): Volkswirtschaftliche Kosten der Privatwirtschaft. Tübingen, Zürich.

Klein, N. (2002): No logo. München.

Kraas, F. (1996): Bangkok. Ungeplante Megastadtentwicklung durch Wirtschaftsboom und soziokulturelle Perspektiven. In: Geogr. Rdsch. 48, 2, 89-96.

Krätke, S. (1995): Globalisierung und Regionalisierung. In: Geogr. Ztschr. 83, 1, 207-221.

Kreutzmann, H. (2002): Zehn Jahre nach Rio. In: Geogr. Rdsch. 54, 10, 58-63.

Krüger, F.(2003): Handlungsorientierte Entwicklungsforschung: Trends, Perspektiven, Defizite. In: Petermanns Geogr. Mittlg. 147, 1, 6-15.

Kulke, E. (1999): Räumliche Aspekte der wirtschaftlichen Globalisierung. In: Geographie und Schule, 21, 122, 10-15.

Land, R. (2006): Fragmentierte Wirtschaftsstrukturen zwischen Deindustrialisierung, Stagnation und Innovation. In: Berliner Debatte Initial 17, 5, 27-38.

Land, R.; Willisch, A. (2006): Die Überflüssigen und die neuen sozialen Problemlagen. In: Berliner Debatte Initial 17, 5, 39-53.

Müller, H. (2006): Weltmacht Indien. Frankfurt a.M.

Neuburger, M. (2003a): Neue Armut im ländlichen Brasilien. Kleinbäuerliche Familien in einer globalisierten Welt. In: Geogr. Rdsch. 55, 10, 12-19.

Neuburger, M. (2003b): Armutsgruppen in Brasilien zwischen Ausgrenzung und neuer sozialer Bewegung. In: Kohlhepp, G. (Hrsg): Brasilien – Entwicklungsland oder tropische Großmacht des 21. Jahrhunderts. Tübingen, 171-185.

Nissel, H. (2011): Auswirkungen von Globalisierung und New Economic Policy im urbanen System Indiens. In: Mittlg. D. österr. Geogr. Gesllschaft, 143, 63-90.

Nuhn, H. (1997): Globalisierung und Regionalisierung im Weltwirtschaftsraum. In: Geogr. Rdsch. 49, 3, 136-143.

Rauch, Th. (2009): Entwicklungspolitik. Braunschweig.

Ricardo, D. (1951/55): The works and correspondence of David Ricardo. Hrsg. v. P. Sraffa; Dobb, M.H. London.

Rifkin, J. (2001): Das Ende der Arbeit und ihre Zukunft. Frankfurt a. M.

Rostow, W.W. (1960): The stage of economic growth. A non-communist manifesto. Cambridge/Mass.

Sassen, S. (1991): The global city: New York, London, Tokyo. Princeton N.J.

Sassen, S. (1997): Metropolen des Weltmarkts. Die neue Rolle der Global Cities. Frankfurt/New York.

Schamp, E. W. (1996): Globalisierung von Produktionsnetzen und Standortsystemen. In: Geogr. Ztschr. 84, 3/4, 205-219.

Scholz, F.(2000): Perspektiven des Südens im Zeitalter der Globalisierung. In: Geogr. Ztschr. 88, 1, 1-20.

Scholz, F. (2001): Dhaka/Bangladesh – Stadtkultur und Lebensrealität in einem globalisierten Ort. In: Geogr. Rdsch. 53, 12, 56-60.

Scholz, F. (2002): Theorie der fragmentierenden Entwicklung. In: Geogr. Rdsch., 54, 10, 6-11.

Scholz, F. (2003): Globalisierung und „neue Armut". In: Geogr. Rdsch., 55, 10, 4-10.

Scholz, F. (2003): Die Megacity Karachi – Ein globalisierter Ort?. In: Geogr. Rdsch. 55, 11, 20-26.

Scholz, F. (2004): Geographische Entwicklungsforschung. Berlin, Stuttgart. Hier: Teil 4.

Scholz, F. (2005): Die „kleinen Golfstaaten" im Globalisierungsprozess. Dubai als Beispiel. In: Geogr. Rdsch. 57, 11, 12-20.

Scholz, F. (2010): Globalisierung. Genese, Strukturen, Effekte. Braunschweig.

Scholz, F. (2012): Entwicklungsländer. Braunschweig.

Schumann, H.; Grefe, Ch. (2008): Der globale Countdown.

Gerechtigkeit und Selbstzerstörung – Die Zukunft der Globalisierung. Köln.

Schumpeter, J. A. (1912): Theorie der wirtschaftlichen Entwicklung. Leipzig.

Senghaas, D. (1974): Elemente einer Theorie des peripheren Kapitalismus. In: Senghaas, D. (Hrg.): Peripherer Kapitalismus. Analysen über Abhängigkeit und Unterentwicklung. Frankfurt a. M., 7-36.

Sunkel, O.; Mortimore, M. (2001): Transnational integration and nationals desintegration revisited. In: Hette, B.; Inotai, A.; Sunkel, O. (Hrsg.): Comparing regionalism. Implication for global Development. New York, 54-92.

Taraschewski, T. (2008): Stadtentwicklung von Ulaanbaatar im Zeitalter fragmentierender Entwicklung. Berlin.

TE (2012): The Economist: The world in 2012. London.

Wamser, J. (2005): Standort Indien. Der Subkontinentstaat als Markt und Investitionsziel ausländischer Unternehmen. Münster.

Wehler, H.-U. (1975): Modernisierungstheorien und Geschichte. Göttingen.

Weiss, H.: Schmiederer, E. (2008): Asoziale Marktwirtschaft. Insider aus Politik und Wirtschaft enthüllen, wie die Konzerne den Staat ausplündern. Köln.

Werner, G. (2008): Einkommen für alle. Köln.

Ziegler, J. (1990): Die Schweiz wäscht weißer. Die Finanzdrehscheibe des internationalen Verbrechens. München.

Ziegler, J.(2008): Das Imperium der Schande. Der Kampf gegen Armut und Unterdrückung. München.

ZPÖ (1995) = Zeitschrift für Politik und Ökonomie in der Dritten Welt „Peripherie": Globalisierung, Nr. 59/60.

Jörg Dürrschmidt

Große Welt – Kleine Welt

Familiennetzwerke in London und Wittenberge als Überlebensstrategien[1]

Als die „Empire Windrush" am 22. Juni 1948 die ersten 492 Einwanderer aus Jamaika nach London bringt, beginnt der nachhaltige postkoloniale Wandlungsprozess der englischen Gesellschaft. Der Verlust der Empires ist dabei der Gewinn der urbanen Gesellschaft Englands. Einwanderer aus dem karibischen Teil des Commonwealth haben den Alltag der „global city London", aber auch anderer Großstädte wie Manchester und Bristol, unübersehbar geprägt. Sie kamen als dringend benötigte Arbeitskräfte vor allem für den unterbesetzten Dienstleistungssektor. So sehr man sie aber als Krankenschwestern und Busfahrer brauchte, so schleppend verlief die Überwindung des kulturellen Ressentiments, das ihnen im Alltag entgegenschlug, trotz britischer Staatsbürgerschaft und trotz Sozialisation durch britische Institutionen (vgl. Korte 1999).

Bis heute hält sich diese Schieflage von hoher kultureller Präsenz und fragiler gesellschaftlicher Teilhabe. Einerseits hat die karibische Einwanderungskultur mit hoher symbolischer Sichtbarkeit in „street style" und Alltagssprache, Musik und Sport zur Wahrnehmung des urbanen Englands als einer weltoffenen multikulturellen Gesellschaft beigetragen. Andererseits sprechen nüchterne sozialstrukturelle Daten von einer dazu nicht im Verhältnis stehenden schleppenden Integration einer ethnischen Minderheit in den sozialen Mainstream und von blockierter sozialer Mobilität, die insbesondere die zweite und dritte Generation betrifft. Zum einen stand die karibische Kultur in London und anderswo für das freie Spiel dezentralisierter kultureller Ströme, so dass sie sich an der Wende zum neuen Millennium wunder-bar in die Marke „cool Britannia" integrieren ließ. Zum anderen aber diente wenig später, als wirtschaftliche Krise und sozialstaatliche Einschnitte die Frage nach gesellschaftlicher Zugehörigkeit viel schärfer stellten, ebendieses karibische Milieu als Projektionsfläche für den Diskurs des „broken Britain", in dem sich ethnische Minderheiten in Lebensstil und Wertestruktur von der gesellschaftlichen Mitte entfremden. Was gestern „cool" war, wurde nun als defizitär wahrgenommen (vgl. Gouldbourne 2008, Reynolds 2008).

Die nachfolgende Debatte um den sozialen Zusammenhalt in den Parametern einer multikulturellen Konkurrenzgesellschaft entbrannte vor allem auch um die Rolle der Familie und deren Sozialkapital. Das netzwerkartige Gefüge der karibischen Familien- und Verwandtschaftsbindungen und deren weniger der patriarchalischen Ordnung verpflichtete innere Ausrichtung wurden als defizitär gegenüber dem westeuropäischen Ideal der Kernfamilie mit klarer häuslicher Abgrenzung und geschlechtlicher Arbeitsteilung wahrgenommen. Das Sozialkapital der Einwandererfamilien aus der Karibik wurde als „bad social capital" wahrgenommen, weil es in den innerethischen Netzwerken des weitverzweigten Familiengefüges versickerte. „Good social capital" hingegen würde sich, ganz gemäß der kommunitaristischen Agenda von *New Labour*, dem interethnischen Brückenschlag widmen und sich im Engagement in *„voluntary associations"* manifestieren (vgl. Cheong [et al.] 2007). Hinter der Auseinandersetzung um die soziale Beitragsfähigkeit verschiedener Familienformen angesichts radikalen gesellschaftlichen Wandels zeigte sich aber eine zweite große Konfliktlinie der Gegenwartsgesellschaft zwischen national Gebundenen und transnational Eingebundenen. Die karibischen Familiennetzwerke mit ihrer transnationalen Ausrichtung in die Karibik und nach Nordamerika wurden so nicht nur als gelebte Abweichung vom Ideal der Kernfamilie wahrgenommen, sondern waren mit ihrer grenzüberschreitenden Praktizierung von Familie vor allem eine Herausforderung an der kulturellen Norm der Sesshaftigkeit. Folglich öffnen sich hinter der Fassade des multikulturellen „cool Britannia"-Diskussionen um unterschiedliche Taktiken des alltäglichen Durchkommens und grundsätzliche Strategien des Überlebens in einer transnationalen Welt.

Die Intention dieses Aufsatzes erschöpft sich jedoch nicht in der detaillierten Beschreibung von kontextspezifischen Formen von familialen Überlebensstrategien und den zugehörigen Ressourcen an Sozialkapital. Vielmehr geht es auch darum, den Zusammenhang von Familie und Sozialkapital in empirischer Grundierung zu durchdenken und die etwas schal gewordene abstrakte Formel von „bonding vs. bridging" als kontrastierende Formen familialen Sozialkapitals in tatsächlichen Formen des „doing family" in Situationen sozialen Umbruchs zu relativieren und aufzubrechen (vgl. Edwards 2004). Damit folgen wir der in der Debatte um Sozialkapital zunehmend präsenten Einsicht, dass die allgegenwärtige Verbreitung des Konzepts in Soziologie und Social Policy nur um den Preis des Verlusts an analytischer Schärfe und theoretischer Robustheit möglich war. Umgekehrt ist analytische Schärfe nur über den Weg empirischer Grundierung und kontextueller Kontrastierung wiederzugewinnen (vgl. Portes 1998, Franklin [et al.] 2007). Dieser Weg wird beschritten, indem zunächst die familialen Überlebensstrategien im transnationalen Londoner Milieu verfolgt werden, um nachfolgend einen geschärften Blick auf die ostdeutsche Umbruchsgesellschaft, exemplarisch wahrgenommen in der ehemaligen Industriestadt Wittenberge, zu lenken.

Mobilität als Überlebensstrategie

Üblicherweise wird die transnationale Familie als lebensweltliche Anpassung an die gegenwärtige transnationale Arbeitsteilung und die ihr immanente globale Umverteilung an Chancen und Ungleichheiten wahrgenommen (vgl. Landolt/Da 2005). Die Persistenz transnationaler Familienetzwerke der karibischen Einwanderer aber nur aus familialen Diversifizierungsstrategien als Antwort auf sozialökonomischen Anpassungsdruck heraus zu sehen, wäre zu kurz gegriffen. Vielmehr ist Migration ein tradiertes Leitmotiv der karibischen Identität, das bis in den transatlantischen Sklavenhandel des 18.Jh zurückreicht und mit der Globalisierung in eine „Caribbean migratory culture" mündete (Chamberlain 2005, 3). Kolportiert werden hierzu beeindruckende Daten: Zum Beispiel haben auf Trinidad 60% der Familien wenigstens eines ihrer Mitglieder im Ausland, so dass die Alltagsweisheit gilt „one can really only be ‚Trini' by going abroad" (Urry 2002, 258); über Guyana sagt man, dass mehr seiner „Einwohner" außerhalb als im Lande leben (Trotz 2006, 46); und aus Nevis berichten Feldforscher über Dörfer, in denen 25% der Kinder beide Elternteile im Ausland haben (Olwig 1999, 280). Um aber zu erahnen, wie diese Kultur des Unterwegseins durchwirkt auf die Alltagsdynamik und das Ethos von Familien, muss man sich verdeutlichen, dass dort Kinder von Großeltern erzogen werden, deren primäre Sozialisationserfahrung die Abwesenheit ihrer eigenen Elterngeneration war (Chamberlain 2005, 51ff.). Wie wohl in keiner anderen Region der Welt sind hier Familiengeschichte und Migrationsgeschichten auf unlösliche Weise miteinander verknüpft. Die Transnationalisierung von Familien und die Erweiterung des Familienhaushalts um internationale Dependenzen reflektiert nicht nur eine Frage ökonomischer Notwendigkeit, sondern ist auch beeinflusst durch eine tief verwurzelte Wertestruktur, die inter- und transregionale Mobilität als Mittel des sozialen Aufstiegs und der kulturellen Distinktion honoriert (vgl. ebd., 6).

In diesem sozio-kulturellen Kontext war die Familie immer schon eine „transcultural institution", die zunächst europäische und afrikanische Einflüsse kreolisierte und später für die Kontinuität von Haushalt und kultureller Zugehörigkeit über Ozeane, Regionen und Generationen hinweg zu sorgen hatte. Zentral im Selbstverständnis der Familien ist so trotz oder gerade wegen der Offenheit zur Welt hin „a strong message of survival and identity" (ebd., viii), die die Verwandtschaftsnetzwerke als verlässliche Gleisführung einer mobilen Lebensführung am Rande etablierter und weniger mobiler Gesellschaften hochhält.

Diese langfristig angelegte familiale Überlebensstrategie der „mobile livelihoods" (Trotz 2006, 42) manifestiert sich in der sozialen Morphologie der Familien. Dementsprechend sind die transnationalen Familiennetzwerke nicht eine konzentrische Erweiterung einer Kleinfamilie, sondern die Eltern-Kind-Beziehung ist von vornherein in ein flexibles und pragmatisch gehandhabtes Verwandtschaftsgewebe eingebettet. Das Lebensprinzip der Familien ist nicht Standorttreue und maximales emotionale Zusammenrücken, sondern pragmatisches und flexibles Aushandeln einer komplex geschichteten transnationalen Unterstützungsmatrix. Deren Formel lautet weitestgehende Inklusion bei elastischer Handhabung von Grenzen und Abhängigkeiten (vgl. Olwig 1999, Sutton 2004). Das heißt konkret, eine „family that works" erstreckt sich auf „non-kin friends" und umfasst alle „whom you can count on for support". Die Formen der Unterstützung reichen von materieller Hilfe (etwa bankunabhängige Kredite) über Dienstleitungen (etwa Gewähren von Unterkunft), Gütertausch und dem Austausch von Insiderwissen bis hin zu körperlicher und emotionaler Fürsorge zwischen den Generationen. Das heißt aber auch, dass diese Unterstützungsmatrix keineswegs einer formalen genealogischen Ordnung nachfolgt, sondern innerhalb einer vergleichsweise egalitären Netzwerkstruktur nach dem Prinzip der Fairness innerhalb eines „family deals" verfolgt wird (vgl. Ullmann-Margalit 2006). Man könnte auch sagen, dass die transnationalen Familienstrukturen einer individualistischen Idee von Verteilungs- und Beteiligungsfairness folgen, weil in ihnen das Anrecht auf Hilfe und Unterstützung mehr interindividuell erworben als statusbedingt zugeschrieben wird. Insbesondere die intergenerationale Sorge und Fürsorge folgt diesem Muster der interindividuellen Fairness (vgl. Reynolds/Zontini 2007). Eine zentrale Rolle in den transnationalen Familiennetzwerken spielen Kinder. Über sie wird die Migration allgemein, insbesondere aber der Rhythmus von An- und Abwesenheit der Elterngeneration sozial legitimiert und im Familiennetzwerk materiell und symbolisch „verrechnet". Kinder sind ein lebensweltliches Relais für Prestige, aber auch potentielle Quelle von Haushalteinkommen für die Verwandtschaft, die stellvertretend Fürsorgeaufgaben übernimmt (vgl. Olwig 1999).

Damit ist ein Familientypus skizziert, der scheinbar problemlos ein Geflecht von interindividuellen Anrechten und Verpflichtungen in transnationaler Balance hält und in dem individualisierte Motive einer „casual migration" in Formen transnationaler familialer Bindung eingefangen werden. Strategien des räumlichen „bridging" und des elastischen sozialen „bonding" gehen hier in eine dynamische Überlebensformel ein, die wie geschaffen scheint für eine Welt in Bewegung. Dass aber auch das transnational dynamisierte familiale Sozialkapital erhebliche Ambivalenzen entfalten kann, zeigt sich erst im Nachvollzug konkreter Familienpraktiken[2].

Praktiken transnationalen Familien(über)lebens: *remittances, return migration, family reunions*[3]

In *Remittances* manifestiert sich das Sozialkapital, das transnationale Familiennetzwerke zur Überlebenssicherung mobilisieren können. Sie sind zum einen wesentliche Quelle des Lebensunterhalts, wobei der „flow" der Remittancen so variable ist wie die situative Bedürftigkeit der Familiennetzwerke selbst. Hier soll es reichen, auf die Unterscheidung von Überweisungen als Facette des täglichen Durchkommens, Überweisungen aus besonderen Anlässen (etwa Einschulung, Schulgebühren, Heirat) und Überweisungen im Notfall (etwa Krankheit) hinzuweisen (Horst 2006, 150). Materielle Remittancen haben aber auch eine soziale Dimension, insofern sie ein nonverbales Bekenntnis zur Kontinuität der Familie sind. Zudem transportieren sie eine symbolische Dimension, insofern sie Werte wie Loyalität und Verantwortung in einer Welt gelockerter Bindungen weiter Räume hochhalten.

Zugleich zeigt sich gerade an den materiellen Remittancen die Ambivalenz von familialem Sozialkapital, das zwar transnationale Brücken schlägt, aber den bindenden Horizont familiärer (Einzel-)Interessen nicht überschreitet. Denn die Rücküberweisungen werden weitestgehend als privates und den Familienhaushalt betreffendes Arrangement wahrgenommen. Dementsprechend ist der materielle Fluß der sich zwischen Großbritannien und der Karibik aufspannt auf privaten Konsum orientiert. Verantwortung für kollektive Entwicklungen lokaler Infrastruktur, wie man sie etwa aus dem Migrationskontext USA/Mexiko kennt, entwickelt sich in dieser Konstellation nicht (Reynolds 2008, 9f.). Umgekehrt zwingt eine in weiten Teilen des Commonwealth-Teils der karibischen Inseln (im Vergleich zum wohlfahrtsstaatlich weit besser ausgestatteten ehemals französischen Teil) recht rudimentär ausgebaute Infrastruktur des Sozial- und Gesundheitswesens zu einer Situation, in der die Familien in der Fürsorge für die ältere Generation weitestgehend allein gelassen wird. So sind Kinder und Enkel in Übersee das beste Sozialversicherungssystem das im Alter die Kosten für Arzt und Medikamente übernimmt (Reynolds/Zonti 2007, 227; Byron/Condon 1996, 100f.). Ambivalenzen kommen ebenfalls im Ethos der transnationalen finanziellen Familienhilfe zu Tage. Einerseits senden Remittancen die starke Botschaft aus, dass familial getragene Migration eine für alle Beteiligten lohnende Anstrengung ist. Zumal dann, wenn sich diese Botschaft dauerhaft und für alle sichtbar niederschlägt, etwa im verschönerten Familienanwesen. Aber gerade die junge Generation auf den karibischen Inseln kann ebenso in eine Überlebensstrategie sozialisiert werden, in welcher der „remittance dollar" als Symbol für schnellen Zugriff auf Konsumgüter steht. Es wird so eine Lebenseinstellung befördert, die langfristige Anstrengung und Investition entwertet (ebd.).

Neben den finanziellen und materiellen Remittancen werden zunehmend soziale und kulturelle Remittancen (Reynolds/Zonti 2007, 222; Reynolds 2008, 10) relevant. Damit sind alle nichtmateriellen Anstrengungen transnationaler Familienfürsorge angesprochen, die sich von der praktische Hilfe in der Alltagsbewältigung über das „checking in" via Telefon und Internet bis hin zur transnationalen Vermittlung von Identitäten und Werten erstreckt. Erste wird exemplarisch im Phänomen der „flying grandmothers" (Reynolds/Zonti 2007, 225) deutlich, die je nach Bedarf im flugtechnisch näher zusammengerückten Terrain der karibischen Diaspora als Haushaltshilfe und emotionale Unterstützung unterwegs sind. Zweiteres manifestiert sich beispielsweise in der Vermittlung der sogenannten „homeland experience" (Stephenson 2002) an die zweite und dritte Generation der im Vereinigten Königreich aufgewachsenen Migranten. Dabei geht es zum einen um ganz handfeste Dinge wie eine gute Schulbildung, die aus der Sicht der Betroffenen beispielweise in Guyana und Barbados besser ist als im metropolitanen England, vor allem was das sogenannte zweite Curriculum angeht (Reynolds 2008, 17). Zum anderen geht es angesichts von Exklusionserfahrungen und Identitätssuche um die Vermittlung einer realistischeren Perspektive auf das Leben der Verwandten in der Karibik.

An den sozialen und kulturellen Remittancen wir deutlich, dass Sozialkapital nicht nur in eine Richtung mobilisiert wird. Beispielsweise wird die „flying grandmother" während ihres Besuchs im Vereinigten Königreich im Gegenzug in die neueste elektronische Kommunikationstechnologie eingeübt und die Londoner Studentin auf „homeland experience" nimmt nicht nur eine rekonstruierte anglo-karibische Identität mit nach Hause, sondern ist zugleich eine lebende Herausforderung an teilweise tradierten Geschlechterrollenerwartungen in der Herkunftsfamilie (Reynolds/Zonti 2007, 226; Reynolds 2008, 23). An den intergenerationalen Lern- und Fürsorgebeziehungen wird zudem die starke Wirksamkeit des Prinzips der „delayed reciprocity" (Reynolds/Zonti 2007, 229) im Sozialkapital der transnational organisierten karibischen Familien deutlich. Diese phasenverschobene Reziprozität in der Fürsorge zeigt sich beispielsweise darin, dass oftmals gerade diejenigen Großmütter besonders in die Enkelkinder investieren, die ihren eigenen Kindern im Kontext von Migrationsentscheidungen nicht dieselbe Fürsorge angedeihen lassen konnten. Umgekehrt ist die Entscheidung der materiellen und immateriellen Fürsorge für ein Mitglied der älteren Generation in einen expliziten und impliziten interindividuellen Aushandlungsprozess eingebettet, der weniger einem vorgeschriebenen Altruismus folgt als vielmehr ein langfristiges Feedback tatsächlich empfangene Fürsorge darstellt und der so im Ergebnis z. B. die Tante der Mutter vorziehen kann (Reynolds/Zonti 2007, 230).

Man könnte zunächst auch die (Über-)Lebensstrategie der *return migration* im Kontext der Remittancen einordnen. In diesem Sinne wäre Rückkehrmigration die Kulmination eines durch finanzielle und andere Remittancen vorbereiteten zirkulären Migrationstrajekts, das durch die letztliche Rückkehr noch einmal ein personalisiertes Feedback an materiellen (Ersparnisse) und symbolische Ressourcen (Knowhow und Prestige) aus dem transnationalen Raum in das Herkunftsmilieu zurückwirft. Rückkehrmigration ist somit eine wichtige ökonomische und soziale Ressource. In erster Linie für die betreffenden Familien, die sich auf die „homeward orientation" als intentionalen Vektor innerhalb transnationaler familialer Vernetzung verlassen können (Chamberlain 2005, 6, 64f.). Regierungen der karibischen Region versuchen allerdings, dieses primär auf die Erhaltung der Familien ausgerichtete Mobilitätsethos, in dem der Migrant das eigene Fortkommen zurückbindet an die Erhaltung der erweiterten Familie, die seine Migration mit trägt, anzuzapfen. Mit Trainee- und Stipendienprogrammen wird beispielsweise versucht, junge Absolventen aus dem Vereinigten Königreich und anderswo weit vor dem Pensionärsalter in die Heimat zurückzuholen, und so dem regionalen Braindrain entgegenzusteuern (Reynolds 2008, 8).

Jenseits dieser eher sozioökonomischen Überlegungen lohnt sich ein zweiter Blick auf die Rückkehrmigration als (Über-)Lebenspraxis mit eigener Dynamik, die durch das Sozial-kapital transnationaler Familiennetzwerke ermöglicht wird. Hier muss zwischen der sogenannten Rückkehrillusion und der tatsächlichen Heimkehr differenziert werden. Der „myth of return" ist ein zentraler Stützpfeiler im Alltag der karibischen Migrantenfamilien im Vereinigten Königreich. Geschichten über die karibische Heimat und die Sehnsucht der Eltern dorthin, sind für viele der Migranten in zweiter und dritter Generation deren erste signifikante Kindheitserinnerung. Viele der im Familienmilieu verbreiteten Geschichten sind mit symbolträchtigen Gegenständen wie Skulpturen, Bildern oder Möbelstücken verwoben, die das Interieur des „home" in einen Verweisungszusammenhang mit dem „homeland" stellen (Reynolds 2008, 12). Der Rückkehrmythos stellt so das „Familienthema" (Hess/Handel 1975, 25f.) bereit, unter dem individuelle Motivation und Anstrengung, Gefühle und Wünsche gebündelt und ausgerichtet werden. „Wer sind wir?" und „woran arbeiten wir?" sind demnach Fragen, die, je klarer sie beantwortet werden, die Bindungskraft der Familie als symbolische Matrix ausmachen. Außerdem kann man vermuten, dass die im karibischen Familienmodell angelegte Balance zwischen starker symbolische und emotionale Kohäsion der Familien um den Rückkehrmythos einerseits, bei gleichzeitig flexibler Handhabung der interindividuell auszuhandelnden tatsächlichen Verpflichtungsstruktur gegenüber erweiterter Familie und Heimat andererseits, die transnationale Elastizität dieses Familientyps begünstigt (vgl. Herlth 1990, 322).

Der im Familienthema verankerte „myth of return" kann als eine Form des an Werte- und Einstellungsvermittlung gebundenen familialen Sozialkapitals angesehen werden, über das karibische Identität und Zugehörigkeit an die nächste Generation weitergegeben wird. Allerdings kommt in dieser Strategie kulturellen Überlebens auch die ganze Ambivalenz dieser Art von Sozialkapital zum Ausdruck. Zum einen vermittelt es Selbstsicherheit für die zweite und dritte Generation weil es eine besondere Welt- und Lebenserfahrung in einen kollektiven narrativen Rahmen bettet. Es bietet Rückhalt in der andauernden Auseinandersetzung um eine postkoloniale britische Identität. Zugleich speist es eine Haltung, die am besten mit „citizenship thwarted" (vgl. Cheong [et al.] 2007, 31) beschrieben wird. Frei übersetzt meint es in diesem Zusammenhang eine innerliche Abwahl der britischen Staatsbürgerschaft bei den Migranten, die in Großbritannien geboren wurden. Im Grunde ist diese nicht nur eine mechanische Reaktion junger Erwachsener und Jugendlicher auf tatsächliche Exklusionserfahrungen in einer wieder verstärkt auf kulturelle Assimilation setzenden britischen Gesellschaft. Diese Haltung reflektiert vielmehr auch die *mixed message*, die im „myth of return" an die jungen Generationen weitergereicht wird. Einerseits heißt die Botschaft, den in der britischen Gesellschaft mühsam erarbeiteten Platz unter keinen Umständen aufzugeben, weil er Mittel zum Zweck einer transnationalen familialen Überlebensstrategie ist. Andererseits liegt es nahe, angesichts der wachsenden Kluft zwischen Realität und Erwartung im Migrationstrajekt, den Traum der Eltern von der eventuellen Rückkehr in die Tat umzusetzen. Aus dem weitergereichten starken symbolischen Sozialkapital ist unter den veränderten gesellschaftlichen Bedingungen eine dilemmaartige „Handlungs- und Identitätsalternative" geworden (vgl. Korte 1999, 60). Die periodisch aufflackernden Unruhen unter den Jungen und Jugendlichen mit Migrationshintergrund sind also auch Ausdruck von Generationenkonflikten über das „Familienthema" und die Verwendung des verfügbaren Sozialkapitals.

Von der Heimkehrillusion als symbolische Stützstruktur einer transnational angelegten Lebensstrategie hin zur faktischen Rückkehr als Überlebensstrategie ist es ein weiter Weg. Und nicht alle, die ihn aufgrund sozialökonomischer Stagnation gehen möchten, können ihn tatsächlich gehen. Rückkehr als Überlebensstrategie ist, in diesem spezifischen Kontext zumindest, das Privileg einer reichen Minorität – reich an intaktem transnationalem Sozialkapital, das zur Rückkehr mobilisiert werden kann. Gewinnen und Verlieren liegen hier dicht beieinander. Denn die Geschichte eines Migrationsmilieus, das nur bedingt erfolgreich war in sozioökonomischem Aufstieg und der sozialkultureller Integration in die britische Gesellschaft kann

auch als Erfolgsgeschichte persistenter transnationaler Familiennetzwerke erzählt werden. Es ist daher nur scheinbar ein Paradox, wenn die von der ersten Generation auf die Welt ausgerichteten familialen Netzwerke nun auch in der umgekehrten Richtung beschritten werden, um die ins Stocken geratene Dynamik von materiellem Erfolg und intra-generationaler Mobilität für die Jüngeren wieder mit Leben zu füllen (vgl. Reynolds 2008, 14f.).

Obwohl Zahlen über Rückkehrer notorisch unzuverlässig weil statistisch schwer nachweisbar sind, kann man von einer bemerkenswerten Schrumpfung der karibischen „community" im Vereinigten Königreich in den letzten beiden Dekaden ausgehen. Diese ist in erster Linie dem demografischen Fakt geschuldet, dass die erste Einwanderergeneration das Rentenalter erreicht hat, und die tatsächliche Rückkehr oft mit dieser legitimierenden Statuspassage verknüpft wird. Aber auch die zweite Generation folgt im Schlepptau der ersten, vor allem um der Kluft zwischen hohen Erwartungen und harschen Realitäten zu entfliehen (Chamberlain 2005, 2; Reynolds 2008, 11, 15f.).

„Schlepptau" ist hier keine überzogene Metapher, denn die Jüngeren stützen sich auf die Älteren im Bemühen, dem vorhandenen familialen Sozialkapital einen Umkehrschub in Richtung Heimat zu geben. Das betrifft sowohl die Struktur des Sozialkapitals als auch die Inhalte, die mit ihm bewegt werden. Jetzt geht es nicht mehr um das kulturelle Überleben in der Diaspora durch das vergleichsweise abstrakte Bekenntnis zu Werten und Normen einer imaginierten transnationalen Gemeinschaft oder um relativ klar abrechenbare materielle Solidarität auf Distanz in Form von Remittancen, sondern um das Eintauchen in die konkreten sozialen Verhältnisse vor Ort mit ihrem diffusen Gewebe aus Vertrauen und Reziprozität, das aus dem täglichen Miteinander erwächst. Zudem steht jetzt weniger das bindende als das brückenschlagende Sozialkapital hoch im Kurs. Ob es die Suche nach einem Job ist in einer Kultur, in der ein guter Leumund und gegenseitiges Vertrauen gelegentlich mehr zählt als Stempel und Urkunden („Do you know anyone looking to hire my nice?", Reynolds 2008, 19) oder ob es darum geht beim Ausbau des Zuhauses als angeblich wohlhabender Heimkehrer nicht durch lokale Firmen übers Ohr gehauen zu werden („Make sure one of your cousins go with you, so that they can see you're someone who got family within the community", ebd. 20), immer geht es darum, familiales Sozialkapital anzuzapfen, das über die erweiterte Familie in die etablierten Vertrauensverhältnisse der lokalen Gemeinschaft hineinreicht. Das „social standing" (vgl. Duval 2004, 58) der mit der Heimat im wahrsten Sinne des Wortes noch „persönlich" vertrauten Elterngeneration ist eine entscheidende Ressource für die Vertreter der im Vereinigten Königreich geborenen nachfolgenden Generationen, um ihren lokalen Status als „insider" zu sichern (vgl. Reynolds 2008, 19).

Ist diese Brücke einmal geschlagen, öffnen sich gerade für die jüngere Generation Optionsräume, in denen sich mitgebrachtes kulturelles Kapital konvertieren lässt – wenn man sich auf das clevere Bespielen lokaler Diskurse einlässt. So eröffnet allein das Herausstreichen des englischen Akzents in Jamaika die Türen zu Jobs im repräsentativen Bereich von Büro bis Tourismus, weil ein regionaler Diskurs der „symbolic whiteness" (Reynolds 2008, 18f., 21) bedient wird. Er sorgt dafür, dass symbolische Referenzen auf das Europäische Ideal, angefangen von weniger dunkler Hautfarbe bis hin zum genannten Akzent, auch im postkolonialen Jamaika zumindest als Beschleuniger auf dem Weg zu materiellem Wohlstand und sozialer Aufwärtsmobilität wirken.

Während dieses Spiel mit dem Insider-/Outsider-Status als Strategie der Chanceneröffnung für die junge Generation eine sehr kontextssensible Mobilisierung von lokal transferierbarem familialem Sozialkapital erfordert, führen die *family reunion rituals* noch einmal zurück in den „third space" transnationaler karibischer Identitätsbildung. Diese in ihrem soziologischen Alter recht junge Überlebenspraxis ist ein Kind der technologischen Globalisierung. Es gab zwar immer schon das Bemühen, zu signifikanten Familienereignissen wie Hochzeiten und Beerdigungen die in der globalen Diaspora verstreute Großfamilie zusammenzubringen und Bilanz zu ziehen (vgl. Olwig 2002), aber erst schnellere und billigere

Transport- und Kommunikationsmittel haben in den letzten beiden Jahrzehnten das Phänomen der Familientreffen um ihrer selbst willen hervorgebracht (Sutton 2004; Reynolds 2008, 11). Sie dienen dem Auffrischen von Kontakten in den Netzwerken der erweiterten Familie und der unmittelbaren Weitergabe familienzentrierter kollektiver Identität an die junge Generation. Beim mehrtägigen gemeinsamen Kochen, Feiern am Strand und Bilanzieren – wer es wo wie weit gebracht hat – zelebriert die Großfamilie sich selbst und bestärkt sich in ihrem Bewusstsein, ein erfolgreiches Überlebensnetzwerk zu sein. In diesen Tagen des unmittelbaren Miteinanders werden die grundlegenden Prinzipien der Familienideologie gewissermaßen symbolisch nachhaltig, weil für alle sichtbar praktiziert: Das inklusive und elastische Verständnis von Familie zeigt sich in den Teilnehmerzahlen, die bis zu mehreren hundert Personen umfassen können; das auf dynamische Solidaritäten zum gemeinsamen Vorankommen setzende Familienethos wird ebenfalls wirksam, weil die Familienparty nur gelingen kann, wenn in der Vorbereitung über Distanz und die Umsetzung vor Ort ein Rädchen irgendwie ins andere greift. Das Bewusstsein davon, dass die erweiterte Familie die grundlegende und verlässliche Überlebenseinheit in einer transnationalen Welt ist, wird der jungen Generation nicht nur in Bezug auf Gegenwart und Zukunft vermittelt, sondern erstreckt sich auch auf die Rekonstruktion einer gemeinsamen Vergangenheit. T-Shirts mit Familienstammbaum gehören zu den üblichen Memorabilia solcher Familientreffen.

Einerseits kann man diese Familientreffen also als lebensweltliche Bestätigung der Einsicht lesen, dass auch Netzwerke gelegentliche Momente der verdichteten Kopräsenz brauchen, wollen sie ihr soziales Potential ausschöpfen und erneuern. Dies trifft ausdrücklich auch auf netzwerkartig angelegte Familienstrukturen zu. Das ist zumal dann der Fall, wenn die Familie sich nicht nur als loses Netzwerk zur Optionengenerierung für die beteiligten Haushalte und Personen begreift, sondern auch als Arena der Sozialisation und der Bedienung affektiver Bedürfnisse. Hierzu ist „most complete reciprocity" mit der Chance auf Augen- und Körperkontakt zumindest in Intervallen unabdingbar (vgl. Urry 2002, 259; Cass [et al.] 2005, 545). Aus dieser Sicht wären die *familiy reunions* Momente des „active networking", also der aktiv herbeigeführten Pflege und Revitalisierung des im Familiennetzwerk angelegten Sozialkapitals (Urry 2008, 245f.).

Andererseits jedoch kann man die *familiy reunions* auch als eine familiale Überlebenspraxis verstehen, mit der gewollt oder ungewollt die Defizite transnationaler Familiennetzwerke aufgedeckt werden. Demnach trifft auch auf dieses ganz spezielle Familienritual genau das zu, was auf alle Familienrituale zutrifft, dass sie nämlich eine „Aufführung" desjenigen Familienlebens sind, das man sich insgeheim wünscht, für das man aber paradoxerweise im Alltag weder Raum noch Zeit findet. So bleiben diese Rituale denn auch ohne nachhaltige Konsequenzen für den Alltag, es sind nie eingelöste Wechsel auf die Zukunft (vgl. Gillis 2002). Nach den Feierlichkeiten bleibt neben ein paar Kontakten via Email und Skype oft nur das mit dem Stammbaum bedruckte T-Shirt (vgl. Sutton 2004).

Ist Wittenberge wirklich überall?[4]
Offene und geschlossene Solidaritäten

Blick man aus Wittenberge hinüber auf die familialen Überlebenspraktiken karibischer Einwandererfamilien in London und von dort zurück in das Wittenberge postindustrieller Kleinfamilien im Überlebenskampf, so scheinen räumliche und kulturelle Welten dazwischen zu liegen. Hier die kleine Welt derer, die versuchen, nicht vom Strudel der regionalen Schrumpfungsdynamiken mit hinuntergerissen zu werden. Dort die weite Welt derer, die zwar in England zu Hause sind, deren Heimat sich aber von dort in die Karibik, Nordamerika und anderswo erstreckt. Hier die immer noch nicht ganz aufgegebene Hoffnung, dass die Arbeit mit einem großen Investor doch noch zurückkommen wird. Dort der über Generationen tradierte Versuch, den sozialen Aufstieg zu bewerkstelligen, indem man nach machbaren Optionen vor Ort und anderswo Ausschau hält. Hier der eher durch die äußeren

Umstände aufgezwungene Mobilitätsimperativ. Dort das tief in Alltagskultur und Familie habitualisierte Mobilitätsethos. Hier das eher unfreiwillige Einlassen auf Pendelmobilität als hoffentlich vorübergehende Abweichung von der Normalität des örtlich stabilen Alltags einer unilokalen Familie. Dort die transregionalen Migrationsnetzwerke, in denen Familien selbst in der Eltern-Kind Beziehung oft mit einem Minimum an Kopräsenz und einem Maximum an Intimität auf Distanz haushalten müssen.

Kurz, die beiden Welten stehen für zwei unterschiedliche familiale Überlebensmodelle. Hier das durch den gesellschaftlichen Umbruch irritierte aber letztlich umso nachdrücklichere Festhalten am Ideal der Kernfamilie („Wir vier gehören zusammen"). Dort das Zelebrieren eines Familiennetzwerks das auch „non-kinfriends" umgreift („We are all family"). Hier das, wie auch immer resentimentgeladene, Festhalten an Ortsbindung als Grundlage für familiale Sässigkeit. Dort die Familie als „Ort" der Sässigkeit, der seine Kontinuität weit weniger aus einem konkreten Lokalitätsbezug als aus dem Netz transnationaler Obligationen und Symboliken speist.

Der Schluss, den wir (vgl. Dürrschmidt [et al.] 2010) aus diesem, hier bewusst überzeichneten Vergleich zunächst gezogen haben, lautet: *context matters*. Wie und welches soziale Kapital Familien mobilisieren (können), das reflektiert die sozialen Strukturen und Dynamiken in die sie eingebettet sind. Das betrifft die materielle wie die ideelle Seite von Sozialkapital. Das nach der Wende gebaute oder umgebaute (Ein-)Familienhaus in Wittenberge wird zum Rückzugsort und zur Trutzburg in Zeiten rapiden sozialen Wandels, es ist bestenfalls Statussymbol für den erfolgreich bewältigten Umbruch in der (Erwerbs-)Biografie und wird schlimmstenfalls zum Klotz am Bein angesichts des Mobilitätsimperativs einer schrumpfenden Region. Der Hausbesitzerstatus einer Familie karibischer Abstammung in London oder Manchester garantiert finanzielle Sicherheit für den regelmäßigen Fluss von Remittancen nach anderswo, bietet einen Anlaufpunkt für das transnationale Familiennetzwerk, und ist Statussymbol eines gelingenden transregionalen Migrationstrajekts (vgl. Joseph 2010). Wenn in diesem Kontext reklamiert wird „We are a very close family", dann meint das offensichtlich nicht dasselbe wie das in Wittenberge zu vernehmende „Meine Familie ist alles für mich".

Empirische Kontextsensibilität im Blick hinüber und wieder zurück erschließt aber auch Gemeinsamkeiten und relativiert die zunächst schroff wahrgenommenen Unterschiede. So tritt etwa in beiden Kontexten die große Rolle die Familienideale zur Bewältigung widriger Familienrealitäten hervor. Außerdem werden Brüche zwischen den Generationen hinter der reklamierten Familienkohäsion deutlich, die sich aus unterschiedlichen Vorstellungen über die Verwendung von familialem Sozialkapital ergeben. Auch finden wir Erschöpfungstendenzen in beiden Kontexten, die wenig mit den unterschiedlichen Morphologien der Familien zu tun haben, aber viel damit, dass sie im Bemühen, Umbrüche zu bewältigen, gelegentlich Bilanz ziehen. Dynamische oder „diachronische Wahrnehmung", also das Einschätzen der gegenwärtigen Situation im Lichte früherer (realistischer oder unrealistischer) Erwartungen, ist zentral für das Funktionieren der Familie als Entität zur Statussicherung oder zum Statusgewinn (vgl. Clignet 1990, 121). Allerdings – hier schließt sich der Kreis zurück zum Plädoyer für Kontextsensibilität in der Analyse von Sozialkapital in Umbruchskonstellationen – diese familialen Bilanzierungen des Stagnierens und Verlierens oder des Vorankommens können nur vor dem Hintergrund der Bewegungen der Familien in einem spezifischen Raum-Zeit-Gefüge verstanden werden.

Daher – das wäre unsere zweite Schlussfolgerung – ist es problematisch, innerhalb einer unebenen Landschaft sozialer Umbrüche innerhalb Europas oder gar der Welt transferierbare Lektionen familialen Überlebens zu formulieren Das betrifft zum einen die Morphologie der Familien. Es gibt nicht wenige, die angesichts des Mobilitätsdrucks in der globalisierenden Gegenwartsgesellschaft die auf kontinuierlicher Alltagsinvolviertheit beruhende unilokale Kleinfamilie als Relikt der Vergangenheit betrachten und die folglich die verschiedenen Formen transnationaler Familienarrangements in ihrer raum-zeitlichen Überbrückungskunst zur Aufrechterhaltung

einer „mobile livelihood" (Trotz 2006, 42) als Modell der Zukunft ansehen. Andere wiederum erkennen gerade in der Mobilitätswiderständigeit der auf persönlicher Alltagsvertrautheit und Intimität beruhenden Kernfamilie ein notwendiges lebensweltliches Korrektiv an den übertriebenen Flexibilisierungszumutungen des neuen Kapitalismus (Schneider [et al.] 2002). Doch wie immer verdunkeln diese hochabstrakten Modelle die Ambivalenzen und Potentiale tatsächlich gelebter Familienarrangements. Stärker an der Empirie entlang gedacht zeigen beide Familienformen ihre Vor- und Nachteile im Umgang mit einer Welt im beschleunigten Wandel. So fanden wir im Wittenberger Kontext die erwartete Tendenz zur Kontraktion der Kleinfamilie als gängige Überlebensstrategie. Mit den entsprechenden Anleitungen zum Unglücklichsein, weil die Familien beginnen, sich um sich selbst zu drehen. In ihrem Bemühen um schamhafte oder stolze Autarkie verheddern sie sich in ihren Relevanzen. In anderen Fällen entdeckten wir aber eine erstaunliche Elastizität dieser Kleinfamilie unter Überlebensdruck, sowohl in der räumlich-zeitlichen Überbrückungskapazität als auch in Bezug auf die ausgehandelte sozialmoralische Ordnung, die diese Überbrückungskapazität stützte. Umgekehrt fanden wir in den transnationalen Arrangements der karibischen Familien im Vereinigten Königreich die erwartete Tendenz zu vergleichsweise ortsungebundenen Strategien zur langfristigen Reproduktion des Haushalts, zur Sicherung von Familienstatus und für die Erhaltung der karibischen Identität. Andererseits verwiesen nicht zuletzt die jüngeren Praktiken der *familiy reunions* auf ein mögliches Defizit im affektiven Haushalt dieser Familien und somit auf die Grenzen des ins Globale übersetzten familialen Prinzips von „Intimität auf Distanz". Kontrastierend zugespitzt: Während Kleinfamilien unter Überlebensdruck Gefahr laufen, in Kontraktion zu ersticken oder sich im Mobilitätsbemühen zu überstrecken, deutet sich in den transnationalen multilokalen Familienarrangements womöglich eine Tendenz zum affektiven und emotionalen Leerlaufen an.

Die Skepsis gegenüber transferierbaren Formeln familialen Überlebens bezieht sich neben der Morphologie der Familien auch auf die simplifizierende Gegenüberstellung von „bonding" und „bridging" als Strategien familialen Sozialkapitals. Es lag zunächst auch für unser Vergleichsprojekt nahe, von einer kontrastierenden Zuordnung auszugehen. Demnach betrachteten wir die in Wittenberge zu beobachtenden Formen der Bündelung aller verfügbaren sozialen Ressourcen zum Statuserhalt der Kleinfamilie als eine extreme Form des „bonding". Und die Familien karibischer Abstammung im metropolitanen Britannien mit ihren weitverzweigten transnationalen Unterstützungsnetzwerken konnten als eine extreme Form des „bridging" von sehr unterschiedlichen sozialen Kontexten und kulturellen Hintergründen gelten. Allerdings wurde schon die übliche Assoziierung von „bonding" mit „getting by" oder durchwursteln, und „bridging" mit „getting ahead" oder sozialem Vorankommen bei genauerem Hinsehen problematisch. In Wittenberge wurde klar, dass in der unmittelbaren Wendeperiode, in der alles in Frage gestellt aber auch alles möglich war, Strategien der Kontraktion sowohl dem materiellen Überleben als auch dem sozialen Vorankommen dienten. Nach dieser Periode hingegen, als die neue Chancenstruktur sozusagen sedimentiert war, transformierte sich die „bonding"-Strategie der Verlierer dieser Periode in ein tatsächliches Durchwursteln am Rande der Wittenberger Gesellschaft, während sie sich für die Gewinner als familiale Strategie zum Statuserhalt im neuen Orientierungsrahmen der gesamtdeutschen Sozialstruktur und Werteordnung bewährte. Also beide male ein „getting by" mittels „bonding", aber auf sehr unterschiedlichem sozialen Niveau. An den karibischen Migrantenfamilien im Vereinigten Königreich wurde die Kontextabhängigkeit und Verquickung der Überlebensformeln noch deutlicher. Die Intentionalität der karibischen Migrationskultur, die keine Lebensstilmigration ist (vgl. Benson/O"Reilly 2009), richtet sich eindeutig auf das soziale Vorankommen. Allerdings, so hatten wir gesehen, ist der letztliche Bezugsrahmen für die Bilanzierung dieser Anstrengungen nicht das metropolitane Britannien, sondern dieser bleibt die erweiterte Familie in der Karibik und anderswo. Deshalb

kann das, was von der britischen Gesellschaft als „getting by" empfunden wird, von den Migranten karibischer Herkunft im Rahmen ihrer transnational angelegten Migrationskultur immer noch als „getting on" bilanziert werden. Umgekehrt sahen wir, das die soziale und kulturelle Anstrengung, die von karibischen Familien als Brückenschlag in die britische Gesellschaft und Kultur verbucht wird, von dieser als „culture of withdrawal", also als Strategie des sozialkulturellen „bondings" bilanziert wird. Deutlich wird also auch in diesem Fall, dass formelhafte Verkürzungen familialer Überlebensstrategien innerhalb konkreter sozialer Milieus und ihrer raum-zeitlichen Dynamik schnell relativiert werden.

Sucht man dennoch nach einer Formel, die die Kontextgebundenheit der hier gegenübergestellten Umbruchgesellschaften berücksichtigt ohne sich im lokalen Detail zu verlieren, und die zudem grundlegende familiale Überlebensstrategien in einer mobilisierten Welt andeutet, jedoch ohne auf die simplifizierende Formel des „bonding" und/oder „bridging" zurückzufallen, so wäre dies die Unterscheidung von „offenen" und „geschlossenen Solidaritäten" (vgl. Münch 2001, 179). Dabei gehen wir von der Überlegung aus, dass es eine grundlegende Funktion von Familie (auch) angesichts entsicherter sozialer Verhältnisse und Mobilitätsdruck gibt. Auf eine allgemeine Formel gebracht besteht sie darin, die Kontrolle von materiellen und symbolischen Ressourcen in einer bestimmten Raumkonfiguration zum Wohle der Familienmitglieder und nach den Regeln der Familie über die Zeit zu bringen (vgl. Douglas 1991). Davon ausgehend bezieht sich die Form der „geschlossenen Solidarität" auf Überlebensstrategien, die eine soziale Umbruchsituation in den institutionellen Rahmungen und ideologischen Parametern einer nationalstaatlichen Gesellschaft wahrnehmen. Die Familie als Milieu zur Überlebenssicherung und Perspektivengenerierung orientiert sich dann an der materiellen und ideellen Infrastruktur des Wohlfahrtsstaates. Das betrifft die materielle Absicherung in Krisensituationen, selbst wenn aller Familienstolz darangesetzt wird, diese möglicht nie wahrnehmen zu müssen. Das betrifft aber vor allem die Orientierung an dem, was, nicht zuletzt durch wohlfahrtstaatliche Honorierung, als Führung eines allgemein anerkennenswerten Lebens, vor allem eben Familienlebens, gilt. Als „geschlossene" Form der Überlebenssolidarität sind Familien aber auch dann anzusehen, wenn die Mobilisierung und der Transfer von familialem Sozialkapital weitestgehend innerhalb der Kernfamilien verbleibt. Sei es aus sozialer Scham, sei es aus Rücksichtnahme auf die Widrigkeiten im Leben anderer, oder sei es aus Angst, das kleine Familienglück nur durch weitestgehende Isolation von einer sich immer fremder anfühlenden Außenwelt zu retten, immer ist die Reaktion eine Restriktion des sozialen Kontakts über das funktional notwendige Maß hinaus. Diese Strategie geschlossener Solidaritäten kann durchaus mit der Mobilität langer Wege oder einer gewissen Exprimentierfreudigkeit im Umgang mit den familialen Arrangements kompatibel sein, wenn sie denn dem Überleben der Familie dient. Diese Situation liegt im Grunde in Wittenberge vor. Im kleinen sozialen Universum der schrumpfenden ehemaligen Industriestadt bewegen die einzelnen Familien sich auf „geschlossenen" Bahnen, ohne sich gegenseitig ins Gehege zu kommen und/oder kommen zu wollen (vgl. Münch 2001, 180). Für die „offenen Solidaritäten" karibischer Migrantenfamilien ist die nationale Zugehörigkeit demgegenüber nur eine und wohl nicht mal die entscheidende Rahmung im Ringen um familiale Zukunftsperspektiven. Vielmehr könnte man von einer transnationalen Überlebenskultur sprechen, die sich die offenen Optionsräume jenseits des Nationalstaates erobert, sich dabei aber zwangsläufig auch in Solidaritäten jenseits wohlfahrtsstaatlicher Absicherung eingeübt hat. Nationalstaatsübergreifende netzwerkartige Familienarrangements praktizieren eine Überlebensstrategie, die zur Generierung von Sozialkapital zwar auch mit den Vor- und Nachteilen spezifischer wohlfahrtsstaatlicher Arrangements rechnet, das langfristiges Projekt der Statussicherung und des „guten Lebens" aber nicht daran bindet. Mit ihrem Netzwerkcharakter sind diese Solidaritäten zwar nicht jedermann/-frau zugänglich, aber immerhin doch für ein breites Spektrum an Verwandtschaft und „non-kin-friends" prinzipiell offen.

Die Beschreibung dieser Strategien familialen Überlebens als „offene" Solidaritäten trifft aber auch deshalb zu, weil der Transfer von Sozialkapital in ihnen viel stärker „sichtbar" fließt und die Reziprozitäten oft explizit ausgehandelt werden. Diese „offenen Solidaritäten" als Strategie familialen Überlebens sind aber keineswegs, das sei noch mal betont, das alleinige Resultat einer innerfamilialen Dynamik. Vielmehr sind sie das Ergebnis der Einbettung dieser Familien in eine längerbestehende Migrationskultur, in deren alltagsweltlichen Handlungsräumen die transnationale und regionale Handlungsebene weit stärker verflochten waren und sind als das in der Region Wittenberge der Fall ist. Das langfristige Urteil über die Tragfähigkeit dieser beiden Formen der Solidarität in den Strategien familialen Überlebens in einer Gesellschaft im Umbruch steht noch aus.

Anmerkungen

1 Dieser Beitrag entstand im Kontext des BMBF-Teilprojekts „Familien im Umbruch" innerhalb des Projektverbunds „Social Capital im Umbruch europäischer Gesellschaften". Er flektiert das Bemühen um eine transregionale europäische Vergleichsperspektive im Verständnis familialer Überlebensstrategien in der heutigen Umbruchsgesellschaft. Ich danke unseren englischen Kooperationspartnern an der „Family & Social Capital"-Forschungsgruppe an der London South Bank University: Rosalind Edwards, Val Gillies und Tracey Reynolds. Sie haben uns nicht nur Interviewmaterial bereitgestellt, sondern konstruktiv mit uns über Familien und deren Überlebensstrategien in London und Wittenberge diskutiert und gestritten. In diesen Beitrag fließt ebenso die engagierte Feldforschungs-, Recherche- und Diskussionsarbeit von Susanne Lantermann und André Schönewolf (BMBF-Teilprojekt „Familien im Umbruch") ein. Zu danken ist auch Andreas Willisch (Thünen Institut für Regionalentwicklung e.V. Bollewick) für Kommentare zum ersten Entwurf dieses Texts.

2 Nachfolgender Abschnitt bezieht sich auf Arbeiten unserer englischen Kooperationspartner an der London South Bank University. Hier wurde im Rahmen eines ESRC-Projekts unter Leitung von Rosalind Edwards langjährig zu „Families & Social Capital" (2002–2007) unter verschiedenen Gesichtspunkten geforscht (vgl. www. lsbu.ac.uk/families). Für unser Argument steht das Teilprojekt „Caribbean Young People, Social

Capital and Diasporic Family Relationships" im Vordergrund.

3 Ich habe mich hier zum besseren Verständnis für ein Beibehalten der englischen Termini entschieden. Zum einen weil remittances und family reunion rituals nur unter Sinnverlust als Rücküberweisung bzw. ritualisierte Familienzusammenführungen übersetzbar sind. Zum anderen weil durch das Belassen von prägnanten Begrifflichkeiten im Original der lebensweltliche Kontext, in dem die hier beschriebenen familialen Überlebensstrategien eingebettet sind, lebendiger wird.

4 Die Frage versteht sich als Referenz an den mehr oder weniger direkt formulierten Anspruch, aus lokalen Tiefenbohrungen eine verallgemeinerbare Matrix des Überlebens im Alltag einer Umbruchsgesellschaft zu entschlüsseln (vgl. Willisch 2012)

Literatur

Benson, Michaela/O"Reilly, Karen: Migration and the search for a better way of life: a critical exploration of lifestyle migration, in: The Sociological Review 57 (4): 608-625. Oxford 2009.

Byron, Margret/Condon, Stephanie: A comparative study of Caribbean return migration from Britain and France – towards a context-dependent explanation, in: Transactions of the Institute of British Geographers 21: 91-104. London 1996.

Cass, Noel/Shove, Elizabeth/ Urry, John: Social Exclusion, mobility and access, in: The Sociological Review 53 (3): 539-555. Oxford 2005.

Chamberlain, Mary: Narratives of Exile and Return. London 2005.

Cheong, Pauline Hope/Edwards, Rosalind/Gouldbourne, Harry/Solomos, John: Immigration, social cohesion and social capital: a critical review, in: Critical Social Policy 27 (1): 24-49. London 2007.

Clignet, Rémi: Wandlungen in familialen Lebensstilen – Anomie durch Knappheit und Anomie durch Überfluss, in: Die „postmoderne" Familie – Familiale Strategien und Familienpolitik in einer Übergangszeit, K. Lüscher [et al.] (Hg.). Konstanz 1990.

Douglas, Mary: The Idea of Home – a Kind of Space, in: Social Research 58 (1): 287-307. New York 1991.

Duval, David T.: Linking return visits and return migration among Commonwealth Eastern Caribbean migrants in Toronto, in: Global Networks 4 (1): 51-67. Oxford 2004.

Dürrschmidt, Jörg/Lantermann Susanne/Schönewolf, André/Edwards, Rosalind/Gillis, Val/Reynolds, Tracey: Families, Social Capital and Migration in Time and Space – an exploration of strategies of getting by and getting ahead in comparative context (Germany and Britain), LSBU Families & Social Capital Research Group Working Paper No. 28. London 2010.

Edwards, Rosalind: Present and absent in troubling ways: families and social capital debates, in: The Sociological Review 52 (1): 1-21. Oxford 2004.

Franklin, Jane/Holland, Janet/Edwards, Rosalind: W(h)ither Social Capital?, in: Assessing Social Capital: Concept, Policy and Practice, R. Edwards [et al.] (eds.). Newcastle 2007.

Gillis, John R.: Our imagined families – the myths and rituals we live by, The Emory Center Working Paper No.7. New York 2002.

Gouldbourne, Harry: Families in black and minority ethnic communities and social capital – past and continuing false prophecies in social studies, in: Researching Families and Communities: social and generational change, R. Edwards (ed.). London 2008.

Herlth, Alois: Was macht Familien verletzlich? Bedingungen der Problemverarbeitung in familialen Systemen, in: Die „postmoderne" Familie – Familiale Strategien und Familienpolitik in einer Übergangszeit, K. Lüscher [et al.] (Hg.). Konstanz 1990.

Hess, Robert D./Handel, Gerald: Familienwelten – Kommunikation und Verhaltensstile in Familien. Düsseldorf 1975.

Horst, Heather A.: The blessings and burdens of communication: cell phones in Jamaican transnational fields, in: Global Networks 6 (2): 143-159. Oxford 2006.

Joseph, Ricky: Globalized transmission of housing wealth and return migration, in: Ageing and Intergenerational Relations – Family Reciprocity from a Global Perspective, M. Inzuhara (ed.). Bristol 2010.

Korte, Barbara: Söhne und Töchter des Empire: Generationen und Geschlechter in der „eingewanderten" Kultur Britanniens, in: GeNarrationen: Variationen zum Verhältnis von Generation und Geschlecht, E. Kilian/ Komfort-Hein (Hg.). Tübingen 1999.

Landolt, Patricia/Da, Wei Wei: The spatially ruptured practices of migrant families: a comparison of immigrants from El Salvador and the People"s Republic of China, in: Current Sociology 53 (4): 625-653. London 2005.

Münch, Richard: Offene Räume – Soziale Integration diesseits und jenseits des Nationalstaats. Frankfurt/M. 2001.

Olwig, Karen F.: A wedding in the family – home making in a global kin network, in: Global Networks 2(3): 205-218. Oxford 2002.

Olwig, Karen F.: Narratives of the children left behind: home and identity in globalized Caribbean families, in: Journal of Ethnic and Migration Studies 25 (2): 267-284. London 1999.

Portes, Alejandro: Social Capital: its origins and applications in Modern Sociology, in: Annual Review of Sociology 24 (1): 1-24. Palo Alto 1998.

Reynolds, Tracey: Ties that bind: families, social capital and Caribbean second generation return migration, LSBU Families & Social Capital Research Group Working Paper No. 23. London 2008.

Reynolds, Tracey/Zontini, Elisabetta: Assessing social capital and care provision in minority ethnic communities – a comparative study of Caribbean and Italian transnational families, in: Assessing social capital: concept, policy and practice, R. Edwards/J.Franklin/J. Holland (eds.). Newcastle 2007.

Schneider, Norbert F./Limmer, Ruth/Ruckdeschel, Kerstin: Mobil, flexible, gebunden – Familie und Beruf in der mobilen Gesellschaft. Frankfurt/M. 2002.

Stephenson, Marcus L.: Travelling to the ancestral homelands: the aspirations and experiences of a UK Caribbean Community, in: Current Issues in Tourism 5 (5): 378-425. New York 2002.

Sutton, Constance R.: Celebrating ourselves: the family reunion rituals of African Caribbean transnational families, in: Global Networks 4 (3): 243-257. Oxford 2004.

Trotz, D. Alissa: Rethinking Caribbean transnational connections: conceptual itineraries, in Global Networks 6 (1): 41-59. Oxford 2006.

Ullmann-Margalit, Edna: Family Fairness, in: social research 73 (2): 575-596. New York 2006.

Urry, John: Mobility and Proximity, in: Sociology 36 (2): 255-274. London 2002.

Willisch, Andreas (Hg.): Wittenberge ist überall: Überleben in schrumpfenden Regionen. Berlin 2012.

Mathias Wagner

Überleben in der Peripherie

Unterwegs mit Schmugglern an der polnisch-russischen Grenze[1]

In der öffentlichen Diskussion um die Erweiterung der Europäischen Union seit 2004 werden üblicherweise die Vorteile eines größeren Europäischen Marktes für Individuum und Gesellschaft gepriesen. In der allgemeinen Euphorie werden damit verbundene Verarmungsprozesse an den neuen EU-Außengrenzen freilich oft unterschlagen. Die Verlierer des gesellschaftlichen Wandlungsprozesses entwickeln in dieser Situation Techniken des Überlebens, um sozialer Exklusion zu entgehen. Vor dem Hintergrund unzureichender Systeme der sozialen Transferleistungen bietet sich der informelle Sektor als Alternative an. So sorgen in Polen, als dem größten und bevölkerungsreichsten ostmitteleuropäischen EU-Mitglied, vor allem der illegale Abbau von Kohle in sogenannten „Armengruben" und der Zigarettenschmuggel an den nordöstlichen Grenzen für mediale Aufmerksamkeit. Am Beispiel des Schmuggels, der sich an der polnisch-russischen Grenze vollzieht, wird an dieser Stelle der Frage nach den gesellschaftlichen Auswirkungen dieses informellen Kleinhandels nachgegangen.

Im Zuge der Systemtransformation seit 1989 sind in Polen Regionen mit Schwerindustrie sowie landwirtschaftliche Großbetriebe in besonderem Maße von wirtschaftlichen Problemen betroffen. Auch 20 Jahre nach dem Systemwechsel weisen die Grenzregionen im Nordosten weiterhin die landesweit höchsten Arbeitslosenzahlen auf. Mit über 20 Prozent offiziell registrierter Arbeitslosigkeit gehört die Wojewodschaft Ermland-Masuren zu den wirtschaftlichen Krisenregionen der EU. Eine Ursache für die hohe Arbeitslosigkeit liegt in den historisch gewachsenen Strukturen,

die im Transformationsprozess nicht nur zu Entlassungen, sondern zur Marginalisierung sozialer Gruppen führten.

Die Region, von der hier die Rede ist, umfasst das Gebiet des ehemaligen Ostpreußens.[2] Im Ergebnis des Zweiten Weltkrieges wurde das Gebiet zwischen der UdSSR und Polen geteilt. Bis zum Fall der Sowjetunion erwies sich die Trennungslinie als eine der undurchlässigsten Grenzen Europas. Für die Sowjetunion hatte das Kaliningrader Gebiet vor allem eine militärische Bedeutung; weite Gebiete waren nur für Angehörige des sowjetischen Militärs zugänglich. Zwischen Polen und Kaliningrad verkehrten nur vereinzelte Güterzüge und LKW-Transporte. Für die Bewohner beider Grenzseiten endete die erreichbare Welt am Grenzzaun. Begegnungen fanden nur im Rahmen ausgewählter offizieller Delegationen statt. Diese Situation wandelte sich grundlegend mit dem Ende der Sowjetunion und dem Beginn der Systemtransformation, als die Grenze 1990 für den allgemeinen Publikumsverkehr geöffnet wurde.

Eine „grüne Grenze" besteht jedoch bis heute nicht, denn ein Drahtzaun sowie Sicherungswege auf beiden Seiten verhindern den unkontrollierten Grenzübertritt. Nach dem Beitritt Polens und der baltischen Staaten zur EU 2004 ergab sich die Situation, dass das zu Russland gehörende Kaliningrader Gebiet zu einer Enklave innerhalb der EU wurde. Bei der Überwachung der Grenze kommen der EU die aus sowjetischer Zeit stammenden Grenzsicherungsanlagen zugute, auch wenn sie von russischer Seite heute nicht mehr so strikt wie in den 1980er Jahren gepflegt werden. War es nach 1990 zunächst möglich, ohne genaue Kontrollen die Grenze zu überqueren, so wurden die Formalitäten und Warenkontrollen im Verlauf der Jahre immer rigider. Formal entspricht die Grenzkontrolle den Anforderungen der EU, während auf einer dem uninformierten Besucher verborgenen Ebene täglich ein breiter Warenstrom illegal von Russland nach Polen die Grenze überquert. Dies hat insoweit eine besondere Bedeutung, als es sich bei dem Kaliningrader Gebiet und der polnischen Wojewodschaft Ermland-Masuren um eine ökonomisches Krisenregion mit hoher Arbeitslosigkeit und niedrigen Löhnen handelt. Da zudem für einige leicht verkäufliche Produkte eine enorme Preisdifferenz zwischen Russland und Polen besteht, entwickelte sich der informelle Kleinhandel zwischen beiden Regionen zu einem bedeutenden regionalen Wirtschaftsfaktor.

Erste Anzeichen des wirtschaftlichen Niedergangs reichen in Ermland-Masuren bis in die zweite Hälfte der 1980er Jahre zurück. Großbetriebe, die in einigen Gemeinden über 50 Prozent der lokalen Arbeitskräfte beschäftigten, gingen in Konkurs. In den offiziellen Zahlen zur Arbeitslosenquote findet man heute jedoch nur die Spitze des Eisberges, da ein großer Teil der Arbeitslosen keine ausreichende Sozialhilfe erhält. Arbeitslosengeld ist in Polen zeitlich gebunden an die durchschnittliche Arbeitslosenzahl der Wojewodschaft, in der jemand seinen Wohnsitz hat. Bis 2006 konnten Arbeitslose im Nordosten Polens die maximale Bezugsdauer von 18 Monaten Arbeitslosengeld ausnutzen. Mit sinkender durchschnittlicher Arbeitslosenquote wurde in den folgenden Jahren die Bezugsdauer auf maximal sechs Monate gekürzt. Da Arbeitslosigkeit als Grund für die Zahlung von Sozialhilfe nicht anerkannt wird, erhalten die Betroffenen nach Ablauf der maximalen Dauer für den Bezug von Arbeitslosengeld lediglich eine minimale Sozialhilfe, die neben den Kosten für die Miete nur das absolute Lebensminimum umfasst.[3] Die Höhe der Zahlungen ist zudem von der wirtschaftlichen Situation der Gemeinde abhängig, so dass die ärmsten Gemeinden mit den höchsten Arbeitslosenzahlen oftmals die geringste Sozialunterstützung zahlen. Während die Preise

für Güter des täglichen Bedarfs ungefähr 75 Prozent des deutschen Niveaus erreichen, sind monatliche Sozialhilfebeträge von 50 bis 150 Złoty (15 bis 40 Euro) keine Seltenheit. Nach polnischem Sozialhilferecht ist die Zahlung von Sozialhilfe für Arbeitslose nur als einmalige Beihilfe in akuten Notsituationen möglich. Ein regelmäßiger Bezug von Sozialhilfe ist für Arbeitslose nicht vorgesehen. In ländlichen Gemeinden ist es zudem übliche Praxis, die Beihilfen für Gas, Strom und Unterhalt während der Sommermonate mit dem Hinweis einzustellen, es gäbe derzeit Aushilfstätigkeiten in der Landwirtschaft.

Wie dramatisch die Situation zeitweise war und lokal auch heute noch ist, wird anschaulich, wenn man bedenkt, dass es bis Ende der 2000er Jahre Orte gab, in denen 30 Prozent der Einwohner arbeitslos waren, jedoch weniger als 10 Prozent Arbeitslosenhilfe erhielten. Trotzdem wird man in diesen Ortschaften nicht der völligen Verelendung auf den Straßen begegnen. Neben einer Ausweitung des informellen Sektors sorgt auch der Rückzug auf subsistenzwirtschaftliche Bauernhöfe und eine rege Arbeitsmigration für soziale Entspannung (vgl. Wagner 2001; Wagner/Fiałkowska 2011). Untersuchungen aus dem Jahr 1998 kamen zu dem Ergebnis, dass in Polen rund 1,5 Millionen Menschen in der informellen Ökonomie tätig waren, wobei der größte Anteil auf die nordöstlichen Wojewodschaften entfiel (Wysocki 2003, 81). Dabei handelte es sich um ungefähr acht Prozent der arbeitsfähigen Bevölkerung (Droth et al. 2000, 83). Obschon statistisch schwer fassbar, wie andere Zweige der Schattenwirtschaft auch, ist unstrittig, dass der Kleinhandel erhebliche Gewinne erwirtschaftet und wichtiger Bestandteil einer verbreiteten Armutsökonomie in strukturschwachen Gebieten der EU ist. Altvater und Mahnkopf (2002, 153) weisen auf den strukturellen Zusammenhang zwischen einem Anwachsen des informellen Sektors als Reaktion auf drohende Marginalisierung und gesellschaftlichen, ökonomischen Veränderungen hin.

Die arbeitslosen Verlierer der Gesellschaftstransformation sind mit der Entwertung ihrer ökonomischen, sozialen und kulturellen Kompetenzen konfrontiert. Ökonomische Sicherheiten, sozialer Status und berufliche Qualifikationen, die in der Zeit der Volksrepublik Polen ihre Lebensperspektiven strukturierten, sind für die Betroffenen heute fragil. In dieser Situation bietet die Schattenwirtschaft bzw. der informelle Sektor eine Armutsbewältigungsstrategie, mit der unterprivilegierte Schichten auf die Auswirkungen der Transformation reagieren. Neben bäuerlicher Subsistenzwirtschaft, staatlicher Sozialhilfe und Arbeitsmigration stellt der Schmuggel die wichtigste Überlebensstrategie der Bevölkerung dar. Aus dem Kaliningrader Gebiet werden Waren in Kleinstmengen für den Verkauf in Polen über die Grenze transportiert. Obwohl integraler Bestandteil des Marktes und durchaus mit eigener marktwirtschaftlicher Rationalität wird der Kleinhandel in der Öffentlichkeit allgemein als eher marginal, trivial oder kriminell wahrgenommen.

Bedenkt man jedoch, dass wir an der polnischen Nordostgrenze eine „Massenbewegung" erleben, wird die Relevanz des Kleinhandels deutlich. Stellt doch der Schmuggel beim Grenzübertritt zwischen den Masuren und dem Kaliningrader Gebiet nicht die Ausnahme, sondern die Regel dar. Da genaue Zahlen in diesem Bereich nicht zu ermitteln sind, muss man sich auf Schätzungen berufen. Mindestens 95 Prozent des PKW-, Zweirad-, Bus- und Bahnverkehrs zwischen Kaliningrad und Polen werden nur mit dem Ziel des Warenschmuggels durchgeführt (vgl. Wagner 2011, 165ff.). Ausgenommen bleibt bei diesen Zahlen der LKW-Verkehr. Vermutlich wird er nur zu einem geringen Teil zum Schmuggeln genutzt, da den Firmen Strafen bis zur Entziehung der Transportlizenz drohen.

Beim Schmuggel an der Ostgrenze der EU trifft man nicht auf die Abenteurer und Hasardeure romantischer Erzählungen. Vielmehr handelt es sich hier um das Alltagsgeschäft von Hausfrauen, Rentnern, Arbeitslosen und anderen einkommensschwachen Bevölkerungsschichten. Ihren Verdienst erwirtschaften sie in erster Linie mit dem Handel von Zigaretten, die ihren Weg bis nach Berlin und London finden. Daneben spielt der Transport von Benzin und Diesel aus Russland für die lokalen Märkte eine wichtige Rolle. Wohingegen Alkohol,

Zucker und andere geschmuggelte Güter des täglichen Bedarfs wirtschaftlich unbedeutend sind. Ein zentraler Aspekt besteht darin, dass der Schmuggel an den offiziellen Grenzübergängen stattfindet, allgemein bekannt ist und stillschweigend toleriert wird. Gleich ob es sich um Vertreter der Gemeinde, um Zoll, Grenzschutz oder andere Bürger handelt – alle kennen den Schmuggel. Oftmals hat man auch Schmuggler in den eigenen Familien und unter den Nachbarn. Auf vielfältige Weise profitieren die Einwohner von dem Schmuggel, selbst wenn sie sich nicht auf den Weg nach Russland machen:

- als Kunden von Zigaretten, Alkohol und Benzin und Diesel;
- als Unternehmer von der zugeflossenen Kaufkraft;
- als Gemeinde von den sinkenden Ausgaben für Sozialhilfe.

In Polen werden die Schmuggler als „Ameisen" bezeichnet, womit die Vielzahl von Personen deutlich wird, die sich mit kleinen Warenmengen hin und her bewegen und im Endeffekt große Mengen bewegen. Wie in einem Ameisenstaat hat der Ausfall einer „Ameise" keine Auswirkung auf den Gesamtprozess, denn die Schmuggler gehören keiner hierarchischen oder sonst wie gearteten Organisation an. Vielmehr liegt die Entscheidung zum Schmuggel bei den Individuen, die auch über Umfang und Häufigkeit entscheiden.

Am Beispiel von zwei Akteuren möchte ich die wirtschaftliche Bandbreite der informellen Ökonomie des Schmuggels aufzeigen. Maria, wie ich hier meine erste Akteurin nennen möchte, ist Mitte 50, als ich ihre Bekanntschaft beim Schmuggel mache. Seit etwas über einem Jahr ist sie verwitwet. Bis in die 1980er Jahre arbeitete sie als Verkäuferin. Als sich mit dem Ende der Volksrepublik die Reisemöglichkeiten erweiterten, ging sie gemeinsam mit ihrem Mann für mehrere Jahre nach Kanada. Nach einem kurzen Zwischenaufenthalt in Polen arbeiteten sie noch einmal für sechs Jahre in Griechenland. Von dem erspartem Geld erwarben sie in ihrer polnischen Heimat eine Eigentumswohnung, ohne sie jedoch vollständig abzahlen zu können. Problematisch wurde Marinas wirtschaftliche Situation, als sie in ihrem Heimatort keinen Arbeitsplatz finden konnte und ihr Mann schwer erkrankte. Nach dem Tod ihres Mannes verblieben Maria eine geringe Witwenrente und ein staatlicher Zuschuss von 110 Złoty (ca. 25 Euro) monatlich für den Unterhalt der Wohnung. Ihren Lebensunterhalt bestreitet sie seitdem vor allem mit dem Schmuggel aus Russland.

Da Maria über keinen eigenen Wagen verfügt, ist sie auf den zwischen Polen und Kaliningrad verkehrenden Linienbus angewiesen. Unter diesen Bedingungen gelingt es ihr, eine kleine Menge von Waren unbemerkt über die Grenze zu transportieren. Stellt man zudem die anfallenden Unkosten in Rechnung, so ist es ihr möglich, einen durchschnittlichen Gewinn von ungefähr 100 Złoty an einem Tag zu erwirtschaften. Hochgerechnet auf 20 Arbeitstage könnte sie damit ein sehr gutes Monatseinkommen erwirtschaften. In der alltäglichen Praxis ist ihr Ertrag aber deutlich geringer. Zum einen ist sie der psychischen und physischen Belastung täglicher Schmuggelfahrten seit dem Tod ihres Mannes nicht mehr gewachsen. Darüber hinaus handelt es sich bei dem veranschlagten Gewinn um einen Durchschnittsbetrag. Aufgrund verschärfter Kontrollen werfen einzelne Fahrten mitunter nur wenige Złoty Gewinn ab. Maria repräsentiert das untere Ende der wirtschaftlichen Möglichkeiten, die der Schmuggel bietet. Ihr fehlt ein soziales Netzwerk zur Erleichterung des Schmuggels und sie verfügt nicht über ausreichende finanzielle Mittel aus anderen Quellen, mit denen sie Verluste aus der informellen Ökonomie ausgleichen könnte.

Am oberen Ende der wirtschaftlichen Spannbreite des Schmuggels ist der zweite hier vorgestellte Akteur anzusiedeln. Edward ist Ende 40 und gehört zu den an der Grenze alteingesessenen professionellen Schmugglern. Unmittelbar nach Öffnung der Grenze 1990 begann er mit dem Schmuggel. Aufgrund einer chronischen Erkrankung wurde er mit Anfang 30 frühverrentet. Obwohl seine Rente zur niedrigsten Versorgungsruppe gehört, bietet sie ihm doch eine sichere wirtschaftliche Grundlage, die er dazu nutzte, ein Unternehmen im informellen Sektor aufzubauen. In den ersten Jahren fuhr er gemeinsam mit einem Kollegen

in einem geliehenen PKW nach Russland. Anschließend schaffe er sich einen eigenen Wagen an und nach einigen Jahren stieg er auf einen Kleinbus um. Für den Kleinbus mit acht Sitzplätzen hat er eine Sondergenehmigung der russischen Grenzbehörden, die ihn als privaten Busunternehmer ausweist. Damit wird er an der Kontrollstelle deutlich schneller abgefertigt und braucht nicht, wie andere Schmuggler, die mit dem eigenen Auto unterwegs sind, Wartezeiten bis zu zwei Tagen in Kauf zu nehmen. Jedoch ist seine Vorzugsbehandlung an die volle Besetzung seines Fahrzeugs mit acht Personen gebunden. Dies erreicht er, indem er sieben Mitfahrer hat, die gegen einen geringen Lohn als „Statisten" seinen Kleinbus ausfüllen.

Verglichen mit dem Beispiel der Schmugglerin Maria werden die Unterschiede deutlich. Edward hat seinen Wohnort nie für längere Zeiträume verlassen und verfügt in der Gemeinde über breite soziale Netze. Obwohl er Anfang der 1990er Jahre zunächst mit geringem Kapital und auf einfachem Niveau mit dem illegalen Kleinhandel begann, gelang ihm ein kontinuierlicher wirtschaftlicher Aufstieg. Zur Zeit unserer Bekanntschaft pendelte er mit seinem neuwertigen Kleinbus monatlich an 24 Tagen zwischen Kaliningrad und seinem Heimatort. Pro Fahrt erzielt er einen maximalen Gewinn von 350 Złoty (100 Euro).

Anhand der skizzierten Beispiele wird eine wirtschaftliche Differenzierung der Schmuggler deutlich, denen es am unteren Ende lediglich gelingt, ihr Existenzminimum zu sichern, während am entgegengesetzten Ende der Skala ein weit über dem offiziellen durchschnittlichen Einkommen liegender Verdienst erwirtschaftet wird. Interessant sind diese Beobachtungen, wenn wir bedenken, dass es sich hier um eine illegale Ökonomie handelt, der die regionale Gesellschaft mit Toleranz begegnet. Einen zentralen Aspekt bildet dabei die Tatsache der regional hohen Arbeitslosigkeit und der damit einhergehenden Verarmung. Als sozioökonomischer Hintergrund bildet dies eine Rechtfertigung für den Schmuggel, bis weit in die Kreise der Gemeindevertreter, des Zolls und des Grenzschutzes hinein.

Maria und Edward starten ihre Tätigkeit im informellen Sektor mit dem Ziel, ihren

Lebensstandard zu verbessern. In Anbetracht fehlender Arbeitsplätze in erreichbarer Nähe und einer sozialen Absicherung am Rand des Existenzminimums ist es ihnen möglich, ihr wirtschaftliches Überleben mit dem Schmuggel zu sichern. Auf der Grundlage des Einkommens aus dem Schmuggel eröffnet sich ihnen die Teilhabe an der wirtschaftlichen Entwicklung der Gesamtgesellschaft. Da die regionale Gesellschaft ihrer Tätigkeit tolerant gegenübersteht, werden die Schmuggler nicht zu sozialen Außenseitern. Wenn sich der Schmuggel als Weg zur wirtschaftlichen und sozialen Integration der Akteure beschreiben lässt, so bleibt doch zu fragen, auf welchen sozialen Normen und Werten eine Anerkennung der informellen Tätigkeit beruht.

Ein zentraler Aspekt für das Verständnis stellt die mit der Systemtransformation der 1990er Jahre verbundene Anforderung an die Individuen nach beruflicher Flexibilität, geographischer Mobilität, Selbständigkeit und wirtschaftlichem Erfolg dar. In ihnen äußert sich ein Anspruch auf Modernität, der eine kulturelle Dominanz entfaltet und deren Implikationen nicht hinterfragt werden. Problematisch wird dieser Zusammenhang, wenn einem Teil der Gesellschaft aufgrund fehlender Arbeitsplätze und geringer sozialer Ausgleichszahlungen die Realisierung dieser normativen Vorgaben verwehrt wird.

Merton (1995, 140ff.) versucht die Verbindung zwischen den sozialen Strukturen und den individuellen Handlungen durch eine Differenzierung zwischen kultureller und sozialer Struktur zu beschreiben. Mit dem Begriff der kulturellen Struktur beschreibt er die normativen Werte einer Gesellschaft. Die soziale Struktur einer Gesellschaft wird in erster Linie durch ökonomische Unterschiede gebildet. Kulturelle und soziale Struktur stehen zueinander in einem abhängigen Verhältnis, da die soziale Struktur den Zugang zur Realisierung der kulturellen Struktur steuert. Die Individuen sind bestrebt, die normativen Vorgaben der kulturellen Struktur mit den ihnen verfügbaren wirtschaftlichen Mitteln umzusetzen. Der Klassencharakter der Gesellschaft verweigert jedoch den unteren Schichten die Mittel zur Realisierung der normativen Werte. Handelt

es sich bei den normativen Werten um fest in die kulturelle Struktur einer Gesellschaft integrierte Anforderungen, so besteht die Tendenz, für ihre Realisierung auch den Rückgriff auf illegale Methoden zu tolerieren. Bezieht man diesen Ansatz von Merton auf die Schmuggler, so sind sie diejenigen, die sich an die modernen gesellschaftlichen Anforderungen von Flexibilität, selbständigem Handeln etc. angepasst haben und diese kulturellen Normen unter Zuhilfenahme der verfügbaren Möglichkeiten umsetzen. Dabei müssen sie zwar die Normen der Legalität verletzten, jedoch relativiert die Gesellschaft diesen Normenbruch vor dem Hintergrund der kulturellen Struktur.

Allerdings müssen auf der Ebene von Gemeindeverwaltungen entsprechende Rahmenbedingungen bestehen. Und hier, in der Administration, steht man dem Schmuggel wohlwollend gegenüber – wenn auch nur inoffiziell, denn es bleibt eine illegale Handlung. Es ist in der Region keineswegs ein Einzelfall, dass Menschen, die Sozialhilfe beantragen, unter vier Augen die Frage gestellt wird, warum sie es denn nicht schon einmal an der Grenze probiert haben. Dabei wird dem Antragsteller keine Bewerbung beim Zoll oder Grenzschutz empfohlen; es handelt sich um die verschlüsselte Aufforderung, den Unterhalt mit Schmuggel zu sichern. So auch in einem anderen Fall, in dem der Bürgermeister einer grenznahen Kleinstadt den Schmugglern Ratschläge für die Überwindung rechtlicher Barrieren gibt, offiziell aber nicht von Schmugglern, sondern von Kleinhändlern spricht. In seinen Worten heißt das, dass die Kleinhändler mit ihrer Initiative und ihrem Engagement zur wirtschaftlichen Entwicklung der Region beitragen.

Während einem umfangreichen Teil der regionalen Gesellschaft aufgrund des ökonomischen Wandels die soziale und wirtschaftliche Marginalisierung droht, bietet die Gesellschaft den Betroffenen mit dem Schmuggel eine Integrationsmöglichkeit an. Das Angebot zur Integration ist ohne den Hintergrund der hohen Arbeitslosigkeit in Verbindung mit fehlenden Sozialleistungen nicht zu verstehen. Paugam (2008, 113ff.) spricht von einer integrierten Form der Armut, die sich überwiegend in traditionellen, ländlichen Gesellschaften mit einem hohen Anteil von Armut findet. Wenn diese Gesellschaften über kein funktionierendes System der sozialen Absicherung verfügen, sind die Armen auf die Versorgung durch ihre Angehörigen sowie auf eine funktionierende Schattenwirtschaft angewiesen. Solange diese Strategie von der Gesellschaft akzeptiert wird, bleiben die von Verarmung betroffenen Personen unsichtbar. Solange der betroffene Personenkreis in den gesellschaftlichen Wirtschaftsprozess integriert ist, führt in dieser Situation Armut nicht zwangsläufig zu einem niedrigen sozialen Status.

Entscheidend für die Funktionsfähigkeit dieses Systems ist die tolerante Haltung der Gesellschaft gegenüber informellen Erwerbsformen. In den nördlichen und östlichen Grenzregionen Polens hat eine traditionelle, mit der Landwirtschaft verbundene Lebensweise bis in die Gegenwart einen starken Einfluss. Dennoch gibt es hier Überformungen durch Einflüsse einer postindustriellen Moderne mit ihrem kulturellen Anspruch auf individuelle Selbständigkeit. Es kommt zu einer spezifischen Verbindung beider Elemente, in der auch originäre Einflüsse der polnischen Geschichte zum Tragen kommen.[4] Die betroffenen Akteure entgehen in dieser Konstellation einer Marginalisierung, obwohl ihre Überlebensstrategie als Ausdruck einer doppelten Peripheriesierung zu verstehen ist. Zum einen der geographischen Peripherie am Rand der Europäischen Union und zum anderen einer (drohenden) sozialen Peripherie, denn bei aller gesellschaftlicher Toleranz gegenüber dem Schmuggel bleibt ihre Tätigkeit doch eine illegale Erwerbsstrategie.

Anmerkungen

1 In den Jahren 2005 bis 2007 führte die Universität Bielefeld in Kooperation mit den Universitäten Warschau (PL) und Kaliningrad (RUS) das Forschungsprojekt: „Grenze als Ressource: Kleinhandel in der Armutsökonomie an der neuen EU-Außengrenze zwischen Nordostpolen und dem Bezirk Kaliningrad", finanziert von der Volkswagen Stiftung durch. Ziel der Forschung war es, die milieuspezifische Aneignung der strukturellen Veränderungen nach dem EU-Beitritt Polens im grenznahen Bereich zu untersuchen. In mindestens einjährigen Feldforschungen arbeiteten deutsche, polnische und russische Wissenschaftler in ausgewählten Dörfern und Kleinstädten der Region. Vgl. auch Wagner (2011).

2 Vgl. zur Nachkriegsgeschichte Mai (2005) und Wagner (2004).

3 Kopacka-Klose, Liliana (2008, 58, 96f.). Wobei in Polen das Lebensminimum mit dem zum physischen Überleben Notwendigen definiert wird.

4 Erinnert sei hier an die mehr als 200 Jahre währende Tradition eines Rechtes auf Widerstand der Bürger gegen staatlichen Machtanspruch.

Literatur

Altvater, Elmar/Mahnkopf, Birgit (2002): Globalisierung der Unsicherheit. Arbeit im Schatten, schmutziges Geld und informelle Politik, Münster: Westfälisches Dampfboot.

Droth, Alf/Grimm, Frank-Dieter/Haase, Annegret (2000): Polen aktuell. Leipzig: Institut für Länderkunde.

Kopacka-Klose, Liliana (2008): Vergleich der Grundsicherung für Arbeitssuchende und Sozialhilfe in Deutschland und der Sozialhilfe in Polen im Hinblick auf die geschichtliche Entwicklung und die Lebensstandards. Potsdam: Fachhochschule Potsdam, Fachbereich Sozialwesen.

Mai, Ulrich (Hg.) (2005): Masuren: Trauma, Sehnsucht, leichtes Leben. Zur Gefühlswelt einer Landschaft. Münster: LIT Verlag.

Merton, Robert K. (1995): Soziologische Theorie und soziale Struktur, Berlin/New York: Walter de Gruyter.

Paugam, Serge (2008): Die elementaren Formen der Armut. Hamburg: Hamburger Edition.

Wagner, Mathias (2001): „Wir waren alle Fremde". Die Neuformierung dörflicher Gesellschaft in Masuren seit 1945. Münster: LIT Verlag.

Wagner, Mathias (2004): Fremde Heimat. Alltag in einem masurischen Dorf. Potsdam: Deutsches Kulturforum östliches Europa.

Wagner, Mathias (2011): Die Schmugglergesellschaft. Informelle Ökonomien an der Ostgrenze der Europäischen Union. Eine Ethnographie. Bielefeld: Transcript.

Wagner, Mathias, Fiałkowska, Kamila (2011): „Knochenjob im Urlaub. Erlebnisse einer polnischen Saisonarbeiterin". LeMonde Diplomatique, November 2011, Deutsche Ausgabe, Berlin; Jg. 17/11, 10f.

Wysocki, Włodzimierz (2003): Przemyt a Bezpieczeństwo Ekonomiczne Polski. Warszawa: Agencja Wydawnicza ULMAK.

Judit Miklos

Victoria by night mit Herrn XXL

Eine Reportage

Die Stadtratssitzung heute hat lange gedauert. Die Frühlingssonne geht gerade unter in Victoria, der kleinen Stadt am Fuße der rumänischen Karpaten. Frau B., die jüngste Stadträtin, und ich treten in den kühlen Abend hinaus. Wir zünden uns gerade eine Zigarette an, als Herr S. mit den letzten Stadtratsmitgliedern aus dem Rathaus herauskommt. Alle wollen nach Hause, nur Herr S. nicht. Mit einem leisen Pfeifen nähert er sich uns und zieht seine Amtskollegin Frau B. an sich: „Schätzchen, Du hast heute wieder mal die gesamte Sitzung dominiert, und wie immer hast Du Dich auch heute durchgesetzt!". Frau B. nimmt das Kompliment mit einem breiten Lächeln entgegen.

Knapp über 30 Jahre alt, kämpferisch und mit schlagkräftigen Argumenten, hat es die junge Juristin allerdings bislang nicht geschafft, Bürgermeisterin zu werden. Aber sie hat dauerhaft Fuß gefasst in der sonst von alten Männern dominierten Lokalpolitik. Herrn S. gefällt das offenbar. Sein neugieriger, fragender Blick richtet sich jetzt auf mich. „Schau mal, hier haben wir eine nette junge Sozialwissenschaftlerin aus Deutschland, die in einem europäischen Projekt forscht und sich für unsere kleine Stadt und seine edelsten Vertreter interessiert", sagt Frau B. schmunzelnd. Ich nutze die Chance und frage, ob ich mit Herrn S., dem wichtigsten Geschäftsmann und Arbeitgeber am Ort, ein Gespräch führen könnte. Ohne darauf einzugehen sagt er: „Kommt, ich zeige euch meine Fleischfabrik!" Und schon wendet er sich entschiedenen Schrittes in Richtung Parkplatz. Wir haben keine Wahl und folgen ihm.

Neben einigen einheimischen Autos und ein paar anderen gebrauchten billigen Importwagen parkt ein großer Koloss in Metallicschwarz. Ein Fremdkörper unter all den Schrottkisten hier. Wir steigen in Herrn S.' Landrover. Es fühlt sich an wie in einem Raumschiff. Vom hohen Hintersitz aus kann man den Boden mit den Füßen gar nicht mehr berühren. Man sitzt hoch über der Straße. Sobald die Türen geschlossen sind, hören wir von der Außenwelt nichts mehr. Der schicke, klimatisierte Innenraum mit hellbraunen Ledersitzen dichtet uns hermetisch ab. Vor dem breiten Multimedia-Cockpit sitzen Fahrer und Beifahrer weit weg voneinander auf bequem ausladenden Sesseln. Wir werden von vielen bunten blinkenden Lichtern und piepsenden Tönen an Bord begrüßt. Der geräumige Wagen setzt sich sanft in Bewegung und gleitet geräuschlos auf der einsamen Straße dahin. Durch die getönten Scheiben wirkt die ehemalige sozialistische Vorzeigestadt noch grauer und abstoßender als in Wirklichkeit. Der Blick durch die großen Fenster macht die Straße enger als sie ist, als wäre sie nur einspurig. An der rechten Seite kauern Häuser aus den fünfziger Jahren, ihre zusammengeflickten Fassaden zeigen matte Spuren von altem Glanz. Die grauen Plattenbauten aus den Achtzigern gegenüber scheinen sich mit ihrem schäbigen Aussehen am liebsten unsichtbar machen zu wollen. Kein Mensch auf der Straße. Alles wie ausgestorben.

Plötzlich biegt Herr S. von der Hauptstraße in eine kleine Straße vor den Plattenbauten ein. Will er mir eine Sightseeing-Tour durch das abgewrackte Plattenbauviertel am Rande der Stadt geben? Bei einem kleinen Lebensmittelladen am Straßenrand bremst er ab und fragt Frau B.: „Sag mal, weißt Du, wem dieser Laden hier

gehört und was er kostet? Ich will ihn haben."
Frau B. erklärt ihm trocken, der Boden, auf
dem der kleine Laden stehe, werde demnächst
versteigert und könne von jedermann gepachtet
werden. Er solle seinen Antrag möglichst bald
im Rathaus einreichen. Herr S. nickt kurz und
tritt auf das Gaspedal.

Wir verlassen die Feierabendruhe der Stadt
und fahren auf die alte Pendlerstraße, die
Victoria mit der großen Landstraße zwischen
Hermannstadt und Kronstadt verbindet. Herr
S. rast mit 120 km/h auf der Mitte der Straße.
Kommt ein Auto entgegen, weicht er mit seinem
Wagen bis über den Straßenrand aus. Aber das
kommt selten vor. Die Zeiten sind vorbei, als auf
dieser Straße regelmäßig – im Drei-Schichten-
Takt und Sechs-Tage-Rhythmus – Pendlerbusse
zum Chemischen Kombinat und den anderen
Industriebetrieben von Victoria fuhren. Was
früher verband, isoliert Victoria heute von
der Außenwelt. Die meisten der ehemaligen
sozialistischen Industriebetriebe haben den
Übergang zur Marktwirtschaft und die Privatisierung in den 1990er Jahren nicht überlebt.
Von den großen Gewächshäusern sind nur
noch ein paar Glasscherbenhaufen auf einem
eingezäunten Brachland am Straßenrand übrig
geblieben. Gespenster des sozialistischen Indus-
triezeitalters. Auch das Chemische Kombinat,
„Gründungsvater und Pate" der Stadt in den
1950er Jahren, ist heute nur noch ein müder
Industriekoloss. Seine Belegschaft ist in den
letzten 20 Jahren von 4.100 Angestellten auf
etwa 550 Mitarbeiter geschrumpft.

In einem dieser Industriebetriebe arbeitete
bis zum Jahre 1992 auch Herr S. Damals war
er Ingenieur. Als der Betrieb aufgelöst wurde,
machte er sich selbständig. Mit seinem Hoch-
zeitsgeschenk, einem alten Dacia, der einheimischen rumänischen Automarke, belieferte
er seinen ersten Laden. „Damals verkaufte ich
Zigaretten, billige Importkleidung aus der Türkei,
Einmachgläser, Weinkanister, Schläuche, eben
kunterbunte Sachen je nach Saison und Bedarf.
Hauptsache bunt, denn hier war alles grau",
erzählt er. Wenig später stieg er zusammen mit
seiner Familie in die Wurst- und Fleischproduk-
tion ein. Das Familienunternehmen ersteigerte
preiswert eine ehemalige Landwirtschaftliche
Produktionsgesellschaft, verwandelte sie in eine

kleine Tierfarm mit Schlachthof und Fleischverarbeitung. Mitte der wilden Neunziger,
als „man schnell Geld machen, aber genauso
schnell auch untergehen konnte", nahm Herr
S. einen hohen Kredit auf. „Ich kaufte alles, was
zu kaufen war", sagt er, Tierfarmen, Anlagen,
Immobilien, Ausstattung, Ackerland etc. Vor
allem kaufte er seinen größten Konkurrenten
auf, die ehemalige staatliche Fleischfabrik in
der benachbarten Stadt. Seitdem geht es ihm
nur noch um die Wurst. Seine Firma eröffnete
zunächst einen Lebensmittelladen nach dem
anderen in Victoria, expandierte dann regional,
bald auch landesweit. Ein kleines Familienimpe-
rium entstand. Die Produktion von Wurstwaren
boomte, eine weitere Fabrik wurde gebaut.

Am Rande eines schläfrigen Dorfes und
mitten in einer Brachlandschaft steht ein
Gebäudekomplex mit glänzenden Stahlträgern.
Die neue Wurstfabrik von Herrn S. erhebt sich
direkt an der Landstraße von Hermannstadt
nach Kronstadt. Das sei noch nicht alles, erklärt
er: „Hier vorne baue ich gerade eine Molkerei.
Dahinter steht die Rampe für die Tiere, dann
kommt der Schlachthof, weiter hinten sind die
Kühlanlagen, die Fleischverarbeitung und die
Räucherei. Ganz hinten stehen die Rampen für
die LKWs, die die fertige Ware abholen. Hier wird
der gesamte Produktionsprozess abgewickelt,
vom lebendigen Tier bis zum Fleisch- oder auch
Milchprodukt". Als der Pförtner den Landrover
bemerkt, kommt er mit eilfertigen Schritten an-
gelaufen und öffnet schnell das Tor. Er begrüßt
Herrn S. überhöflich und informiert ihn darüber,
dass der letzte Angestellte erst vor kurzem, etwa
um halb acht, das Gelände verlassen habe. Herr
S. nickt wortlos, ohne den Pförtner anzusehen.
Vor den hohen Rampen steigen wir aus unserem
4-wheel-drive-Raumschiff aus. Herr S. zeigt uns
das Gelände und ist dabei ganz professioneller
Gastgeber. Er schließt Türen auf und führt uns
durch viele endlose Korridore mit weißen Wän-
den und grauen Linoleumböden. Überall sehen
wir lange Reihen von Wurst- und Fleischständen
auf Rädern in allen nur denkbaren Größen. Alles
ist ordentlich etikettiert. Alles ist sauber. Die
Wurst-Landschaft riecht nach Geräuchertem,
mein Magen fängt an zu knurren. „Das wird
alles in den nächsten Tagen verkauft", klärt uns
Herr S. stolz auf, während er uns weiter durch

sein Wurst-Paradies führt. „Wir produzieren um die 15 Tonnen pro Tag. Aber der Bedarf wächst, wir beliefern schon das ganze Land und bald werden wir das Doppelte produzieren können. Wir beschäftigen schon über 160 Mitarbeiter. Bei einem EU-Wettbewerb wurden wir für Innovation und Qualität ausgezeichnet und finanziell unterstützt".

Herr S. ist ein Mann von Mitte 50, nicht sehr groß, nicht sehr klein, nicht sehr rund, nicht sehr dünn. Ein lächelndes Mondgesicht mit gesunden roten Backen und einem leichten Anflug von Tränensäcken unter den Augen. Keine männliche Stimme, eher nasal, fast weinerlich. Die Kleidung sportlich leger, in Erdfarben und Safari-Tönen: Pullover und Outdoor-Weste mit zwei großen Vordertaschen, bequeme Schuhe. Äußerlich alles andere als Mister XXL mit Anzug und Krawatte. Seine Wurstwaren sind der Beweis seiner Macht. Er produziert keine Soja-Wurstimitate, die das Gespenst der Lebensmittelknappheit aus der kommunistischen Ära wieder zum Leben erwecken könnten. Hier geht es um die wahre Wurst, um „the real thing", um einen zivilisatorischen Akt der postkommunistischen Zeit. Der Wurstkönig verbreitet eine kulturelle Botschaft in einem Land, wo Wurst ein wichtiger Maßstab der Lebensqualität ist. Die breite Masse der Bevölkerung verachte vegetarische Ernährung, etwas, das man nur aus dem Fernsehen kenne und nur die neue rumänische Schickeria interessiere. Mahlzeiten ohne Fleisch kommen selten auf den Tisch. Wenn doch, dann heißt es Fasten, aber das ist dann gottgewollt. Wurst ist eine Art Überlebenssicherung, sozusagen ein *survival kit*. Luftgetrocknete Salami oder geräucherte Wurst sind Reserven, die in rumänischen Speisekammern an einem Haken hängen oder im Kühlschrank aufbewahrt werden. Sie helfen, den Winter zu überstehen, und schützen gegen die Angst, wieder in Not zu geraten. Die Wurst ist der beste Freund des postkommunistischen Menschen. Herr S. weiß das.

Es ist schon dunkel, als wir wieder in den Landrover steigen und nach Victoria zurück fahren. Sanfte Musik aus den Anden berieselt uns während der Fahrt. Hauchdünn und ätherisch leicht – ein bisschen wie das Gleiten des Landrovers auf der dunklen Straße. Ein Souvenir

aus dem Urlaub in Südamerika, bemerkt Herr S. nebenbei. Peru sei nicht sein Lieblingsland, aber die Osterinseln seien sehr beeindruckend. Wirklich schwärmen könne er nur für China, er sei mehrmals dort gewesen: „Die Chinesen sind intelligent und flink. Sie werden die Amerikaner, die Japaner und die Deutschen eines Tages überholen", prophezeit er.

Am Stadtrand Victorias begrüßt uns ein großes „V"-Zeichen. Hier und da brennt schwaches Licht, flimmert ein Fernseher in den Bienenwaben der Wohnungen. Die Plattenbauten bilden hier einen fast durchgehenden Riegel, der die Stadt abschirmt wie eine große Mauer. Die Einwohner nennen sie deshalb „die chinesische Mauer". Herr S. folgt dem *Boulevard des Sieges*. Unser Weg auf der Hauptverkehrsader führt zu einem achsensymmetrischen Platz. Er wurde in den 1960er Jahren als stolzes Beispiel fortschrittlicher sozialistischer Architektur angelegt. Links ein dreistöckiges Kaufhaus, rechts ein dreistöckiges Hotel, in der Mitte das große Kulturhaus. Heute ist der ehemalige Arbeiter-Kulturklub verlassen. Kulturprogramme finden hier kaum noch statt, das Chemische Kombinat unterstützt das Kulturleben nicht mehr. Nur während der Wahlkampagnen gibt es ein paar Reden lokaler Politiker, ab und zu finden Schulfeste oder Veranstaltungen der orthodoxen Kirche statt. Die Stadt ist verarmt, kann sich Theater und Kino nicht leisten. Auf den Treppen des Gebäudes trainieren junge Menschen auf ihren Skateboards. Bei klarem Wetter hat man von hier den besten Blick auf das Bergpanorama hinter der Stadt. Die schroffe Bergkulisse steht im unwirklichen Kontrast zum Vorposten der chemischen Industrie, der Victoria einmal sein sollte.

Der Landrover nähert sich dem alten Stadtkern. Der ehemalige *Boulevard V.I.Lenin* bildete bereits Ende der 1940er Jahre einen der drei Straßenzüge der ersten kleinen Arbeitersiedlung, die für das Chemische Kombinat, damals „SOVROMCHIM" – sowjetisch-rumänisches chemisches Kombinat – gebaut wurde. Dazu gehörten eine große Betriebskantine, eine Poliklinik, eine Schule und ein kleines Rathaus. Die offizielle Stadtgründung erfolgte erst 1954, die Arbeitersiedlung wurde mit großem Pomp zur ersten neugegründeten Stadt der Sozialistischen

Volksrepublik Rumänien gekürt. Die sozialistische Vorzeigestadt und Chemiehochburg erhielt den Namen *Victoria* von „Victoria Socialismului" – „Sieg des Sozialismus". Victoria wuchs kontinuierlich. 1989 hatte es über 11.000 Einwohner, die meisten von ihnen junge Familien. Heute sind viele auf der Suche nach Arbeit in westliche EU-Länder gezogen. Victoria hat nur noch etwa 6.500 Einwohner. Im alten Stadtkern, durch den wir jetzt fahren, leben fast nur noch alte Menschen. Sie verbringen ihre Zeit in ihren kleinen Gärten hinter den Häusern oder auf den Bänken am Straßenrand. Die Stadt veraltet, hier wohnen keine Sieger mehr. Schiffbrüchig irrt die Stadt durch die postsozialistischen Zeiten.

Eine Lichtreklame über dem Portal eines mit neoklassizistischen Säulen dekorierten stalinistischen Prachtbaus reißt mich aus meinen Gedanken. Herr S. steuert direkt auf die ehemalige Kantine des Chemischen Kombinats zu. Vor einigen Jahren hat er das Gelände gepachtet. Die stalinistische Fassade ist unverändert geblieben. Bis auf die Leuchtschrift: „P-A-R-A-D-I-S" blinkt es bunt in die Nacht.

Das Paradies des Wurstkönigs empfängt uns mit warmen Pastelltönen, modischen Terrakotta-Farben und dezent leuchtenden Halogenlichtern. Im Foyer prangt noch immer die ursprüngliche Wandmalerei aus den 1950er Jahren. Ein Mann in Arbeitshosen schwenkt eine rote Fahne mit seinen kräftigen Oberarmen, seine Frau in weißem Arbeitskittel winkt mit einem Blumenstrauß, das Kind in Pionieruniform hält ein Buch unter dem Arm. Dem Paradies der sozialistischen Gesellschaft streben sie mit Fleiß, Begeisterung und Hoffnung auf eine bessere Zukunft entgegen.

Eine Aufschrift, wie ein Stempel quer über das ganze Bild, sagt in großen Lettern:

ANULAT

Annulliert, aufgehoben. Schluss mit der Hoffnung auf eine bessere Zukunft, mit den ungreifbar körperlosen Idealen der sozialistischen Gesellschaftsutopie. Im Treppenhaus wird die Rückkehr zum Körper, zur greifbaren Lust, zu Wünschen aus Fleisch und Blut als neue postsozialistische Botschaft des Hauses zelebriert. Sechs Wandbilder zeigen halbnackte Frauen

mit langen lockigen Haaren, üppigen Brüsten, schmalen Taillen, übereinander geschlagenen langen Beinen und hohen weißen Plateaustiefeln. Nixe, Hure und Grazie verheißen sofortige Triebbefriedigung als deutlichsten Ausdruck kapitalistischer Wunscherfüllung. Lass' Dich verwöhnen – hier und sofort! *Get your satisfaction now*! Aufschub ist Unsinn!

In den zwei Speisesälen des *Paradis* waltet neue Prächtigkeit. Der Besucher kann sich in einem großen Spiegelsaal mit südländischem Flair aus warmen Orangerot-Farben und einer Tanzfläche mit zwei großen Palmen verwöhnen lassen. Glänzende Vorhänge und Satin-Tischdecken werfen üppige Falten. Alle Tische sind gedeckt für ein Drei-Gänge-Menü. Die modernen quadratischen Teller tragen den Firmennamen von Herrn S.' Wurstimperium in goldenen Buchstaben. Kellner und Kellnerinnen tragen weiße Hemden mit schwarzen Westen. Mit schneeweißen Servietten über den Unterarmen laufen sie flink umher.

Das Gaumen-Paradies von Herrn S. versammelt Kulinarisches aus der großen weiten Welt zusammen: Außer einem üppigen Angebot an regionalen Spezialitäten bietet die Karte auch Wiener Schnitzel, Pizza- und Pastagerichte, französische Fleischspezialitäten und indische Gerichte. Die meisten Preise sind moderat, der Wurstkönig beliefert sein *Paradis* mit eigenen Produkten. Trotzdem bleibt das Karpaten-Paradies den meisten Bürgern Victorias verschlossen. Auch an diesem Abend ist kaum etwas los. Nur hier und da sitzen vereinzelt ein paar junge Leute an den Tischen. Hier verdient jeder Zweite weniger als 150 Euro im Monat. Dennoch würden hier viele gern eines Tages eine große Feier veranstalten, eine Taufe, eine Abiturparty, eine Hochzeit, eine Pensionierungsfeier, einen Totenschmaus. Auch wenn die meisten das *Paradis* nur vom Hörensagen kennen, sind alle stolz darauf. Jeder, den ich in Victoria traf, empfahl mir das Restaurant, als wäre es eine kulturelle Sehenswürdigkeit. Der große Spiegelsaal wirkt überdimensional. Eben XXL. Das *Paradis* des Wurstkönigs hat dem geschundenen Victoria ein wenig Würde und Stolz zurückgegeben.

Noch einmal:
Die Verzahnung von
workfare und *prisonfare*

Ein Interview mit Loïc Wacquant

Dieser Beitrag erweitert einen früheren Text, der als Antwort auf Fragen von Karen J. Winkler entstand und in gekürzter Fassung unter dem Titel „When Workfare Meets Prisonfare: A Q&A with Loïc Wacquant" in „The Chronicle of Higher Education Review" (5. 8. 2009) erschien. Das Manuskript kann unter http://chronicle.com/article/When-Workfare-Meets/47034/ abgerufen werden. Wir danken dem Chronicle für die Erlaubnis zur Verwendung der vollständigen Fassung, welche im April 2011 um weitere Fragen von Volker Eick ergänzt wurde. Loïc Wacquant ist Professor für Soziologie an der Universität Kalifornien, Berkeley, und forscht am Centre européen de sociologie et de science politique, Paris. Zu seinen Arbeiten zählen Beiträge über urbane Relegation, ethnorassische Domination, über den Strafrechtsstaat, zu Verkörperlichung und sozialer Theorie sowie zu den Politiken der Vernunft. Seine Bücher wurden in mehrere Sprachen übersetzt, darunter Titel wie: „Urban Outcasts: A Comparative Sociology of Advanced Marginality" (2008), „Bestrafen der Armen: Zur neoliberalen Regierung der sozialen Unsicherheit" (2009) und „Deadly Symbiosis: Race and the Rise of Neoliberal Penalty" (erscheint bei Polity Press).

* * *

Volker Eick (VE): Ihr Buch „Bestrafen der Armen: Zur neoliberalen Regierung der sozialen Ungleichheit" ist der zweite Band einer Trilogie, in der Sie auffächern, was Sie „die verwickelten Dreiecksbeziehungen zwischen Neuformierung der Klassenstruktur, ethnisch-rassischer Spaltung und Neudefinition staatlichen Handelns im Zeitalter des aufsteigenden Neoliberalismus" (Wacquant 2009a: 317) nennen. Können Sie sagen, welchen Stellenwert das Buch innerhalb dieser umfassenderen Problematik von urbaner Marginalität, Sozialpolitik und Strafe hat?

Loïc Wacquant (LW): Denken Sie sich ein Dreieck mit der Wechselbeziehung von Klasse und Rasse *[race]* als Basis und dem Staat als der Spitze. Das erste Buch, „Urban Outcasts: A Comparative Sociology of Advanced Marginality" (Wacquant 2008), handelt von dieser Basis: Ich untersuche die Verknüpfung von Klasse und Rasse in der dualisierenden Metropole anhand eines Vergleichs zwischen dem plötzlichen Zusammenbruch des schwarzen amerikanischen Ghettos und dem langsamen Zerfall der Territorien der Arbeiterklasse in der westeuropäischen Stadt nach der De-industrialisierung. Dabei vertrete ich drei Hauptthesen: Ich widerlege die gängige These von der transatlantischen Konvergenz der unterprivilegierten Viertel nach dem Modell des schwarzen Ghettos; ich führe die Entstehung des afroamerikanischen „Hyper-Ghettos" und der europäischen „Anti-Ghettos" im Zeitalter des Post-Fordismus auf eine veränderte Politik des Staates zurück, wobei ich feststelle, dass sie beide ökonomisch unter- und politisch überdeterminiert sind; und ich diagnostiziere das Einsetzen eines neuen Systems von urbaner Marginalität als Folge der Fragmentierung der Lohnarbeit, des Rückbaus des Sozialstaats und der territorialen Stigmatisierung.

Die darauf folgenden zwei Bücher befassen sich mit den beiden Seiten des Dreiecks.

„Bestrafen der Armen" greift die Verknüpfung von Klasse und Rasse an der sozial- wie an der strafrechtspolitischen Front auf. Es zeigt, wie Staatsvertreter und Behörden mit Straf- und Kontrollmaßnahmen auf die aufkommende Marginalität reagiert haben. Es macht außerdem deutlich, dass die neue, in den letzten drei Jahrzehnten in Amerika erfundene Armutspolitik und -strategie, die Armut mit disziplinierender *workfare* und neutralisierender *prisonfare* verkoppelt, ein Teil der entsprechenden neoliberalen Neudefinition des Staates ist. Der dritte Band, „Deadly Symbiosis: Race and the Rise of the Penal State" (Wacquant 2011), nimmt dann die Verknüpfung von Rasse und Staat auseinander: Er zeigt, wie die ethnisch-rassische Spaltung der Gesellschaft die Auflösung der unteren Klassen verstärkt, das Umsteigen auf *workfare* erleichtert und das Um-sich-Greifen des Strafrechtsstaats sprunghaft beschleunigt; und wie es umgekehrt durch die Bestrafungspolitik zu einer Neudefinition der Bedeutung und der Wirkung von Rasse kommt. Ich entwerfe ein historisches und theoretisches Modell, das zeigt, wie in Amerika das reine Hyper-Ghetto, in dem die Schwarzen aus den unteren Klassen nach den 1960er Jahren festsaßen, und das auswuchernde Gefängnis miteinander verzahnt wurden; ich befasse mich dann auf der anderen Seite des Atlantiks mit der Über-Inhaftierung von postkolonialen Immigranten in der Europäischen Union; und schließe mit einer Untersuchung der Militarisierung der Marginalität in der brasilianischen Metropole, bei der die tiefere Logik dieser Bestrafungspolitik offen zutage tritt. Eine zentrale These ist, dass die Verknüpfung von Gefängnis und Rasse über Permutationen von Entehrung erfolgt.

Ein viertes, aber vor einem Jahrzehnt als erstes und gewissermaßen als Übung in „soziologischer Gesellschaftsanalyse" geschriebenes Buch, „Prisons of Poverty" (Wacquant, 2009b), geht den internationalen Wegen und Umwegen der polizeilichen „Nulltoleranz"-Strategie und sonstiger straforientierter Ideen und Rezepte *Made in the USA* nach („Broken Windows"-Theorie, Sperrstunden für Jugendliche, automatische Mindeststrafen, „plea bargaining"[1] usw.) und bestimmt sie als Bestandteile der weltweiten Ausbreitung des Neoliberalismus.

Ich zeige, wie die auf den „Washington Consensus" zurückgehenden Maßnahmen – ökonomische Deregulierung und Zurückfahren des Sozialstaats – dank umtriebiger Think-Tanks, von der neuen Marktreligion verführter Politiker, einer neuen, globetrottenden Sorte von „Beratern" in Sachen „sichere Städte" und mancher lokaler Akademien, die die US-amerikanischen Kriminalisierungstechniken unter dem Deckmantel der Wissenschaftlichkeit in ihre Ländern einschmuggeln möchten, auf die Verbrechensbekämpfung per Strafvollzug ausgedehnt wurden.

***Karen J. Winkler* (KJW**): *In „Bestrafen der Armen" schreiben Sie, dass sich im Laufe des letzten Vierteljahrhunderts die staatliche Law-and-Order-Agitation in den Vereinigten Staaten deutlich aufgeheizt hat und jetzt auch auf Europa übergreift. Warum kam sie gerade in Amerika zuerst auf?*

LW: In den drei Jahrzehnten nach dem Höhepunkt der Bürgerrechtsbewegung haben die USA einen Wandel durchgemacht: Vom Vorreiter einer progressiven Justiz, der der Menschheit den Weg zu einer „Nation ohne Gefängnisse" – so der Titel eines Buchs des US-amerikanischen Strafrechtsexperten (Dodge 1975) – zeigen wollte, nämlich durch Alternativen zum Freiheitsentzug, wurden sie zum Apostel der „Nulltoleranz"-Politik, zum Architekten der „Three-Strikes"-Regelung[2] und zum Wegsperr-Weltmeister mit 2,3 Millionen Menschen hinter Gittern und 7 Millionen unter polizeilicher Aufsicht. Warum? Die übliche Antwort lautet, diese unglaubliche Straf-Expansion sei eine Reaktion auf den Anstieg der Kriminalität gewesen. Nur: In dieser ganzen Zeit hat die Zahl der Verbrechensopfer erst stagniert und dann abgenommen. Hier eine simple Statistik: 1975 gab es in den USA 21 Strafgefangene pro 10.000 so genannte „index crimes"[3]; dreißig Jahre später saßen 125 Gefangene pro 10.000 „index crimes" hinter Schloss und Riegel. Das heißt, bei konstant gehaltener Verbrechensrate ist das Land sechs Mal so strafwütig geworden.

Um diesen unvorhergesehenen und beispiellosen Anstieg zu erklären, müssen wir *aus dem Schubladendenken von Verbrechen und*

Strafe ausbrechen und uns die entsprechenden Institutionen auf ihre nicht-strafrechtlichen Funktionen hin ansehen. Dann stellen wir fest, dass im Gefolge der Rassenunruhen der 1960er Jahre Polizei, Gerichte und Gefängnisse aufgestockt wurden, um die urbanen Verwerfungen in Schach zu halten, die eine Folge der ökonomischen Deregulierung und der Implosion des Ghettos als eines Instruments zur ethnisch-rassischen Kontrolle waren, und um die Disziplin der prekären Beschäftigung am unteren Ende der sich polarisierenden Klassenstruktur durchzusetzen. Die strafrechtspolitische Wende war eine Reaktion nicht auf eine *kriminelle* Unsicherheit, sondern auf die *soziale* Unsicherheit, deren Ursache wiederum die Prekarisierung der Lohnarbeit und die Zerschlagung der ethnisch-rassischen Hierarchie sind – und nicht irgendwelche „diffusen Ängste" angesichts der aufkommenden „Risikogesellschaft" oder der „Spätmoderne" (Ericson und Haggerty 1977, Garland 2001). In den Vereinigten Staaten vollzog sich der Aufstieg des Strafrechtsstaats besonders rasant und plötzlich, weil sich in diesem Land die fortgeschrittene Marginalität besonders stark ausgebreitet, festgesetzt und konzentriert hat (Wacquant 2008: 3-7, 89-91). Daran wiederum ist die außerordentlich rigide ethnisch-rassische Spaltung schuld, durch die die Afroamerikaner im physischen, sozialen und symbolischen Raum isoliert sind, sowie eine Reihe von damit zusammenhängenden Merkmalen der US-amerikanischen Institutionen: die allgemeine Entwertung der Lohnarbeit und das Ausmaß der sozialen Ungleichheit, die bürokratische Zersplitterung und ausufernde Kommerzialisierung von öffentlichen Gütern, die ungewöhnlich krasse ethnisch-rassische Segregation in der Metropole, die Macht eines religiös grundierten moralischen Individualismus und der kategorische und denunziatorische Charakter der staatlichen Programme für die *per definitionem* als „unwürdig" verdächtigten Armen (Katz 1989). All diese Faktoren haben nicht nur der organisierten Schrumpfung des Sozialstaats als Reaktion auf die Rassenkrise der 1960er Jahre und die ökonomischen Turbulenzen der 1970er Jahre Vorschub geleistet, sondern auch die unaufhaltsame Hypertrophie des Strafens

erleichtert, deren Zielgruppe eben diese prekäre und stigmatisierte Population ist.

VE: *Inwiefern sind die Erscheinungsformen der Bestrafungspolitik in Westeuropa anders? In „Prisons of Poverty" klingt es, als wollten Sie sagen, Europa hinke hinter den Vereinigten Staaten her, während Sie in „Bestrafen der Armen" nicht nur die funktionalen Ähnlichkeiten, sondern auch die strukturellen Unterschiede jenseits des Atlantiks hervorheben.*

LW: Manche Analytiker der europäischen Strafrechtsszene, etwa Nicola Lacey (2008), sehen vor allem die tiefe Kluft zwischen der Alten und der Neuen Welt und betonen, dass die Vereinigten Staaten mit 750 Gefängnisinsassen pro 100.000 Einwohner eine Klasse für sich sind (dicht gefolgt von Russland und Ruanda, eine wahrlich unrühmliche Nachbarschaft). Es stimmt, dass die Inhaftierungsraten der westeuropäischen Länder mit einem Sechstel bis einem Zehntel der US-amerikanischen Raten vergleichsweise niedrig sind (von zwischen 70 und 80 Strafgefangenen pro 100.000 Einwohner in Skandinavien bis knapp über 150 pro 100.000 Einwohner in England, Schottland und Spanien). Aber das sollte nicht über zwei entscheidende Tatsachen hinwegtäuschen. Erstens, die *Bestrafungspolitik kann viele verschiedene Formen annehmen und ist nicht auf die Haftstrafen zu reduzieren*. Zweitens, seit Anfang der 1980er Jahre *ist die Inhaftierungsrate in ganz Westeuropa kontinuierlich und kräftig gestiegen*: in Frankreich, Italien und Belgien um über die Hälfte; in England, Wales, Schweden, Portugal und Griechenland um fast das Doppelte; in Spanien und in den Niederlanden, die lange den anderen Ländern als Vorbilder für eine humane Strafrechtspraxis vorgehalten wurden (Downes 1993), um das Vierfache.

In Wirklichkeit hat mit zwei Jahrzehnten Verzögerung die Tendenz zur strafrechtlichen Behandlung der urbanen Marginalität ganz Westeuropa erfasst, wenn auch (je nach Beschaffenheit des Staates und des sozialen Raums in diesen Gesellschaften) in kleinerem Maßstab und mit drei charakteristischen Abweichungen. Erstens, das Umschwenken zu Law and Order war bei den europäischen Regierungen mehr Lippenbekenntnis als politische Praxis: Die neuen Strafrechtsbestimmungen „bellen" meist lauter als sie „beißen", weil das Gefüge der bürgerlichen Gesellschaft ökonomisch und sozial robuster ist, die Menschenrechtsstandards eine exzessive Kriminalisierung verhindern und die Juristen innerhalb des Staatsapparats einer Ausweitung des Strafrechts entgegenwirken konnten (Snacken 2010). Aber dadurch, dass die „Unsicherheit" hochgespielt und die Verbrechensbekämpfung in den verfallenden Viertel der Unterprivilegierten und um die herum zur Priorität des Regierungshandelns erhoben wurde – noch vor der Bekämpfung der Arbeitslosigkeit in eben diesen „Problemvierteln" – haben sich die staatlichen Prioritäten definitiv zugunsten des Imponiergehabes und des Aktionismus in Sachen Strafrecht verschoben.

Zweitens, europäische Gesellschaften mit traditionell starkem Staat nutzen zur Eindämmung der sozialen Verfallserscheinungen und der Hoffnungslosigkeit in den einkommensschwachen Vierteln eher das erste Glied der Strafrechtskette, die Polizei, und weniger das letzte Glied, das Gefängnis. Ein Beispiel: In Frankreich ist die Häftlingspopulation im Laufe des letzten Jahrzehnts um ein Drittel gestiegen, von 51.000 im Jahr 2000 auf 67.000 im Jahr 2010, aber im selben Zeitraum hat sich die Zahl der Menschen, die verhaftet und über Nacht in Polizeigewahrsam genommen wurden (ein Verfahren, das von französischen Gerichten als Verstoß gegen europäisches Recht angesehen und vor kurzem für verfassungswidrig erklärt wurde), nahezu verdreifacht und fast die extravagante Höhe von einer Million erreicht. Und die überwiegende Mehrheit dieser Verhafteten kommt aus den Vierteln der Ausgegrenzten, wo die prekären Fraktionen des entstehenden urbanen Proletariats, Einheimische wie Immigranten, konzentriert sind (Jobard 2006).

Drittens, statt eines plötzlichen Umschwungs vom sozialen zum strafrechtlichen Armutsmanagement wie in den Vereinigten Staaten haben die Länder auf dem Kontinent zugleich mit dem Ausbau der Polizeiarbeit auch den der sozialstaatlichen Absicherung betrieben, eine in sich widersprüchliche Stoßrichtung, die das weitere Ausgreifen des Strafnetzes zugleich begünstigt und begrenzt hat. Die jüngste Entwicklung in Belgien ist ein exemplarisches Beispiel für diese gleichzeitige Ausweitung des Netzes der sozialen Sicherheit und des Schleppnetzes des Strafrechts. Van Campenhoudt [et al.] (2001) zeigen auf, wie dieser Kompromiss zwischen Ordnungs- und Sozialstaat die Entwicklung eines großen dritten Sektors von staatlich geförderten Interventionen zur „Befriedung" der heruntergekommenen urbanen Zonen mit ihrer Ballung von Armut und postkolonialen Migranten begünstigt hat.

Diese drei Merkmale sind charakteristisch für den „westeuropäischen Weg" zur strafrechtlichen Behandlung der Armut, der sich dann je nach der Struktur des Staates und dem Verständnis von Staatsbürgerschaft in diesen Ländern zu typischen nationalen Wegen ausdifferenziert und eben nicht der der Vereinigten Staaten ist. Sich dem „Washington Consensus" über proaktives Bestrafen anzuschließen, heißt definitiv *nicht*, dass amerikanische Strategien und Muster sklavisch nachgeahmt oder mechanisch kopiert werden müssten. Aber langfristig und makropolitisch gesehen ist der vorherrschende Trend der gleiche: eine straforientierte Neudefinition staatlicher Politik, die die „unsichtbare Hand" des Staates mit der „eisernen Hand" des Strafrechtsstaates verbindet. Das Ergebnis ist, dass das wiederauferstandene Gefängnis schließlich drei Aufgaben erfüllt, die mit Verbrechensbekämpfung nicht viel zu tun haben: Es soll die Fraktionen der postindustriellen Arbeiterklasse unter das Joch der prekären Lohnarbeit zwingen; es soll ihre störendsten oder überflüssigen Elemente aus dem Verkehr ziehen; und es soll den Grenzschutz für die „würdigen" Bürger gewährleisten und dabei der Autorität des Staates in dem begrenzten Bereich Geltung verschaffen, den er sich inzwischen selber zuweist. Bemerkenswert an diesen drei Funktionen ist, dass sie ziemlich genau der Rolle entsprechen, die dem Gefängnis in seinen historischen Anfängen Ende des sechzehnten Jahrhunderts zufiel, wie der holländische Historiker Pieter Spierenburg (1991) gezeigt hat: als „Straßenfeger" und Disziplinierungsinstrument angesichts der anschwellenden Welle der Armen in den Städten und als Demonstration der moralischen Stärke des Herrschers.

KJW: Welchen Zusammenhang sehen Sie zwischen der Law-and-Order-Kampagne und anderen Veränderungen in der Sozialpolitik und in unserer Behandlung der Armen?

LW: Man sollte auf gar keinen Fall den strafrechtlichen Wandel von den gleichzeitigen Veränderungen an den diversen politisch-strategischen Fronten trennen, deren gemeinsame Schnittstelle ein und dieselben unterprivilegierten Populationen und Viertel sind. Die plötzliche Zunahme und Glorifizierung des Strafens ist nämlich Teil eines umfassenderen Strukturwandels des Staates, zu dem auch gehört, dass an die Stelle des Rechts auf *welfare* die Pflicht zur *workfare* tritt (das heißt, die Zwangsteilhabe an unterwertiger Beschäftigung als Voraussetzung für staatliche Unterstützung). Das Zurückfahren der Staatshilfe und das Hochfahren des Gefängnisses sind zwei Seiten einer Medaille, nämlich der politischen Umstrukturierung am unteren Ende der sozialen und urbanen Stufenleiter. Mehr noch, in der Sozial- wie in der Rechtspolitik liegt der straforientierten Wende dieselbe ressentimentgeladene und rassisch determinierte [*racialized*] Sicht der Armen zugrunde: Seit den Revolten der 1960er Jahre wird der Öffentlichkeit ein Bild des Sozialhilfeempfängers und des Kriminellen vorgehalten, in dem diese im wahrsten Sinne des Wortes „angeschwärzt" werden, was die rassisch konnotierte Feindseligkeit weiter angeheizt hat, und nun nicht mehr als *depriviert* – benachteiligt –, sondern als *depraviert* – verkommen – gelten, als Sozialschmarotzer, die nicht etwa der Unterstützung, sondern der strengen Aufsicht bedürfen.

1971 schrieben Frances Fox Piven und Richard Cloward (1993) einen sozialwissenschaftlichen Klassiker mit dem Titel „Regulating the Poor", in dem sie die These vertraten, dass sich Ausbau und Abbau der Armenfürsorge nach den zyklischen Schwankungen des Arbeitsmarkts richten. Dieses Modell hat seit dem New Deal ein halbes Jahrhundert lang funktioniert. Aber im Zeitalter von hypermobilem Kapital und flexibler Arbeit gibt es nun statt zyklischer Schwankungen einen kontinuierlichen Abbau

und schließlich Ersatz der Sozialhilfe durch Überwachungsprogramme, mit deren Hilfe die Sozialhilfeempfänger in den Niedriglohnsektor abgeschoben werden sollen (Peck 2001), und eine entfesselte Bestrafungsbürokratie, die so übereifrig wie angriffslustig ist. Die Beaufsichtigung der Armen allein durch den maternalistischen Arm des Sozialstaats wurde durch die *doppelte Regulierung der Armut* mit Hilfe des paternalistischen Einsatzes von restriktiver „workfare" und expansiver „prisonfare" ersetzt.

Um für diese sozial- und strafrechtspolitischen Entwicklungen einen gemeinsamen analytischen Rahmen zu haben, arbeite ich mit Pierre Bourdieus (1998: 35-63) Konzept des *bürokratischen Felds* (das heißt, des Ensembles der für die Definition und Verteilung von öffentlichen Gütern zuständigen Organisationen). Dieses Konzept besagt, dass Erscheinungsform, Reichweite und Prioritäten des Staates immer zugleich ein Ergebnis, ein Terrain und ein Objekt von Kämpfen sind; es fordert uns dazu auf, die vielen „Hände" des Staates, die an der politischen Produktion von Ungleichheit und Marginalität mitwirken, wieder in einen Zusammenhang zu bringen. Mit diesem Konzept kann ich aufdecken, dass die zur *workfare* umstrukturierte *welfare* und das seines Resozialisierungsanspruchs beraubte Gefängnis nunmehr ein einziges organisatorisches Fangnetz bilden, das über die Armen ausgeworfen wird, wobei die damit ausgeübte Kontrolle geschlechtstypisch aufgeteilt [*gendered division of control*] ist: *workfare* für Frauen und Kinder, *prisonfare* für ihre Männer – also die Männer, Brüder und Söhne eben dieser Frauen.

Meine These dabei ist, dass *Sozialhilfe und Strafrecht zwei Modalitäten staatlicher Armenpolitik sind*, die dementsprechend auch unbedingt zusammen analysiert – und verändert – werden müssen. Man muss sich folgendes klar machen: Erstens, Armenfürsorge und Gefängnis haben einen gemeinsamen historischen Ursprung: Beide wurden im „langen sechzehnten Jahrhundert" erfunden, um die durch den Übergang vom Feudalismus zum Kapitalismus sozial entwurzelten Nichtsesshaften einzupferchen und ihnen die Ethik der

Lohnarbeit beizubringen (Gieremek 1991). Zweitens, abgesehen von der umgekehrten Vergeschlechtlichung [*gender inversion*] ist das soziale Profil von Sozialhilfeempfänger(inne)n und Gefängnisinsassen (nach Klasse, ethnischer Zugehörigkeit, Bildung, Wohnverhältnissen, Gewalterfahrung usw.) nahezu identisch, denn beide rekrutieren sich aus denselben marginalisierten Sektoren der ungelernten Arbeiter – ja, sie kommen aus denselben, in denselben Wohnvierteln festsitzenden Haushalten, die die primären Zielgruppen der neuen Politik der „doppelten Disziplinierung" sind.

Drittens, überwachende *workfare* und neutralisierendes Gefängnis folgen derselben Philosophie des moralischen Behaviorismus und wenden zur „Besserung" des Verhaltens ihrer Klienten dieselben Kontrolltechniken an, einschließlich Stigmatisierung, Überwachung, restriktiver Strafmaßnahmen und abgestufter Sanktionen. *Workfare* wird genauso gehandhabt wie die Programme für Haftentlassene, die sich durch Arbeit bewähren müssen: Sozialhilfeempfänger müssen genau wie diese ihre Arbeitswilligkeit unter Beweis stellen, indem sie bestimmte Verhaltensanforderungen erfüllen – selbst wenn es gar keine Arbeit gibt oder sie mit der vorhandenen Arbeit ihre Familien nicht ernähren können (Collins und Mayer 2010). In manchen Bundesstaaten stehen TANF[4]-Empfänger in derselben Schlange wie diese Haftentlassenen, um sich ihrem monatlichen Drogentest zu unterziehen und so ihren Anspruch auf Unterstützung zu wahren. In anderen wandern diese Haftentlassenen, wenn sie keine Arbeit finden und deshalb obdachlos werden, zurück ins Gefängnis, weil sie keinen festen Wohnsitz nachweisen können.

VE: *Können Sie genauer erklären, was Sie mit „prisonfare" und den Alternativen dazu meinen?*

LW: Als der bürokratische Arm der Nation kann der Staat drei Wege beschreiten, um Abhilfe für unerwünschte Lebensbedingungen und Verhaltensweisen zu schaffen. Er kann sie „sozialisieren", indem er sie an ihren Wurzeln in der kollektiven Organisation der Gesellschaft angeht. Er kann sie „medikalisieren", indem er sie als individuelle pathologische Erscheinungen

behandelt. Oder er kann sie „kriminalisieren", indem er seine Exekutivorgane ausbaut und auf die Problempopulationen ansetzt. Denken Sie nur an die drei möglichen Reaktionen auf Obdachlosigkeit: Angebot von Sozialwohnungen, Angebot von psychiatrischer Versorgung oder Abschieben der auf der Straße aufgegriffenen menschlichen Wracks ins Gefängnis. In den letzten drei Jahrzehnten haben wir überall in dem Maße, wie die Obdachlosen in den Großstädten der entwickelten Gesellschaften zur Dauererscheinung wurden, einen Trend von der sozialen zur strafrechtlichen Behandlung dieser Frage erlebt, mit schwach ausgeprägter Medikalisierung und „Zwangstherapie" als Puffer oder Zwischenstation zwischen diesen beiden (Bourgois und Schoenberg 2009, Gowan 2010).

Das Konzept der *prisonfare* habe ich in Analogie zur *welfare* entwickelt, um jenen Strom von politisch-strategischen Maßnahmen – einschließlich Kategorien, Programmen und Diskursen – zu kennzeichnen, mit denen der Staat durch den Einsatz von Polizei, Gerichten, Gefängnissen und allem, was dazugehört, die urbanen Übel zu bekämpfen versucht. Das schließt die Überwachung von Straftätern ein, deren Strafen zur Bewährung ausgesetzt sind oder die unter Auflagen vorzeitig entlassen wurden – das betrifft heute in den USA fünf Millionen Individuen, zusätzlich zu den über zwei Millionen hinter Schloss und Riegel; und es schließt die Freigabe von elektronischen Kriminaldatenbanken ein, in denen rund dreißig Millionen Individuen erfasst sind, sowie die Verbreitung von Profiling- und Überwachungsprogrammen, die mit diesen Datenbanken arbeiten (etwa für die mittlerweile völlig normal gewordenen „Background Checks", die von Arbeitgebern und Immobilienmaklern durchgeführt werden und dafür sorgen, dass strafrechtliche Sanktionen eine Wirkung weit über die Gefängnismauern und die verbüßte Strafe hinaus entfalten). Weiter gehören zur *prisonfare* auch die griffigen Begründungsformeln und der Wirbel der Verbrecherbilder, die von Wissenschaftlern und Politikern ebenso in Umlauf gebracht werden wie von der Kulturindustrie, die sich die Verbrechensangst zunutze macht und die öffentliche Kultur der

Verbrecherschelte immer wieder anheizt (der städtische Kriminalbericht als fester Bestandteil der Abendnachrichten, „Reality Shows" wie „Cops und America's Most Wanted", und das Rund-um-die-Uhr-Gekeife von Nancy Grace auf CNN).

Sehen Sie, mit Kriminalisierung sind ja nicht nur die Gefängnisstrafen gemeint. Sie geht weit über die *prisonfare* im engeren Sinne hinaus und zeigt sich eben auch in der Umstrukturierung der sozialen, bildungsbezogenen, medizinischen und sonstigen wohlfahrtsstaatlichen Agenturen in Richtung einer rein panoptischen und straforientierten Funktionsweise, deren Ziel es ist, Problempopulationen und –territorien durch Überwachung zu disziplinieren, statt ihren Bedürfnissen zu dienen. Dies ist zum Beispiel der Fall, wenn staatliche Schulen im Innenstadtbereich in Festungen verwandelt werden, in denen es vor allem darum geht, Verhaltensstandards durchzusetzen, das Schulschwänzen zu bekämpfen und die Jugendkriminalität einzudämmen – auf Kosten der Bildungsfunktion (Lyons und Drew 2006).

KJW: *Sie stellen fest, dass sich die Strafrechtler und die Wissenschaftler, die sich mit Sozialpolitik befassen, kaum für die Arbeit der jeweils anderen interessiert haben. Warum ist das so, und warum ist es wichtig?*

LW: In diesem wechselseitigen Nicht-zur-Kenntnis-Nehmen spiegelt sich die Tatsache wider, dass die meisten Wissenschaftler das Objekt ihrer Studien so übernehmen, wie es in der Wirklichkeit vorkonstruiert und von den Interessen der Staatsvertreter vorgegeben ist. Es hat aber auch mit dem Trägheitseffekt von Institutionen und mit so etwas wie einem intellektuellen Rückstand zu tun. Ende des neunzehnten Jahrhunderts kam es zur Entkoppelung der sozialen von der strafrechtlichen Frage, mit dem Aufstieg der Gewerkschaften und der Sozialarbeit auf der einen und der Entwicklung von Strafkammern und Besserungsanstalten auf der anderen Seite. In dem Maße, wie für diese beiden Problembereiche jeweils eigene Institutionen zuständig wurden, wurden sie auch von eigenen akademischen Disziplinen untersucht, für die die beiden Sachpole Sozialverwaltung

und Kriminologie stehen. Aber Ende des zwanzigsten Jahrhunderts kam es dann mit dem Zerfall des fordistisch-keynesianischen Wirtschaftsmodells, das auf stabiler Fabrikarbeit und sozialer Absicherung beruhte, zu einer erneuten Fusion und Konfusion der sozialen und der strafrechtlichen Frage.

Kurz, die herkömmlichen Definitionen von „Sozialfürsorge" und „Strafrecht" sind Produkte eines von der historischen Wirklichkeit überholten politischen und wissenschaftlichen *common sense*. Man kann sich heutzutage nicht mit dem Strafrecht befassen, ohne die Sozialpolitik einzubeziehen, und umgekehrt. Man kann Trends bei den Delikten nicht verstehen, ohne die Umbrüche zu berücksichtigen, die bei Sozialhilfe, Sozialwohnungen, Pflegeunterbringung und verwandten staatlichen Programmen einschließlich der Überwachung der illegalen Einwanderung stattgefunden haben (Brion et al. 2003) und die über die Lebenschancen der Populationen entscheiden, die (als Täter wie als Opfer) für Straßenkriminalität am anfälligsten sind. Ein Beispiel: Aufgrund von Änderungen im Sozialrecht dürfen in den USA Strafgefangene, die wegen Verstößen gegen das Betäubungsmittelgesetz einsitzen, nach ihrer Entlassung nicht bei ihrer Familie leben, wenn diese in einer Sozialwohnung wohnt oder Wohngeld bezieht – ein Verbot, das interessanterweise nicht für entsprechende Straftäter aus den oberen Klassen gilt, die in Häuser zurückkehren, die ebenso staatlich bezuschusst werden, nämlich in Gestalt von Steuererleichterungen für Hypothekenzinszahlungen. Umgekehrt kann man die Irrwege von Sozialhilfeempfängern nicht nachvollziehen, wenn man nicht berücksichtigt, dass sie in Haushalten und Wohnvierteln leben, die notgedrungen in illegale Aktivitäten verstrickt und durch das ständige Dazwischentreten von Polizei und Gefängnis destabilisiert sind (Black 2010). Wie sollen Innenstadtbewohner auch nur ein Mindestmaß an sozialer Stabilität erreichen, wenn die eine Hälfte ihrer jungen Männer hinter Gittern sitzt und die andere Hälfte wegen der allgegenwärtigen „Leumundsprüfungen" keine Arbeit findet (Clear 2007)?

Das alles heißt, dass der Strafrechtsstaat eine Haupttriebkraft der Stratifizierung ist, eine ständige Quelle von sozialer Instabilität und eine machtvolle kulturelle Maschinerie, die die Gestalt der Innenstadt und das Geschick der Armen maßgeblich beeinflusst. Wie nie zuvor beschneidet er die Chancen der marginalen Fraktionen der postindustriellen Arbeiterklasse und kippt das System ihrer Lebensunterhalts- und Mobilitätsstrategien. Kein ernstzunehmender Wissenschaftler, der sich mit Armut und Ungleichheit befasst, kann es sich leisten, darüber hinwegzusehen. Also sage ich: Sozial- und Strafrechtler aller Länder, vereinigt euch, ihr habt nichts zu verlieren als eure Denk-Ketten!

KJW: *Sie vertreten die These, dass die Verzahnung von „workfare" und „prisonfare" Teil der neoliberalen Neuaufstellung des Staates ist. Können Sie den neoliberalen Staat definieren?*

LW: Die Auffassung von Neoliberalismus, die die Ökonomen vertreten und der sich die anderen Sozialwissenschaftler nach und nach angeschlossen haben, setzt ihn gleich mit „freier Marktwirtschaft" und „schwachem Staat" (Steger und Roy 2010). Das Problem ist, dass damit die Ideologie des Neoliberalismus erfasst wird, nicht aber seine Realität. Die vergleichende Soziologie der real existierenden Neoliberalismen zeigt, dass Neoliberalismus überall mit der Bildung eines *Kentaurenstaats* einhergeht, der oben liberal und unten paternalistisch ist. Gegenüber den Unternehmen und den oberen Klassen, auf der Ebene der Ursachen für Ungleichheit, praktiziert der neoliberale Leviathan *laissez faire* und *laissez passez*. Aber wenn es um die destruktiven Folgen der ökonomischen Deregulierung am unteren Ende des Klassen- und Statusspektrums geht, ist er entschieden interventionistisch und autoritär. Das kommt daher, dass die Durchsetzung von Marktdisziplin kein Selbstläufer ist: Sie stößt auf Unbotmäßigkeit, sie weckt Widerstand; in der Unterklasse kommt sie als ausufernde soziale Instabilität und Unruhe an; und in der Praxis unterminiert sie die staatliche Autorität. Also muss sie institutionell verankert und abgestützt werden, und dazu gehört eben auch eine erweiterte und dynamische Strafrechtsinstitution (Wacquant 2010a).

Gegen den „dünnen" Begriff der Ökono-men schlage ich eine „dichte" soziologische Beschreibung des Neoliberalismus vor, die der Vorherrschaft des Marktes noch drei weitere Komponenten hinzufügt: eine überwachende *workfare*, einen invasiven Polizei- und Gefängnisapparat und das kulturelle Mantra von der „Eigenverantwortung", das alles zusammenschweißen soll. „Bestrafen der Armen" zeigt, dass der hypertrophe und hyperaktive Strafrechtsstaat, den Amerika aufgebaut hat, um die Auswirkungen von sozialer Unsicherheit und Projektsouveränität in Schach zu halten, keine Abweichung vom Neoliberalismus ist, sondern einer seiner Grundbausteine. Überdies springt der Kausalzusammenhang zwischen ökonomischer Neoliberalisierung und Strafrechtsexpansion geradezu ins Auge, sobald man sich international umschaut (Cavadino und Dignan 2006, Wacquant 2009b): Nicht zufällig hat sich England unter Blair zum größten westeuropäischen Haftstrafen-Verhänger hochkatapultiert, und nicht zufällig nimmt in Südamerika Chile diesen Titel für sich in Anspruch, die erste Versuchsstation, in der der Neoliberalismus „am lebenden Objekt" getestet wurde.

KJW: *Ist dieser Kentaurenstaat das Ergebnis eines bewusst herbeigeführten politischen Kurswechsels?*

LW: Das ist eine schwierige Frage: Staatliche Politik ist immer das Ergebnis einer Mischung aus Zielsetzungen von oben, bürokratischem Gerangel, organisatorischen Reibungsverlusten, praktischem Herumprobieren und Buhlen um Wählerstimmen. Das heißt, es gibt durchaus einen auf mehreren Ebenen operierenden politischen Willen, aber die neoliberale Neudefinition des Staats insgesamt ist nicht das Ergebnis einer rationalen Strategie. Und schon gar nicht in Amerika mit seinem extrem aufgesplitterten bürokratischen Feld.

Ich bin nun mal ein ausgesprochener Gegner jeder verschwörungstheoretischen Sicht der Geschichte, die meint, die straforientierte Wende auf einen bewussten, von allwissenden Regierenden ausgeheckten „Plan" oder auf die systemischen Notwendigkeiten irgendeiner großartigen Struktur, ob Kapitalismus, Rassismus oder Panoptismus, zurückführen zu

müssen. Gegenüber dem dämonischen My-
thos vom „gefängnis-industriellen Komplex"
(Davis 2001) weise ich nach, dass hinter dem
Gefängnisboom nicht das Profitstreben steht
(privatwirtschaftliche Interessen sind beim
Bestrafen nur ein Nebenschauplatz), und
schon gar nicht der Wille, die Arbeitskraft
von Strafgefangenen auszubeuten (wie auch,
wenn weniger als 0,5% der Gefängnisinsassen
von Firmen beschäftigt werden?), sondern dass
er Teil eines politischen Projekts zur Neudefinition des Staates ist. Und gegenüber der auf
Foucault (1977) zurückgehenden Sicht vom
überall fangarmartig vordringenden Strafen
zeige ich, dass der sich entfaltende Strafrechtsstaat nicht kapillarförmig verästelt die ganze
Gesellschaft durchdringt, sondern ganz gezielt
die stigmatisierten Populationen aufs Korn
nimmt, die am unteren Ende der Klassen- und
Raumhierarchie festsitzen. Heute lebt zwar
Amerikas Subproletariat in einer „strafenden
Gesellschaft", aber Amerikas Mittel- und
Oberklasse ganz sicher nicht – und das gilt
auch für die schwarze Bourgeoisie, die bemer-
kenswerterweise von der Strafrechtsexpansion
profitiert hat (Wacquant 2010b).

Einer der großen Vorzüge von Bourdieus
Konzept des bürokratischen Felds ist, dass
es uns zwingt, die bequeme Vorstellung vom
„Staat" als einer kohärenten und als solcher
agierenden Größe aufzugeben und ihn als
einen zersplitterten Raum von Kämpfen um
die Selektion, Definition und Behandlung
von „sozialen Problemen" zu begreifen. Es
stößt uns darauf, dass die Verzahnung von
workfare und *prisonfare* nicht die Ausgeburt
einer böswilligen Strategie ist, sondern das
Ergebnis der allmählichen und partiellen
Konvergenz von Kämpfen, die sowohl gegen
das bürokratische Feld als auch innerhalb des
bürokratischen Felds ausgetragen werden, und
zwar über drei staatliche Handlungsströme,
die jeweils den Niedriglohnsektor, die Sozialhilfe und das Strafrecht betreffen. Jeder dieser
Kampfplätze hat seine eigenen Protagonisten
und seine eigenen Kampfziele, aber seit Mitte
der 1970er Jahre sind sie durch eine Reihe
von Tatsachen miteinander verknüpft: Sie
betreffen ein und dieselbe verachtete Klientel;
sie werden durch ein und dieselbe Brille von

moralischem Behaviorismus und Rassenstigma
gesehen; und die politischen Institutionen und
die staatsbürgerliche Kultur des Landes winken
mit immensen Belohnungen für die straforientierte Gleichbehandlung von Sozialhilfeempfängern und Kriminellen, die außerdem
die Vorzugskandidaten für entwertete Arbeit
und zugleich das Gegenteil des guten Staats-
bürgers sind. Aber wie der Neoliberalismus
ist auch der gefräßige Strafrechtsmoloch, den
sich Amerika herangezüchtet hat, keine vom
Schicksal bestimmte Notwendigkeit. Es gab –
und es gibt immer noch – andere historische
Wege aus den Turbulenzen der 1960er Jahre,
aber um sie zu finden, müssen wir uns erst
einmal Klarheit über die Gesamtarchitektur
des institutionellen Labyrinths verschaffen,
in dem sie enthalten sind.

KJW: *Ist das der Grund, warum Sie die Law-
and-Order-Kampagne als eine symbolische
Zurschaustellung verstehen, die Sie mit der Por-
nografie vergleichen? Was meinen Sie damit?*

LW: Eine der Herausforderungen bei
„Bestrafen der Armen" besteht in der Überwindung des rituellen Gegensatzes zwischen
den materialistischen Ansätzen, die von Marx
herkommen (und von Friedrich Engels, dessen
gesellschaftliche Analyse von Marginalität und
Recht nie gebührend gewürdigt wird), und
den symbolischen Ansätzen, die auf Émile
Durkheim zurückgehen. Der materialistische
Ansatz, für den exemplarisch Rusche und
Kirschheimer (2003) mit ihrem „Punishment
and Social Structure" stehen, begreift Sozialhilfe
und Strafrecht als Instrumente der Klassenherrschaft, der symbolische Ansatz, etwa bei Kai
Erikson (1966), „Wayward Puritans", versteht
sie als Vehikel, um Botschaften an den Mann
zu bringen, Normen zu kommunizieren und
Gemeinschaften zusammenzuhalten. Tatsächlich aber ist der Strafrechtsstaat als Institution
vielschichtig und komplex genug, um gleichzeitig oder nacheinander alle beide Register zu
ziehen, so dass wir der Erbfeindschaft zwischen
diesen beiden Sichtweisen ein Ende setzen und
sie dem Gegenstand entsprechend miteinander
verbinden müssen. Die Stärke von Bourdieus
Theorien (1990) an dieser Front liegt ja gerade
darin, dass sie uns zwingen, materielle und

symbolische Faktoren zu einer Analyse zu integrieren, die beide umfasst.

Gerade in einer Zeit, in der die Strafrechtspolitik zunehmend von lautstark vorgetragenen und geradezu Amok laufenden Überlegungen angetrieben wird, die vor allem mit der reißerisch aufgemachten Vorführung von Strafmaßnahmen arbeiten, kommt es entscheidend darauf an, die Aufmerksamkeit auf die symbolischen Dimensionen des Strafens zu richten. Gestützt auf die Arbeit von Linda Williams (1999) über den „Rausch des Sichtbaren" in der Hard-Core-Pornografie versuche ich deutlich zu machen, wie Polizeiarbeit und Bestrafung mit ritualisierten, repetitiven und vorhersagbaren Figuren neu besetzt und zur erregenden *Vorführung* umarrangiert wurden. Verbrechensbekämpfung ist überall zu einem grotesken staatsbürgerlichen Moral-Theater mutiert, das die gewählten Politiker benutzen, um ihre Mann- und Wehrhaftigkeit zu inszenieren und die „unwürdigen" Armen zu verunglimpfen und auf diese Weise das Legitimitätsdefizit auszugleichen, unter dem sie leiden, wenn sie von der dem Staat obliegenden Schutzfunktion an der sozialen und ökonomischen Front abrücken. Politiker empfehlen Maßnahmen wie Ausgangsverbote für Jugendliche, automatische Verhängung von lebenslanger Haft für Rückfalltäter oder Arbeitseinsätze von aneinander geketteten Sträflingen in gestreiften Uniformen, die unter den praktischen Gesichtspunkten der Verbrechensbekämpfung völlig sinnlos sind – wenn sie ihnen nur zupass kommen, um Rachegelüste zu kanalisieren und die Grenzen zwischen „uns", den gesetzestreuen, arbeitenden Familien, und „ihnen", der verruchten Unterklasse, zu dramatisieren.

Die fieberhaft vorangetriebene Kampagne der schwarzen Listen zur Identifizierung und Austreibung von Sexualstraftätern, die ich im siebenten Kapitel von „Bestrafen der Armen" analysiere, ist in dieser Hinsicht eine Art Testfall. Unter dem Gesichtspunkt einer rationalen Verbrechensbekämpfung, wie ihn die Mainstream-Kriminologie einnimmt, oder nach der Logik der Klassenherrschaft, die von der politischen Ökonomie des Strafens vertreten wird, ist sie überhaupt nicht zu begreifen. Die Verbreitung von Gesetzen wie „Megan's Law" (nach dem ehemalige Sexualstraftäter registriert und öffentlich bekannt gemacht werden müssen) ausgerechnet zu einem Zeitpunkt, zu dem die Zahl der Sexualdelikte abnimmt, ist vom Standpunkt der instrumentellen Vernunft her gesehen widersinnig: Sie verschwendet die knappe Ressource Strafrecht und unterwirft Ex-Sexualstraftäter immer neuen Demütigungen, nötigt sie zum Versteckspiel und erhöht damit die Rückfallwahrscheinlichkeit. Bedenkt man jedoch die emotionalen und kulturellen Dimensionen solcher Maßnahmen, sind sie durchaus sinnvoll: Behandelt man Sexualstraftäter als Sozialmüll, der verbrannt gehört, lässt sich die kollektive Angst um Arbeitsplatz, Familie und Sexualität ab- und auf diese verabscheuungswürdigen Gesetzesbrecher hinlenken und damit im übertragenen Sinne die moralische Einheit derer zementieren, die sich über den Gegensatz zu ihnen definieren. Also hat das symbolische Spiel der Anprangerung von Sexualstraftätern durchaus eine materielle Grundlage; aber diese semiotische Safari hat ihrerseits konkrete materielle Folgen für das staatliche Handeln; und beides ist verwoben mit der Neudefinition des Staates.

VE: *Was steckt eigentlich hinter der Law-and-Order-Rhetorik und -Politik? Sie sagen, sie habe nichts mit Repression und alles mit „Produktion" zu tun?*

LW: Das pornografische Law-and-Order-Theater ist Teil dessen, was Kenneth Burke (1966) einen „terministic screen" nennt, einen bestimmte Dinge ausblendenden und andere hervorhebenden Filter: eine ritualisierte kulturelle Aufführung, die von der neuen sozialen Frage zu Beginn des einundzwanzigsten Jahrhunderts ablenkt, nämlich der Verallgemeinerung der prekären Arbeit und ihrer vielfältigen Auswirkungen auf die Lebenschancen und Lebensstrategien des postindustriellen Proletariats – was man die Alltagsmisere des Prekariats in der sich polarisierenden Stadt nennen könnte.

Wenn ich sage, wir müssen aufhören, die derzeitigen Permutationen des Bestrafens mit „Unterdrückung" zu erklären, dann ist das keine rhetorische Floskel. Die Erzählung von der

Unterdrückung ist Teil des diskursiven Nebels, mit dem sich die Neudefinition der Mittel, Zwecke und Begründungen staatlichen Handelns umgibt. Der Aufbau des Strafrechtsapparats hat nichts mit der Unterdrückung von irgendetwas zu tun, was schon da wäre; er hat mit der Produktion von neuen Realitäten zu tun: neue Sozialtypen, etwa der „Gruppenvergewaltiger" aus dem Ghetto und der herumstreunende „Pädophile"; neue Wissensgebiete, etwa die „Broken-Windows-Theorie" – eine Legende – und neue Sicherheitsberater, weltweit agierende Hausierer mit urbanen Sicherheitskonzepten; neue, auf bestimmte städtische Zonen und ihre Bewohner gerichtete staatliche Programme, Bürokratien und Rhetoriken; und schließlich eine andere Art Staat. Die Linken beiderseits des Atlantiks, die auf die „Strafmaschinerie" schimpfen – in Amerika auf die Chimäre vom „gefängnis-industriellen Komplex", in Frankreich auf ein teuflisches *„programme sécuritaire"* –, merken gar nicht, dass die Verbrechensbekämpfung nur ein willkommener Vorwand und eine hervorragende Plattform ist, um den Zuständigkeitsbereich des Staates zu erweitern und neu zu definieren, und zwar gleichzeitig an der ökonomischen, der sozialstaatlichen und der strafrechtlichen Front.

VE: Mit der gegenwärtigen Finanzkrise gerät die „prisonfare" gewaltig unter Druck. Viele US-Bundesstaaten haben drastische Ausgabenkürzungen im Justizsektor vorgenommen. New Mexico und Connecticut haben die Todesstrafe abgeschafft; Arizona möchte das ganze System seiner Strafanstalten privatisieren; Kalifornien exportiert immer mehr Strafgefangene in private Strafanstalten anderer Bundesstaaten. Wie sehen Sie diese Entwicklungen, sind sie Vorbote eines Rückbaus des Strafrechtsstaats oder Teil einer weiteren Kommerzialisierung der „prisonfare"?

LW: In den Vereinigten Staaten hat es seit 1945 zwölf Rezessionen und fast genauso viele Sparhaushalte gegeben. Aber die Haushaltskrise, vor der die Bundesstaaten, Counties und Städte seit dem Zusammenbruch der Finanzmärkte im Herbst 2008 stehen, hat es seit der Großen Depression in dieser Breite und Tiefe nicht mehr gegeben. 44 von 50

Bundesstaaten sind mit zusammengenommen gut 120 Milliarden Dollar in den roten Zahlen. Bevölkerungsreiche Bundesstaaten mit aus den Nähten platzenden Gefängnissen wie Kalifornien, Texas, New Jersey und Illinois stehen 2011 vor einem Haushaltsdefizit von über 20%. Das führt zwangsläufig zu einer pauschalen, wenn auch willkürlichen Neudefinition der staatlichen Prioritäten und zu einem wüsten Gerangel um Ausgabenkürzungen, und dies eben auch bei Polizei, Justiz und Strafvollzug. Es bietet sich also eine *einmalige Gelegenheit*, den Strafrechtsstaat zurückzufahren, was auch daran zu sehen ist, dass zwei Dutzend Bundesstaaten im letzten Jahr weniger Mittel für die Gefängnisse bewilligt haben. Aber weder legt ihn das automatisch lahm, noch ist es eine Garantie für seinen dauerhaften Rückzug.

Erstens, frühere Finanzkrisen haben, wie Marie Gottschalk (2010) ganz richtig betont, keineswegs zu einer Reduktion des Gefängnissektors geführt, ganz im Gegenteil. So hat Roosevelts New Deal zur Bekämpfung der Großen Depression den Anstoß zu einer beispiellosen Expansion von Polizei und Justiz und des Federal Bureau of Prisons[5] gegeben, eine Form von politischer Unterstützung und ökonomischer Subvention. Das hat sich 2009 mit Obamas staatlichem Konjunkturpaket wiederholt, unter dem Vorwand, diese Programme seien „sofort umsetzbar", zusätzliche Milliarden in den Polizeiapparat und die Bekämpfung der Drogen-Kleinkriminalität gepumpt wurden. Zweitens, die Ausgaben für den Strafvollzug sind zwar tatsächlich rapide gestiegen und stellen mittlerweile den viertgrößten Posten in den Staatsausgaben dar, machen aber zusammengenommen immer noch nur 3,5% der Gesamtausgaben aus, weit hinter denen für Bildung (32%), Medicaid[6] (21%) und Transport und Verkehr (8%). Als Quelle für Einsparungen auf nationaler Ebene sind sie also nicht besonders ergiebig. Die Gesundheitsdienste für Bedürftige zusammenzustreichen, Buslinien einzustellen (die ja auch vorwiegend den Armen in den Städten zugute kommen) und selbst Lehrer zu entlassen, ist in vielerlei Hinsicht effektiver als Gefängnisse zu schließen. Trotz all des Geredes von „vorbeugender Verbrechensbekämpfung", kürzeren Haftstrafen für nicht gewalttätige

Straftäter und für Haftentlassene, die gegen ihre Bewährungsauflagen verstoßen, von verstärkter Hinwendung zu einer „problemlösungsorientierten" Rechtsprechung und einer Ausweitung der „alternativen" Sanktionen, etwa gemeinnütziger Arbeit, sind 2010 die Ausgaben für den Strafvollzug nur in 4 Bundesstaaten um mehr als 5% gekürzt worden (Vera Institute 2010: 8). Und die Gesamtzahl der Häftlinge in den USA ist nicht gesunken, trotz stetig abnehmender Kriminalitätsraten: Der Pew Center Report, der 2010 den „ersten landesweiten Rückgang" der Häftlingspopulation „seit 38 Jahren" feierte, hat nicht sachgemäß darauf hingewiesen, dass der Rückgang von 4.777 Häftlingen in den Gefängnissen, für die die jeweiligen Bundesstaaten zuständig sind – ein unsichtbarer Rückgang von 0,3% –, durch die Zunahme von 6.838 Häftlingen in den Bundesgefängnissen mehr als wettgemacht wird (Pew 2010).

Bisher jedenfalls finde ich die Anpassungsfähigkeit des Strafrechtsstaats und sein außerordentliches Stehvermögen trotz schwerem ökonomischem Schock weitaus eindrucksvoller als die begrenzten Kürzungen aufgrund knapper Haushaltmittel und die punktuellen, per Gericht verfügten Entlassungen (von denen derzeit zum Beispiel Kalifornien heimgesucht wird); was beides von einer organisierten und nachhaltigen Politik zur Reduzierung der Freiheitsstrafen sowieso weit entfernt ist. Tatsächlich gingen, wie ich in Kapitel 5 von „Bestrafen der Armen" zeige, die Bemühungen um eine Kostenreduktion im Strafvollzug mit dem Trend zur Hyper-Inhaftierung Hand in Hand; und obwohl sie sich als höchst ineffizient erwiesen haben, dürften sie sich noch intensivieren. Eine Regierung, die ihre Ausgaben für den Strafvollzug kürzen will, hat die Wahl zwischen fünf Techniken, wobei alle fünf letztlich wenig ergiebig sind (siehe auch Wacquant 2002). Die erste ist, das Niveau der Dienstleistungen und den Lebensstandard in den Strafvollzugsanstalten zu senken, indem man die Bildungs- und Ausbildungs- sowie die Resozialisierungsprogramme zusammenstreicht und bei der Drogentherapie, beim Essen und bei sonstigen „Vergünstigungen" wie Sport, Besuchsrechten und Zugang zur Rechtshilfe spart. Aber Resozialisierungsmaßnahmen machen in der Regel

ganze 5% der jährlichen Kosten im Strafvollzug aus; Bildungs- und Ausbildungsangebote wurden schon in den 1990er Jahren bis zur Bedeutungslosigkeit ausgehöhlt; und manche Programme (wie juristische Büchereien) sind per Gerichtsbeschluss vorgeschrieben. An dieser Front ist also sowieso nicht viel zum „Abspecken" übrig. Die zweite Technik ist, technologische Innovationen einzuführen, vor allem elektronische und video-basierte Identifikations-, Kommunikations- und Überwachungssysteme, mit deren Hilfe man mehr Häftlinge mit weniger Wachpersonal in Haft halten kann – der letzte Schrei in dieser Kategorie sind Telemedizin und „Energieeffizienz". Aber auch diese Option ist sehr begrenzt, denn technologische Investitionen sind kostspielig, die sozialen und ökologischen Strukturen von Gefängnissen sind rigide, und die Organisations- und Arbeitsabläufe in den Strafanstalten sind gegen Veränderungen von außen äußerst resistent. Die dritte Technik besteht darin, einen Teil der Kosten des Strafvollzugs auf die Häftlinge und ihre Familien abzuwälzen. Seit Mitte der 1990er Jahre sind rund dreißig Bundesstaaten und Dutzende der großen städtischen Counties dazu übergegangen, den Häftlingen Gebühren für Gerichtsverfahren und Aufnahmeprozeduren, Unterkunft und Verpflegung, Mietuniformen, Wäsche und Elektrizität abzuverlangen; außerdem wurden Zuzahlungen für Klinikaufenthalte und Medikamentenvergabe eingeführt und die Gebühren für Telefonate nach draußen erhöht. Aber die Beträge, die bei alledem zusammenkommen, sind kläglich, was einfach daran liegt, dass die Häftlinge und ihre Familien bitter arm sind (zwei Drittel der Gefängnisinsassen kommen aus Haushalten mit *Einkommen noch unterhalb der Hälfte der Armutsgrenze*); und Bemühungen, die „Haftschulden" von Strafgefangenen nach ihrer Entlassung einzutreiben, kosten mehr Geld, als sie einbringen.

VE: *Und was ist mit der Privatisierung?*

LW: Dazu komme ich jetzt. Die vierte Technik zur Kostendämmung im Strafvollzug ist die Wiedereinführung von ungelernter Lohnarbeit für Häftlinge; und die fünfte ist die Privatisierung von Strafanstalten; beides hängt insofern zusammen, als es bei beiden heißt, der Arbeitsmarkt soll es richten und den Strafrechtsstaat retten (Wacquant 2009a: 168-184). Damit sind wir im Bereich des Imaginären, wo der Strafrechtstraum der Rechten auf den Strafrechtsalbtraum der Linken trifft und ihm neue Nahrung gibt: Die Rechten möchten die Gefängnisse kommerziellen Firmen übertragen und die Häftlinge arbeiten und auf diese Weise für ihren Unterhalt aufkommen lassen; die Linken sind überzeugt, dass das längst geschehen ist oder doch demnächst in großem Maßstab geschieht. Beide geben sich Fantasievorstellungen hin und sehen nicht die Realität. In Wirklichkeit ist Lohnarbeit hinter Gittern ein marginales Phänomen ohne große Wachstumschancen. Das nationale „Private Industry Enhancement Program" (PIE) zur Schaffung von Arbeitsplätzen in Gefängnissen läuft seit zwei Jahrzehnten mit Verlust und schafft nichts als staatlich subventionierte Pseudoarbeit. Die Einstellung bei Privatunternehmen hat immer nur eine winzige Minderheit der Strafgefangenen betroffen (um das Jahr 2000 herum, als die Häftlingspopulation auf ihrem höchsten Stand war, waren es weniger als ein halbes Prozent) und wird als Sparpolitik auch nie in größerem Maßstab eingesetzt werden, weil sie jeder Menge nicht abänderbarer praktischer, ökonomischer, politischer und rechtlicher Einschränkungen unterliegt – so braucht, um nur eine davon zu nennen, nur die Beschäftigungsrate bei den Häftlingen zu steigen, und schon beginnen die Wähler zu murren, weil sie ihnen „die Arbeitsplätze wegnehmen".

Ein ähnliches Auf und Ab hat es bei der Privatisierung von Gefängnissen gegeben, die ohnehin immer nur ein Nebenschauplatz war. Zur Zeit befinden wir uns in einer Expansionsphase, in der die Privatisierung als *die* Lösung für die Kostendämpfung im Strafvollzug angepriesen wird. Drei Dutzend Bundesstaaten sind auf kommerzielle Betreiber umgestiegen, und manche, wie Florida, Ohio und Arizona, planen in aller Hast die Überführung großer Häftlingskontingente in private Gefängnisunternehmen. Aber auch das wird nicht viel nützen, und zwar aus zwei Gründen. Erstens, Gefängnisunternehmen wollen nicht Massen von Häftlingen managen, da sie auf Dauer nur

mit einer „handverlesenen" Klientel Profit machen können; also: keine Hochsicherheitstrakte; keine Schwerverbrecher mit langem Vorstrafenregister; und vor allem keine älteren und keine physisch oder psychisch kranken Häftlinge (in Arizona werden Häftlinge, die ihre vertraglich festgelegte „medizinische Gesamtpunktzahl" überschreiten, sofort in die staatlichen Strafanstalten zurückverlegt). Auch Frauen sind unbeliebt, denn sie verursachen höhere Kosten für Gynäkologie und Entbindungen.

Der zweite Grund für die begrenzten Aussichten der Privatisierung des Strafvollzugsapparats sind die Kosten: Rechnet man nämlich alle Ausgaben zusammen, einschließlich der Steuererleichterungen, Abschreibungsvorteile und Infrastruktur-Subventionen, in deren Genuss sie kommen, erweisen sich die kommerziellen Betreiber als marginal *teurer* als der staatliche Sektor. Das ist immer wieder nachgewiesen worden. So kam erst vor kurzem in Arizona eine dreijährige wissenschaftliche Untersuchung (Maximus 2009), die der Gouverneur in Auftrag gegeben hatte, um die Einsparungen im Staatshaushalt nachzuweisen, zu dem Ergebnis, dass die Gefängnisprivatisierung diesen Bundesstaat tatsächlich fast eine halbe Million Dollar pro Jahr kostet. Berücksichtigt man ferner die Gesetze, die in vielen Bundesstaaten die vertragliche Überlassung von Haftanstalten an kommerzielle Subunternehmer nur in Verbindung mit einer Einspargarantie zulassen (in Florida z. B. 7%); die Ausbruchsversuche und sonstigen Skandale, zu denen es in den privaten Haftanstalten immer wieder kommt; und die neue Flut von Prozessen an der medizinischen Front, die auf den Staat zukommen – dann ist sofort klar, dass dem Wachstum und der Größe von kommerziellen Haftanstalten ziemlich enge Grenzen gesetzt sind. Seit 1996 hat die Zahl der privatwirtschaftlichen Gefängnis„betten" zwar geschwankt, aber nie auch nur 10% der Häftlingspopulation ausgemacht (während die Privatisierungsbefürworter einen Marktanteil von mehr als zwei Dritteln innerhalb eines Jahrzehnts prophezeiten), und alles deutet darauf hin, dass sie sich auch weiterhin unterhalb dieser niedrigen Schwelle bewegen und nichts als ein begrenztes Anhängsel des Strafrechtsstaats bleiben wird.

Um also auf Ihre Frage zurückzukommen: Ich erwarte keine weitere Kommerzialisierung der *prisonfare* und erst recht keine grundlegende Veränderung ihrer Strukturen und Abläufe durch solche Firmen, weil *das Gefängnis letzten Endes eine politische und keine ökonomische Institution ist*. Anders, als es die gebetsmühlenartig wiederholte Kritik am „gefängnis-industriellen Komplex" suggeriert, ist und bleibt die Gefängnisstrafe die staatlichste aller kanonischen Staatsaufgaben, die eine und einzige eklatante Ausnahme von Amerikas „Mischwirtschaft" im Öffentlichen Dienst (Wacquant 2010c). Für die Verwaltung des Bildungs- und des Gesundheitssystems, der Sozialwohnungsprogramme und der Sozialhilfe ist weitgehend ein Ensemble von miteinander verflochtenen staatlichen und privaten Agenturen zuständig. Nicht aber für den Strafvollzug, denn das Strafen ist eine politische Kernbefugnis, die kein Staat aus der Hand geben kann, wenn er nicht seine Fähigkeit untergraben will, Souveränität an der Inlandsfront darzustellen, wenn schon nicht auszuüben.

KJW: *Worum wird es in „Deadly Symbiosis" (Wacquant 2011) gehen, dem dritten Band Ihrer Trilogie?*

LW: „Deadly Symbiosis" untersucht die Wechselbeziehung zwischen rassischer Aufspaltung und dem Aufstieg des Strafrechtsstaats in Amerika, um etwas scheinbar Paradoxes zu erklären: dass die Gefängnisse nach 1973 rasch immer „schwärzer", die Kohorten der Gewaltverbrecher zugleich aber immer „weißer" wurden. Ich sage „scheinbar", weil das Gefängnis, wie wir gerade gesehen haben, vom Anfang seiner Geschichte an noch nie ein Instrument zur Verbrechensbekämpfung war: Es ist ein Instrument zum Management von unterprivilegierten und entehrten Populationen, was eine ganz andere Aufgabe ist. Und so wurden nach dem Höhepunkt der Bürgerrechtsbewegung die Schwarzen aus der Unterklasse im zerfallenden Ghetto in dem Maße seine bevorzugten Klienten, wie sie durch die Deindustrialisierung ökonomisch und durch die große Abwanderung der Weißen in die Vorstädte politisch überflüssig und mit dem dreifachen Stigma von Rasse, Armut und Unmoral belegt wurden.

Ich zeige das, indem ich den Bogen der Rassenherrschaft in den USA von der Kolonialzeit bis zur Gegenwart schlage, über die vier aufeinander folgenden *„peculiar institutions"*, die „eigentümlichen Institutionen", über die die schwarzen Amerikaner definiert und in ihre Schranken gewiesen wurden: bis 1865 die *chattel slavery*[7], dann die den Rassenterror begründenden Jim-Crow-Gesetze[8] im agrarischen Süden, das Ghetto in der Metropole des industriellen Nordens und schließlich das ganz neue Mittel der Symbiose von reinem Hyper-Ghetto und neutralisierendem Gefängnis (siehe Wacquant 2001). Ich mache deutlich, dass der Aufstieg des Gefängnisses eine politische Antwort auf den Zerfall des Ghettos als eines räumlichen Instruments zur ethnisch-rassischen Absonderung und Kontrolle ist – und nicht etwa eine Reaktion auf das Verschwinden irgendeines vage formulierten und alles erklärenden „Jim Crow" (den es außerhalb der Südstaaten sowieso nirgends gegeben hat).

Auf der „Input"-Seite stelle ich fest, dass die rigide Rassentrennung die Wende zur Bestrafungspolitik beschleunigt und intensiviert, indem sie sie auf eine belastete und isolierte Population ausrichtet, mit der sich die übrigen Staatsbürger nicht identifizieren. Auf der „Output"-Seite argumentiere ich, dass die Kriminalisierung der mit der kollabierenden Innenstadt verknüpften Armut nicht nur zur Spaltung der afroamerikanischen *community* entlang den Bruchlinien zwischen den Klassen geführt hat, sondern auch zu einer Neudefinition von Rasse: Sie bewirkt, dass Schwarzsein mit besonders übler Kriminalität assoziiert wird (das „Willie-Horton-Syndrom"[9]) und fördert den Ausschluss der Strafgefangenen von Bildung, sozialer Umverteilung und politischer Teilhabe. Sie perpetuiert also faktisch deren Marginalität und liefert damit eine Begründung für die fortwährende Eskalation des Strafens. Das Gefängnis erweist sich als eine Rasse produzierende Institution ersten Ranges, die jedoch von ihren Vorgängern insofern abweicht, als sie mit einem scharfen Klassengefälle arbeitet, das das schwarze Subproletariat wie keine andere Bevölkerungsgruppe in der amerikanischen Gesellschaft abspaltet und isoliert (Wacquant 2005).

Und damit erhebt sich die heikle politische Frage: Wird der „erste schwarze Präsident" diese verderbliche Verknüpfung aufbrechen und dazu beitragen, Schwarzsein und Gefährlichsein wieder zu entkoppeln, und zwar nicht nur auf der politischen Bühne mit seiner Präsenz und seiner Amtsausübung, sondern ganz allgemein in der Regierungspolitik? Eine Strafrechtsreform hätte mit enormen Hindernissen zu kämpfen, und ein afroamerikanischer Staatsmann, der eine solche Reform durchführen will, ist in einer strukturell schwachen Position, wie schon W.E.B. Du Bois vor langer Zeit festgestellt hat (Zuckerman 2004), denn bei allem was er tut, läuft er stets Gefahr, die symbolische Verbindung von Schwarzsein und Kriminalität unwillkürlich zu bestätigen. Aber zumindest verringert sich dadurch, dass sich die Regierung als Reaktion auf den Zusammenbruch der Finanzmärkte im Jahr 2008 wieder auf ihre ökonomische Rolle besonnen hat, der Druck auf die Politiker, das Strafrecht immer weiter zu verschärfen. Aber Hindernisse hin, Hindernisse her, der Strafrechtsstaat muss zurückgefahren werden, nicht nur, um den Verheerungen ein Ende zu bereiten, die er über die schwarze Unterklasse bringt, sondern auch, weil er das Ideal der Gerechtigkeit für alle Staatsbürger herabwürdigt.

VE: In der jüngsten Ausgabe von „Daedalus" vertreten Sie in einem verwandten Artikel mit dem Titel „The Challenge of Mass Incarceration" eine Position, die der üblichen Diskussion dieser Frage diametral entgegengesetzt ist, indem Sie den Begriff der „mass incarceration", der „Massen-Inhaftierung", selbst infrage stellen. Warum dieser Begriffswechsel, und was macht es in der Praxis für einen Unterschied, wie wir das Phänomen benennen?

LW: Dieser Schritt ist ein Stück Selbstkritik und zugleich ein analytischer Fortschritt, denn in früheren Veröffentlichungen habe ich den Begriff ja selber benutzt. Aber Sie werden feststellen, dass er in *Bestrafen der Armen* nicht vorkommt, und das aus gutem Grund. Der Ausdruck *„mass incarceration"* wurde eine Zeit lang für die Internierung der

japanischen Amerikaner während des Zweiten Weltkriegs verwendet und tauchte dann in der US-amerikanischen Gefängnisdiskussion Ende der 1990er Jahre wieder auf. Er wurde von Wissenschaftlern, Journalisten und Aktivisten rasch übernommen, nicht wegen der absoluten Häufigkeit von Haftstrafen (bei 0,75% kann man wohl kaum von „Massen" sprechen), sondern weil darin etwas von Übermaß, Ausnahme, Skandal mitschwingt. Der Ausdruck eignet sich bestens zur Dramatisierung einer verhängnisvollen Entwicklung, die nach wissenschaftlicher Untersuchung, Bürgerprotest und Abhilfe schreit. Bei all seiner intuitiven Treffsicherheit und Schockwirkung stellt er dennoch eine Fehlbeschreibung des Justizsystems dar, das im Laufe der letzten drei Jahrzehnte aufgebaut wurde, um die zunehmende soziale Unsicherheit einzudämmen und die vom Strafrechtsstaat vorangetriebene Neudefinition von Rasse zu kontrollieren.

Erstens nämlich ging diese Entfaltung *höchst selektiv* vonstatten, und zwar in erster Linie nach Klasse und erst in zweiter Linie nach Rasse und dann auch noch – das ist besonders bemerkenswert – nach Klasse innerhalb von Rasse, was nur durch eine einseitige räumliche Ausrichtung zu bewerkstelligen war. Damit bestätigt sich, dass das Wegsperr-Netz seit Mitte der 1970er Jahre in erster Linie im Hyper-Ghetto und um es herum ausgeworfen wird, mit dem Resultat der *Hyper*-Inhaftierung von (sub)proletarischen schwarzen Männern – und nicht von Männern, ob schwarz oder weiß, aus der Mittelklasse, wie Bruce Western (2007) in seinem Maßstäbe setzenden Buch „Punishment and Inequality" hervorgehoben hat. Hinter der US-amerikanischen Rassen-Obsession blieb verborgen, dass *in Amerika die Klassenzugehörigkeit einen aussagekräftigeren Prädiktor für einen Gefängnisaufenthalt abgibt als anderswo* und dass bei den Haftstrafen für alle Gruppen gilt: Klassenungleichheit sticht ethnische Ungleichheit – übrigens auch bei der Todesstrafe. Zweitens, und ganz entscheidend, diese dreifache Selektivität ist ein grundlegendes Merkmal des Phänomens: Hätte der Strafrechtsstaat über die ganze Breite des sozialen und physischen Raums zugegriffen, und hätte sein Sog breite Teile der Gesamtbevölkerung erfasst und Wohnviertel und Familien über das gesamte Klassenspektrum hinweg verwüstet, wäre er stehenden Fußes durch politische Gegenmaßnahmen gestoppt worden. Mit anderen Worten, „Massen-Inhaftierung" als rassisch zugespitzte Armutspolitik war nur insofern möglich, als *sie die Massen nie erreicht hat*! Tatsächlich erklärt eben diese Selektivität, warum die übergroße Mehrheit der amerikanischen Wähler diese Politik entweder aktiv unterstützt oder ihr indifferent gegenübersteht; und sie legt den Schluss nahe, dass sich diese Wähler wohl kaum durch moralische Appelle aufstören lassen werden, um für eine belastete, aus dem nationalen Verbund ausgestoßene Population einzutreten.

Drittens und letztens, die begriffliche Verschiebung hin zur *Hyper*-Inhaftierung (der unterprivilegierten Bevölkerungsgruppen und Territorien) ist wichtig, weil sie eine andere Darstellung des Gefängnisbooms beinhaltet und damit auf ein anderes kausales Modell verweist. Und dieses Modell wiederum verweist auf andere Formen der politischen Abhilfe, als es bei der *„Massen*-Inhaftierung" der Fall wäre. Vor allem aber, und das ist das Allerwichtigste, sie nötigt uns, erst einmal ganz genau hinzuschauen und dann herauszufinden, wie die verwickelten Verschaltungen von Klasse, Rasse und Ort aufzubrechen wären, die das Gebäude des Strafrechtsstaats im Zeitalter der sozialen Unsicherheit mit Energie versorgen.

Aus dem Englischen übersetzt von Hella Beister, redaktionell bearbeitet.

Anmerkungen des Übersetzers

1 Aushandlung einer Strafmilderung im Gegenzug für das Schuldbekenntnis des Angeklagten.
2 Bei der dritten Verurteilung wegen schwerer Straftaten wird eine besonders harte Strafe bzw. lebenslängliche Haft verhängt.
3 „Index crimes" beziehen sich auf die Kategorien der Straftaten, die in der Kriminalstatistik des FBI erfasst werden: acht schwere Straftaten (Mord, Totschlag, Vergewaltigung, Raub, Schwere Körperverletzung, Einbruch, Schwerer Diebstahl, Autodiebstahl, Brandstiftung) sowie 21 minder schwere Straftaten.
4 Temporary Assistance for Needy Families – eine zeitlich begrenzte Unterstützung für bedürftige Familien.
5 Etwa: Bundesamt für Gefängnisse.
6 Gesundheitsdienst für Bedürftige.
7 Sklaven sind „bewegliches Eigentum" ihres Herrn.
8 Jim Crow: Stereotyp des fröhlich tanzenden, nicht besonders intelligenten schwarzen Amerikaners; die Jim-Crow-Gesetze galten von 1876 bis 1964.
9 Willie Horton: ein zu lebenslanger Haft verurteilter Mörder, der während eines Freigangs weitere Verbrechen verübte.

Literatur

Black, Timothy (2010): When a Heart Turns Rock Solid: The Lives of Three Puerto Rican Brothers on and off the Streets, New York: Vintage.

Bourdieu, Pierre (1998 [1994]) Practical Reason: On the Theory of Action, Stanford: Stanford University Press.

Bourdieu, Pierre (1990 [1980]): The Logic of Practice. Stanford: Stanford University Press.

Bourgois, Philippe und Jeff Schoenberg (2009): Righteous Dopefiend, Berkeley: University of California Press.

Brion, Fabienne, Andréa Réa, Christine Schaut und Axel Tixhon (Hrsg.) (2003): Mon délit? Mon origine. Criminalité et criminalisation de l'immigration, Brussels: Éditions De Boeck-Université.

Burke, Kenneth (1966): Language as Symbolic Action: Essays on Life, Literature, and Method, Berkeley: University of California Press.

Cavadino, Michael und James Dignan (2006): Penal Systems: A Comparative Approach, London: Sage.

Clear, Todd R. (2007): Imprisoning Communities: How Mass Incarceration Makes Disadvantaged Neighborhood Worse, New York: Oxford University Press.

Collins, Jane L. und Victoria Mayer (2010): Both Hands Tied: Welfare Reform and the Race to the Bottom in the Low-Wage Labor Market, Chicago: University of Chicago Press.

Davis, Angela (2001): The Prison Industrial Complex, Oakland: AK Press.

Dodge, Calvert R. (Hrsg.) (1975): A Nation without Prisons: Alternatives to Incarceration, Lexington, Mass.: Lexington Books.

Downes, David (1993): Contrasts in Tolerance: Postwar Penal Policy in The Netherlands and England and Wales. Oxford: Clarendon Press.

Erikson, Kai (1966): Wayward Puritans: A Study in the Sociology of Deviance. New York: Wiley.

Ericson, Richard V. und Kevin D. Haggerty (1997):

Policing the Risk Society. Toronto: University of Toronto Press.

Foucault, Michel (1977 [1975]): Discipline and Punish: The Birth of the Prison, New York: Random House.

Garland, David (2001): The Culture of Control: Crime and Social Order in Contemporary Society, Chicago: University of Chicago Press.

Gieremek, Bronislaw (1991): Poverty: A History, Cambridge: Basil Blackwell.

Gottschalk, Mary (2010): Cell Blocks & Red Ink: Mass Incarceration, the Great Recession and Penal Reform, in: Daedalus 140 (3): 62-73.

Gowan, Teresa (2010): Hustlers, Hobos, and Backsliders: Homeless in San Francisco, Minneapolis: University of Minnesota Press.

Jobard, Fabien (2006): Sociologie politique de la ,racaille', in: Hugues Lagrange und Marco Oberti (Hrsg.), Émeutes urbaines et protestations, une singularité française, Paris: Presses de la FNSP.

Katz, Michael B. (1989): The Undeserving Poor: From the War on Poverty to the War on Welfare, New York: Random.

Lacey, Nicola (2008): The Prisoners' Dilemma: Political Economy and Punishment in Contemporary Democracies, Cambridge, UK: Cambridge University Press.

Lyons, William und Julie Drew (2006): Punishing Schools: Fear and Citizenship in American Public Education. Ann Arbor: University of Michigan Press.

Maximus (2009): Arizona Department of Corrections State Versus Private Prison FY2007 Cost Comparison, New York: Maximus.

Peck, Jamie (2001): Workfare States. New York: The Guilford Press.

Pew Center on the States (2010): Prison Count 2010: State Population Declines. Philadelphia: Pew Charitable Fund.

Piven, Frances Fox und Richard A. Cloward (1993 [1971]): Regulating the Poor: The Functions of Public Welfare. New York: Vintage, erweiterte Ausgabe.

Rusche, Georg und Otto Kirchheimer (2003 [1939]) Punishment and Social Structure. New Brunswick, N.J.: Transaction Press.

Snacken, Sonja (2010): Resisting punitiveness in Europe?, in: Theoretical Criminology 14 (3): 273-292.

Spierenburg, Pieter (1991): The Prison Experience:

Disciplinary Institutions and Their Inmates in Early Modern Europe, New Brunswick, N.J.: Rutgers University Press.

Steger, Manfred B. und Ravi K. Roy (2010): Neoliberalism: A Very Short Introduction, New York: Oxford University Press.

Van Campenhoudt, Luc [et al.] (Hrsg.) (2001): Réponses à l'insécurité. Des discours aux pratiques. Brussels: Éditions Labor.

Vera Institute (2010): The Continuing Fiscal Crisis in Corrections, New York: Vera Institute.

Wacquant, Loïc (2011): Deadly Symbiosis: Race and the Rise of the Penal State, Cambridge: Polity Press.

Wacquant, Loïc (2010a): Crafting the Neoliberal State: Workfare, Prisonfare and Social Insecurity, in: Sociological Forum 25 (2): 197–220.

Wacquant, Loïc (2010b): Class, Race and Hyperincarceration in Revanchist America, in: Daedalus 140 (3): 74–90.

Wacquant, Loïc (2010c): Prisoner Reentry as Myth and Ceremony, in: Dialectical Anthropology 34 (4) (Forumsbeitrag "The Prisoner Reentry Industry"): 604-620.

Wacquant, Loïc (2009a): Bestrafen der Armen: Zur neoliberalen Regierung der sozialen Unsicherheit, Opladen: Budrich.

Wacquant, Loïc (2009b): Prisons of Poverty, Minneapolis: University of Minnesota Press.

Wacquant, Loïc (2008): Urban Outcasts: A Comparative Sociology of Advanced Marginality, Cambridge, UK: Polity Press.

Wacquant, Loïc (2005): Race as Civic Felony, in: International Social Science Journal 181 (Frühling): 127-142.

Wacquant, Loïc (2002): Four Strategies to Curb Carceral Costs: On Managing Mass Imprisonment in the United States, in: Studies in Political Economy 69 (1): 19-30.

Wacquant, Loïc (2001): Deadly Symbiosis: When Ghetto and Prison Meet and Mesh, Punishment & Society 3 (1): 95-133.

Western, Bruce (2007): Punishment and Inequality in America, New York: Russell Sage Foundation.

Williams, Linda (1999): Hard Core: Power, Pleasure, and the „Frenzy of the Visible". Expanded edition, Berkeley: University of California Press.

Zuckerman, Phil (2004): The Social Theory of W.E.B. Du Bois, Newbury Park: Pine Forge Press.

Nikita Petrov

Stalins Plan zur Vernichtung eines Volkes

75 Jahre trennen uns von jener Zeitspanne, die als Epoche des Großen Terrors in die Geschichte einging. Über diese Jahre sind etliche Bücher geschrieben und zahlreiche Filme produziert worden, die in diesem oder jenem Maße den Schrecken der politischen Säuberungen und Massenrepressalien widerspiegeln. Das Interesse der Historiker an jenen Ereignissen erklärt sich nicht nur aus dem Maßstab der Repressalien, die Millionen von Menschen erfassten, sondern auch aus ihrer Gerichtetheit. Im Unterschied zu zuvor praktizierten Verhaftungswellen und Verbannungen, die gegen präzise bestimmte Bevölkerungsgruppen gerichtet waren, erfassten die Repressalien der Jahre 1937-1938 sämtliche Schichten der sowjetischen Gesellschaft, ihre Strukturen sowie die Einrichtungen des Partei- und Staatsapparates. Gerade die Tatsache, dass neben einfachen Bürgern führende Funktionäre der Regierungspartei den Säuberungen und Repressalien zum Opfer fielen, prägte die Grundlinien der Mythenbildung bei der Bestimmung der Ursachen und des Charakters der Repressalien jener Zeit. Bis auf den heutigen Tag halten sich „Theorien" wie die, dass Stalin 1937 angeblich nur die „korrumpierte" Parteispitze verfolgte, oder die, dass es nicht Stalin, sondern die „Parteiapparatschiks" vor Ort waren, die gegen Stalins Willen die Massenrepressalien initiierten. Die heute überlieferten Dokumente des Politbüros des Zentralkomitees der Kommunistischen Partei der Sowjetunion (Bolschewiki) widerlegen alle diese pseudohistorischen Konstruktionen.

Die Erscheinungsformen des Massenterrors in den Jahren 1937-1938, die Verhaftungen führender Partei- und Staatsfunktionäre, Wissenschaftler und Künstler, die Schauprozesse gegen die „Verschwörer, Terroristen, Spione und Schädlinge" sind in der Fachliteratur umfassend dargestellt worden. Die andere, verborgene Seite des Terrors, die Repressalien gegen Tausende einfache Staatsbürger, die nach von oben vorgegebenen Planziffern zu Gulag oder zum Tode verurteilt wurden, ist bis auf den heutigen Tag nicht hinreichend untersucht. Der Mechanismus und die Gerichtetheit der Massenverhaftungen traten zum ersten Mal deutlich hervor, als 1992 im Zusammenhang mit der Vorbereitung des Prozesses gegen die KPdSU vor dem Verfassungsgericht Dokumente des Politbüros des ZK der KPdSU(B) und des Volkskommissariats für Innere Angelegenheiten (NKWD) eingesehen werden konnten, die im Archiv des Präsidenten der Russischen Föderation und im Zentralen Archiv des ehemaligen Komitees für Staatssicherheit (KGB) aufbewahrt werden. Eine Auswahl dieser Dokumente wurde damals veröffentlicht.[1]

Erst die ernsthaften politischen Wandlungen, die in unserem Land nach dem Zusammenbruch der Macht der KPdSU im August 1991 erfolgten, hatten die Öffnung der Geheimarchive zur Folge und ermöglichten die Sammlung und Auswertung von Dokumenten, die den verbrecherischen Charakter des sowjetischen Systems belegen. Hierzu gehören in erster Linie die Archivdokumente über den Großen Terror in den Jahren 1937-1938, die beweisen, wie Stalin und die Politbüroführung die massenhafte Vernichtung von hunderttausenden Menschen organisierten. Sogar in den Jahren der Perestrojka, als, wie es schien, damit begonnen wurde, Stalins Verbrechen zu entlarven und eine spezielle Kommission des Politbüros des ZK der KPdSU zur Untersuchung der Geschichte der Repressalien eingesetzt war, waren weder diese Dokumente noch die vollständige Statistik der Repressalien zugänglich. Bis auf den heutigen Tag hat die Internationale Stiftung „Demokratie" (Alexander N. Jakowlew-Stiftung) über fünfzig Dokumentenbände herausgegeben, darunter über den Terror zu Sowjetzeiten, das Gulag-System und die Hauptverwaltung Besserungsarbeitslager beim NKWD der UdSSR, die statistische Angaben über die Dimensionen des Terrors in der gesamten Sowjetperiode enthalten. Eine Reihe von Dokumenten hat die Stiftung ins Internet gestellt, hier sind die über die Umsetzung des Geheimbefehls des NKWD Nr. 00447 vom 30. Juli 1937 zu nennen.

Der Befehl, mit der sogenannten „Kulaken-Operation" zu beginnen, war der Startschuss für den Großen Terror. Hinzu kommen sehr viele Dokumente über den Verlauf der „nationalen Operationen" des NKWD in den Jahren 1937-1938, die sich gegen Deutsche, Polen, Letten, ‚Harbiner' usw. richteten und untrennbarer Bestandteil des Großen Terrors sind. „Memorial" hat eine CD-Rom mit „Stalins Erschießungslisten" herausgegeben, die dokumentiert, wie Stalin und seine Umgebung die Gerichte mit einem Federstrich ersetzten. Eine Bleistiftnotiz entschied über das Schicksal der betroffenen Personen. Kurzum, es liegen genug Dokumente vor, die ein Urteil darüber zulassen, ob Stalin und sein Regime verbrecherisch waren. Die Palette reicht von Stalins Direktiven, d. h. den normativen Vorgaben für die Durchführung der Repressalien, bis hin zu Dokumenten über deren Durchführung und die diesbezüglichen Statistiken.

Der Große Terror 1937-1938 wurde durch die bereits von der Außerordentlichen Kommission zur Bekämpfung der Konterrevolution (Tscheka) und der Vereinigten Staatlichen Politischen Verwaltung (OGPU) durchgeführten aufeinanderfolgenden Wellen von Repressalien vorbereitet. Die in der UdSSR praktizierte Abrechnung des Regimes mit ihm missliebigen Personen erfolgte immer unter Umgehung der Gesetzlichkeit. In Aktion traten außergerichtliche Organe: das Kollegium der Tscheka-OGPU, die Sonderberatung bei der OGPU (seit 1924), die Dreierkommissionen (Troiki) der OGPU. Der Urteilsspruch erfolgte auf der Grundlage der von den Staatssicherheitsorganen angelegten Untersuchungsakte und in Abwesenheit der Angeklagten. Das heißt, es gab keine Gerichtsverhandlung, die Konfliktparteien standen sich nicht gegenüber, die Angeklagten hatten keine Möglichkeit, sich zu verteidigen. Stalin und seine Gefolgsleute in der Regierung nutzten die Staatssicherheitsorgane als Instrument der Abrechnung. Das Kollegium der OGPU und die Troiki der OGPU waren mit weitgehenden Vollmachten – das Recht, Todesurteile zu fällen, eingeschlossen – ausgestattet.

Die Statistik der Repressalien ist aufschlussreich. Von 1921-1936 wurden ca. 1,5 Millionen Menschen auf der Grundlage von durch die Tscheka, die OGPU oder den NKWD vorbereiteten Anklagen verurteilt. Davon entfallen auf das Kollegium der OGPU 63.000 (4%), die Sonderberatung der OGPU 245.000 (15%), die Troiki der OGPU 712.000 (44,5%).[2] Das heißt, die überwiegende Mehrheit der Menschen, die als „Volksfeinde", als „Feinde der Sowjetordnung" verurteilt worden sind, wurde nicht von legalen, gesetzlich verankerten Organen verurteilt. Die Verletzung der Verfassung liegt hier ebenso auf der Hand wie die Missachtung der Gerichtsorgane. Die Organe der Staatssicherheit, hinter denen die Regierungspartei stand, ersetzten die Rechtsprechung. Der Verfechter dieser Praxis war Stalin selbst. Genauso wie Lenin brachte er den Organen der Tscheka-OGPU (seit 1934 dem NKWD) besondere Aufmerksamkeit entgegen. Die Zusammenfassung der Funktionen – Verhaftung, Vernehmung und Strafvollzug – in einem Organ fand ihre theoretische Begründung in Stalins Formel vom „politischen Kriegstribunal".[3] Die Maßstäbe der Verhaftungen Anfang der 1930er Jahre lassen sich vor allem auf eine Ursache zurückführen: 1929 hatte sich das Prinzip der Ausnutzung der Häftlingsarbeit zur Erschließung schwer zugänglicher Gebiete des Landes als das Grundprinzip der sowjetischen Strafrechtspraxis endgültig durchgesetzt. Die im NKWD der UdSSR geschaffene Hauptverwaltung

Besserungsarbeitslager (GULAG) wurde zum Symbol der stalinschen Tyrannei.

In den Jahren des Großen Terrors kommt den außergerichtlichen Strafverfolgungsorganen die tragende Rolle zu. Von 1937-1938 wurden 1.300.000 Personen aus politischen Motiven verurteilt, ca. 700.000 von ihnen wurden erschossen. Von diesen 1.300.000 Personen wurden 1.200.000 – das entspricht 82% – durch außergerichtliche Strafverfolgungsorgane – Troiki des NKWD und Zweierkommissionen, bestehend aus Vertretern des NKWD und dem Staatsanwalt der UdSSR (Dwoiki) im so genannten Albumverfahren verurteilt.[4] Doch auch nach dem Ende des Großen Terrors wurden die außergerichtlichen Strafverfolgungsorgane, auch wenn sie die dominierende Rolle bei der Durchsetzung der Repressalien einbüßten, von Stalin aktiv als zusätzliches und wichtiges Instrument der Abrechnung genutzt. Von 1939 bis 1953 wurden von 1.100.000 vom NKWD-NKGB bzw. KGB verurteilten Personen 329.000 (das entspricht ca. 30%) durch die Sonderberatung des NKWD (seit 1946 die Sonderberatung des Ministeriums für Staatssicherheit) verurteilt. Nach dem Ende des Großen Terrors blieb die Sonderberatung das einzige außergerichtliche Mittel in den Händen des NKWD. Seit November 1941 hatte sie das Recht, Todesurteile zu fällen. Abgeschafft wurde die Sonderberatung erst nach Stalins Tod im Jahre 1953.

Wie aber stand es um die in der Verfassung vorgesehenen Gerichtsorgane? Auch hier gab es gravierende Verstöße gegen geltende Gesetze. Es genügt, auf das am 1. Dezember 1934 verabschiedete Gesetz hinzuweisen, das den Angeklagten das Recht auf Verteidigung, Begnadigung und Berufung nahm. Dieses Gesetz sah die Verhandlung hinter geschlossenen Türen vor dem Militärkollegium des Obersten Gerichts vor. Ankläger und Verteidiger mussten nicht zugegen sein, das Todesurteil war innerhalb von 24 Stunden zu vollstrecken. Alle dem Militärkollegium in den Jahren 1937-1938 vorliegenden Fälle wurden auf der Grundlage dieses Gesetzes verhandelt; verurteilt wurden insgesamt 37.000 Personen, 25.000 von ihnen zum Tode. Diese Praxis stellte einen groben Verstoß gegen Artikel 111[5] der Verfassung dar,

der eine öffentliche Verhandlung, das Recht auf Verteidigung und Berufung vorsah. Die „Verhandlung in vereinfachter Form" vor dem Militärkollegium auf der Grundlage des Gesetzes vom 1. Dezember 1934 (es wurde erst 1956 außer Kraft gesetzt), kann man schwerlich als öffentliche Gerichtsverhandlung bezeichnen. Der Angeklagte war selbstverständlich zugegen, der Form nach war alles in Ordnung. Doch wie war das Procedere? Die Verhandlung dauerte kaum länger als 20 Minuten. Der Vorsitzende des Militärkollegiums des Obersten Gerichts oder ihrer auswärtigen Tagung befragte den Angeklagten zur Person; weder ein Verteidiger noch ein Staatsanwalt waren anwesend. Ihre Anwesenheit war auch gar nicht nötig. Der Vorsitzende hörte sich den Angeklagten an und erklärte diesem, dass das Gericht sich zur Urteilsfindung zurückzieht und ihm der Urteilsspruch mitgeteilt wird. Wurde der Angeklagte zum Tode verurteilt, geschah dies aber nicht. Das Urteil wurde unmittelbar vor der Vollstreckung verkündet. Kann man ein derartiges Vorgehen als Gerichtsverhandlung bezeichnen?

Am 16. August 1938 wurde das „Gesetz über die Gerichtsordnung" erlassen. Es enthielt nicht nur einen direkten Hinweis auf Artikel 102 der Verfassung,[6] sondern folgte auch dem Wortlaut. Der Artikel 53 dieses „Gesetzes über die Gerichtsordnung" konkretisierte auf der Grundlage des Verfassungsartikels 102, um welche „besonderen Gerichte der UdSSR" es sich handelt. Gemeint waren Militärtribunale, Verkehrsgerichte (im Eisenbahn- und Wasserverkehr). Somit stellten die „Verhandlungen in vereinfachter Form" vor dem Militärkollegium sowie sämtliche außergerichtlichen Organe einen Verfassungsbruch dar und waren ihrem Wesen nach verbrecherisch. Eingeführt wurden sie auf Beschluss des Politbüros und Stalins, die damit als Verbrecher dastehen.

Wenn man die einzelnen Repressionswellen untersucht, die in ihrer Gesamtheit den Großen Terror 1937-1938 ausmachten, wird deutlich, dass es in jedem Falle Stalin war, der den Beschluss über den Beginn der Repressalien fasste. Hierzu gehören die Massenverhaftungen und Erschießungen im Rahmen der so genannten „Kulaken-Operation" des NKWD. Der von

Stalin unterschriebene Beschluss des Politbüros des ZK der KPdSU(B) vom 2. Juli 1937 stand am Beginn der ersten „Massenoperation" des NKWD zur Verhaftung und Hinrichtung so genannter „Kulaken, antisowjetischer und sonstiger feindlicher Elemente".[7] In die Regionen erging die Weisung, Quoten für die von außergerichtlichen Organen zu fällenden Todesurteile (Kategorie 1) und Verurteilungen zu Besserungsarbeitslager (Kategorie 2) zu benennen und die Zusammensetzung der „Troiki", die die Urteile fällen, vorzuschlagen. Sowohl die Quoten als auch die Zusammensetzung der „Troiki" mussten vom Politbüro bestätigt werden. Allein im Rahmen dieser „Massenoperation" wurden bis November 1938 insgesamt 767.397 Personen verhaftet, von denen 386.798 erschossen wurden. Organisatoren dieser Schlächterei waren Stalin und das Politbüro. Sie bestätigten die Kontrollziffern, die „Limite" der in jeder Region nach Kategorie 1 bzw. 2 zu verurteilenden Personen, die Zusammensetzung der „Troiki" in den Regionen. Diese Festlegungen gingen in den Befehl ein. Der vom Politbüro bestätigte Befehl Nr. 00447 ist mit dem 30. Juli datiert, die Operation begann am 5. August 1937.[8]

Als die Verhaftungen begannen, traten die Regionen ihrerseits mit „Initiativen" hervor und baten, die bestehenden „Limite" zu erhöhen. Auf diesen Telegrammen, die im Archiv überliefert sind, finden sich Stalins handschriftliche Einträge. Im Regelfall notierte er: „Einverstanden I. Stalin". Aber es gibt auch ausführlichere Resolutionen. Auf dem Chiffretelegramm aus Kirow vom 21. Oktober 1937 findet sich folgender Eintrag: „Die Kategorie 1 ist nicht auf 300, sondern auf 500 Personen festzulegen, nach Kategorie 2 sind 800 Personen zu verurteilen. I. Stalin, W. Molotow".[9] Oder auf dem Chiffretelegramm vom 20. Oktober 1937 aus Ulan-Ude: „Für 1.000 Personen nach Kategorie 1. I. Stalin, W. Molotow, Kaganowitsch, K. Woroschilow, A. Mikojan, Jeshow" daneben steht: „Gen. Kalinin – dafür, Gen. Andrejew – dafür".[10] Auf dem Chiffretelegramm aus Barnaul vom 18. Oktober 1937, das die Bitte enthält, Limite für das neu geschaffene Gebiet festzulegen, notierte Stalin: „Für das Limit 4.000 nach Kategorie 1 und 4.500 nach Kategorie

2. I. Stalin, W. Molotow"[11] – dann folgen die Unterschriften von Jeshow und Woroschilow und die Notiz „Gen. Mikojan – dafür". Mit der Untersuchung aller diesbezüglichen Dokumente ist der Beweis erbracht, dass Stalin nicht nur Initiator der Durchführung dieser Kampagne war, sondern auch konkrete Erschießungen sowie die Erhöhung der „Limite" für Erschießungen sanktionierte und folglich auch den gesamten Verlauf der Operation als solcher kontrollierte. Stalin hat nicht nur die Rechtsprechung außer Kraft gesetzt, sondern auch die Machtbefugnisse staatlicher Strukturen an sich gerissen und damit gegen die Verfassung verstoßen.

Zur gleichen Schlussfolgerung gelangen wir, wenn wir die Massenrepressalien, die im Juli 1937 einsetzten, untersuchen. Hierbei handelt es sich um die so genannten „nationalen Operationen" des NKWD. Es gab eine deutsche, eine polnische, eine lettische, eine estnische, eine finnische, eine afghanische, eine iranische, die gegen die Harbiner[12] und andere. Aus den Befehlen und Memoranden des NKWD wird deutlich, dass der Schatten des Verdachtes auf Politemigranten, auf Bürger an die UdSSR grenzender Staaten sowie auf Bürger der UdSSR, die in diese Staaten Kontakte unterhielten, fiel. Vom Standpunkt Stalins und des NKWD aus stellten alle diese Menschen eine „potentielle Spionagebasis" dar. Die Initiative, „nationale Operationen" durchzuführen, geht auf Stalin zurück. Die erste richtete sich gegen die Deutschen. Der handschriftliche Entwurf Stalins für die Einleitung einer „deutschen Operation" ist überliefert:

Betrifft das NKWD.

Genossen Ežov ist vorzuschlagen, unverzüglich den Organen des NKWD die Verhaftung aller Deutschen zu befehlen, die in Betrieben der Verteidigungsindustrie tätig sind (die Geschütze, Geschosse, Gewehre- und Maschinengewehre, Munition, Pulver etc. produzieren), und ein Teil der Verhafteten ist auszuweisen.

Eine Kopie des Befehls ist an das ZK schicken.

Über den Verlauf der Verhaftungen und die Zahl der Verhafteten ist dem ZK (täglich) zu berichten.

Dafür / I. St[alin].[13]

Diese Operation mündete alsbald in Repressalien nicht nur gegen alle Deutschen, sondern erfasste auch alle jene Personen, die zu diesen Deutschen Kontakt hatten. Auf die gleiche Art und Weise sanktionierte das Politbüro Anfang August 1937 die so genannte „polnische Operation". Daran schlossen sich die gegen die Harbiner, die Letten und die Esten an. Die meisten Opfer kosteten die polnische und die deutsche Operation. Sie alle gingen in den Großen Terror ein. Im Rahmen der so genannten „nationalen Operationen" wurden ca. 350.000 Personen verhaftet, 250.000 von ihnen erschossen. Während im Zuge der Operation gegen die Kulaken ca. 50 Prozent aller Verurteilten erschossen wurden, war der Prozentsatz der zum Tode verurteilten Personen in den so genannten nationalen Operationen wesentlich höher. Hier lag er bei 70-80% aller Verurteilten. Diese Opfer wurden nicht wie „Klassenfeinde", sondern wie Spione behandelt.

Ein weiteres Instrument des Terrors und Mittel der Abrechnung waren Stalins „Erschießungslisten". Besonders an diesem Beispiel wird deutlich, wie Stalin die Rechtsprechung durch seine Entscheidungen aushebelte. Seit dem 27. Februar 1937 unterzeichneten Stalin sowie einige ihm nahestehende Funktionäre Listen mit den Namen von Personen, deren Fälle vom Militärkollegium des Obersten Gerichts der UdSSR zu bearbeiten waren. Jede Liste wies eine Dreiteilung auf: Kategorie 1 – Erschießen, Kategorie 2 – 10 Jahre, und (sehr selten) Kategorie 3 – 8 Jahre. Alle diese Listen sind im Internet auf der Seite von „Memorial" einsehbar (www.memo.ru). Die Titelblätter, auf denen Stalins Unterschrift und die seiner Gefolgsleute steht, sind ebenfalls reproduziert. Wenn sich in den Listen Notizen finden, wie z. B. „Für die Erschießung aller 138 Personen. I. Stalin, W. Molotow" oder neben Namen platzierte Notizen wie „schlagen, schlagen" usw., wurden auch diese reproduziert. In der Zeitspanne von Februar 1937 bis Oktober 1938 haben Stalin und seine Gefolgsleute 383 derartige Listen bestätigt. In diesen Listen sind die Namen von 44.500 Personen erfasst, von denen annähernd 39.000 zum Tode durch Erschießen verurteilt werden sollten. Molotow hat 373 solcher Listen unterschrieben, Stalin

362, Woroschilow 195, Kaganowitsch 191, Shdanow 177, Jeshow 8, Mikojan 8 und Kossior 5. Im Anschluss daran wurden die unterschriebenen und mit dem Urteil versehenen Listen an das Militärkollegium übergeben. Dies war ein formaler Akt, denn das Urteil stand ja bereits fest. In diesen Fällen nahm Stalin den Urteilsspruch des Obersten Gerichts vorweg und fällte die Todesstrafe. Doch das ist bei weitem noch nicht alles. In den Erschießungslisten gibt es neben anderen eine besonders interessante Kategorie von Verurteilten – ranghohe Tschekisten. Stalin säuberte den Apparat des NKWD genauso vehement wie alle anderen Bereiche der sowjetischen Gesellschaft. Die Tschekisten wurden in Listen erfasst und im so genannten „Sonderverfahren" erschossen. Diese Listen wurden dem Militärkollegium nie vorgelegt. Unmittelbar nach der Bestätigung durch Stalin und dessen Gefolgsleute wurden diese Listen dem NKWD übergeben und die darin aufgeführten Personen erschossen. So wurden im „Sonderverfahren" einige Hundert erschossen. Stalins Entscheidung, unter Umgehung des Gerichtsverfahrens, sogar eines formellen, Todesurteile zu fällen, ist gemäß dem damals und dem heute gültigen Strafgesetzbuch Mord. Spuren dieses Verbrechens findet man in den Strafakten der im „Sonderverfahren" zum Tode verurteilten Personen. Anstelle eines Gerichtsurteils ist in der Akte ein Auszug aus der jeweiligen „Erschießungsliste" abgelegt. Er enthält den Hinweis auf das Datum, die Nummer und Seitenzahl des Bandes, dem er entnommen worden ist. Und das ist die Begründung für die Todesstrafe.

Der Stalinsche Terror überschritt 1937 die Grenzen der UdSSR. Nach Stalins Direktiven wurden Massenverhaftungen und Massenerschießungen unter der mongolischen Bevölkerung organisiert. Das Stalinsche Politbüro bestätigte die Zusammensetzung der „Troika" für die Mongolei, der der mongolische Staatschef Tschojbalsan angehörte. Diese „Troika" entschied über das Leben von 25.000 Personen, ca. 20.000 von ihnen wurden erschossen.

Zum Großen Terror gehören auch die Repressalien gegen Angehörige und Familienmitglieder von Personen, die als Verräter an der Heimat verurteilt wurden. Auch hier finden wir grobe Verstöße gegen die Gesetzlichkeit. Menschen wurden nur aus dem Grunde verurteilt, weil sie Angehörige eines Verurteilten oder ins Ausland Geflohenen waren. Das Gesetz, das die Bestrafung jener regelte, deren Angehörige nicht aus dem Ausland zurückgekehrt waren, trat am 8. Juni 1934 auf Beschluss des Zentralen Exekutivkomitees (der Regierung) in Kraft. Es war eine Art Geiselhaft. Im Jahre 1937 dehnte Stalin diese Praxis auf jene aus, deren Angehörige vom Militärkollegium verurteilt worden waren. Von nun an wurden die Ehefrauen von wegen Verrat an der Heimat Verurteilten verhaftet und von der Sonderberatung beim NKWD verurteilt. Kinder im Alter bis zu 15 Jahren kamen in Kinderheime des NKWD. Einen diesbezüglichen, von Stalin unterzeichneten Beschluss fasste das Politbüro am 5. Juni 1937. Den Entwurf des Beschlusses hat Stalin eigenhändig korrigiert. Er ergänzte den ersten Punkt des Beschlusses über die Verurteilung aller Ehefrauen von wegen Mitgliedschaft in „rechts-trotzkistischen Spionage- und Diversantenorganisationen" Verurteilten zu 5 Jahren Lagerhaft durch Einfügung von „und Verrätern an der Heimat", änderte die Straffrist von 5 auf 5-8 Jahre und präzisierte den vierten Punkt über die Obhut über die verwaisten Kinder der Verhafteten durch den Staat durch die Einfügung „bis zum 15. Lebensjahr". Was „danach mit ihnen passiert, ist individuell zu entscheiden".[14] Erschütternd ist, dass offensichtlich bereits bei der Abfassung des Beschlusses im Politbüro klar war, dass es sich bei diesen Kindern um Waisen handelt. Das ist Stalins typische Handschrift. Da Repressalien stattfinden, ist es völlig selbstverständlich, dass die Kinder zu Waisen werden. Auf Grundlage dieses Beschlusses wurden 18.000 Ehefrauen repressiert und 25.000 Kinder in Kinderheime des NKWD eingewiesen.

Zu den Verbrechen Stalins gehört die Sanktionierung von „Methoden der physischen Einwirkung", d.h. von Folter und Peinigung. Das diesbezügliche Telegramm hat Stalin eigenhändig am 10. Februar 1939 unterschrieben. Es ist im Archiv überliefert. Doch die Sanktionierung der Folter reicht in das Jahr 1937 zurück. Ein Hinweis darauf findet sich im erwähnten Telegramm aus dem Jahre 1939. Auch in den darauf folgenden Jahren gestattete Stalin die Folter, etwa im Falle der Untersuchungsführung in der so genannten „Strafsache der Ärzte" 1952-1953. Davon, dass Stalin es nicht nur bei der Kontrolle der Staatssicherheitsorgane beließ, sondern persönlich anordnete, wie die Untersuchung zu führen sei, mit welchen Mitteln Geständnisse erpresst werden sollten, zeugen nicht nur seine handschriftlichen Vermerke auf den „Erschießungslisten" (wie „in Ketten legen" oder „schlagen, schlagen"), sondern auch der Bericht des Ministers für Staatssicherheit S. D. Ignatjew vom November 1952, in dem unverhüllt die Rede davon ist, dass die Untersuchungsführer die Weisungen Stalins über die Folterung der in der Strafsache der Ärzte Angeklagten befolgten.[15]

Zusammenfassend lassen sich drei Bestandteile des Großen Terrors benennen. Erstens die so genannte „Kulaken-Operation", die auf der Grundlage des Befehls Nr. 00447 des NKWD der UdSSR seit dem 30. Juli 1937 durchgeführt wurde; zweitens die so genannten „nationalen Operationen" und drittens die Abrechnung auf der Grundlage der von Stalin und seinen Gefolgsleuten im Politbüro bestätigten Erschießungslisten. Folglich gab es auch drei Ebenen, auf denen – ausgehend von der von Stalin festgelegten Hierarchie der „Feinde" nach deren Bedeutung und Gefahr für das Regime – Entscheidungen über die Erschießungen oder Verurteilungen zu Lagerhaft getroffen wurden. Die Urteile über die im Rahmen der „Kulaken-Operation" Verurteilten fällte die regionale Troika des NKWD (die Troiki standen unter Leitung der Gebietschefs des NKWD, ihr gehörten außerdem der Gebietsparteisekretär und der Staatsanwalt an). Über die während der „nationalen Operationen" Verhafteten entschied die Dwoika in Moskau, eine Kommission aus Vertretern des NKWD und des Generalstaatsanwaltes (Jeshow bzw. seine Stellvertreter und Wyschinski bzw. seine Stellvertreter). Über das Schicksal der in den „Erschießungslisten" erfassten Personen entschieden Stalin und seine Gefolgsleute persönlich. Alle Entscheidungen dieser außergerichtlichen Organe können im juristischen Sinne nicht als Urteile verstanden werden, ungeachtet dessen hatten sie Urteilscharakter. Dies belegt erneut die verbreitete

Praxis der Führungsspitze der KPdSU(B), die Gerichtsbarkeit an sich zu reißen.

Die genannten Kampagnen, die Bestandteil des Großen Terrors waren, unterschieden sich auch im Hinblick auf ihre Ursachen und Ziele. Nach der Annahme der neuen, ihrem Wortlaut nach völlig demokratischen Verfassung im Dezember 1936 konnte man nur jene Massenrepressalien erklären, die im Rahmen der „Kulaken-Operation" gemäß Befehl Nr. 00447 gegen „fremde" soziale Gruppen gerichtet waren. Schließlich war ihnen in der Vergangenheit das Recht auf Teilnahme an den Wahlen entzogen. Die neue Verfassung gab ihnen dieses Recht zurück. Doch nach Stalins Auffassung waren sie nicht in der Lage, in den „Sozialismus hineinzuwachsen". Also mussten sie physisch vernichtet werden, bevor sie im Dezember 1937 mit dem Stimmzettel an die Wahlurne treten konnten. Stalin war der festen Überzeugung, dass diese „Ehemaligen" „unbelehrbar" sind und von besonderer Feindschaft gegen den Sozialismus geleitet werden. Es war eine soziale Säuberung und Umgestaltung der Gesellschaft spezifischer Art, eine gewaltsame Verwischung der Grenzen zwischen den Klassen. Spätere Aktionen wie die Vernichtung des polnischen Offizierskorps 1940 in Katyn oder der massenhafte Tod der deutschen, für das zukünftige sozialistische Deutschland unnützen Aristokratie in den Speziallagern des NKWD von 1945 bis 1948 folgten diesem Szenario. Diese Repressalien gehen auf die kommunistische Doktrin von feindlichen Klassen und Klassenkampf zurück. Die Repressalien, zu denen es im Verlauf der „nationalen Operationen" kam, weisen ein anderes Erklärungsmuster auf. Hier ging es vor allem darum, „potentielle Spione", die für die an die Sowjetunion grenzenden Länder tätig werden konnten, zu liquidieren. Dieser Umstand erklärt die Härte der außergerichtlich gefällten Urteile, die Mehrheit der während der „nationalen Operationen" Verhafteten wurde erschossen. Erklärung und Ursache für den Beginn dieser Aktionen waren Stalins Vorstellungen von der „feindlichen Einkreisung" der UdSSR, vom Land als „belagerter Festung", die Erwartung des bevorstehenden Krieges. Die Abrechnung anhand der „Erschießungslisten"

verfolgte das Ziel einer totalen Säuberung des Partei- und Staatsapparates von all denen, die früher einmal illoyal waren oder nach Auffassung von Stalin als unzuverlässig galten. Auch hier ist der Prozentsatz der zum Tode verurteilten Personen sehr hoch. Da es in diesem Falle um die Vertreter der Partei- und der sowjetischen bürokratischen Elite ging, nahm Stalin die Entscheidung über deren Bestrafung auf sich, um die Abrechnung vollständig unter Kontrolle zu haben.

In der Publizistik und Propaganda heutiger Stalinisten trifft man auf die Erklärung des Massenterrors 1937 als einer Unterdrückungsaktion gegen den keimenden, von der Partokratie geplanten Umsturz. Und es geht noch weiter, die Initiative der zunehmenden Repressalien wird nicht auf Stalins Drängen, sondern auf die zunehmend stärkeren und einflussreichen Parteifunktionäre in den Regionen des Landes zurückgeführt.[16] Vergleichbare Phantasien haben die Rechtfertigung Stalins zum Ziel, sie laufen auf den Versuch hinaus, Stalins Aktivitäten als erzwungene Antwortreaktionen darzustellen. Dabei liegt es auf der Hand, dass von keinem von der Parteielite geplanten Umsturz die Rede sein konnte. Denn die Macht und die Autorität von Stalin waren damals so groß, dass er nicht befürchten musste, dass Politbüromitglieder gegen seinen Willen agieren. Er hatte sie alle unter Kontrolle. Der Höhepunkt der politischen Repressalien 1937 wurde zum Symbol der verbrecherischen und unbegrenzten Diktatur Stalins.

Eine ernsthafte Analyse der Situation am Vorabend der Ereignisse muss eine Reihe von Fragen beantworten: Wer konnte überhaupt einen „Umsturz" vorbereiten? Und wer sollte gestürzt werden? Der Sinn der von Stalin entfesselten Repressalien war offensichtlich: Es ging um eine totale politische und soziale Säuberung. Die Jahre des Großen Terrors ermöglichten Stalin, nicht nur seine persönliche Diktatur weiter zu festigen, sondern die Bevölkerung so in Angst und Schrecken zu versetzen, dass niemand über Widerstand gegen das Regime nachdachte. In den Jahren 1937-1938 wurden so viele Menschen umgebracht, dass dies nicht verborgen bleiben konnte. Das Volk erinnerte sich an die „Jeschowschtschina". Nikita S.

Chruschtschow konnte diese Frage auf dem XX. Parteitag nicht umgehen. Etwas anderes ist, dass er es dabei beließ, auf die Repressalien gegen die Nomenklaturkader der Partei und die „Alten Bolschewiki" hinzuweisen, ein Tropfen im Meer, auf die Massenrepressalien wie die Verfolgung von nationalen Gruppen („Nationale Operationen" des NKWD) oder sozialen Gruppen (Kulaken-Operation) aber mit keinem Wort einging.

Wenn man ernsthaft nach der Primärursache für die politischen Repressalien in der UdSSR sucht, so ist das der Oktober 1917. Damals gewann die bolschewistische Doktrin Oberhand, der zufolge große Bevölkerungsgruppen ihrem Eigentum und ihrer sozialen Herkunft nach zu „Fremden" erklärt und in ihren Rechten beschnitten wurden. Hierauf geht die Idee zurück, sie durch physische Vernichtung auszurotten. Am Anfang dieser Entwicklung stand der „Rote Terror" 1918. Unschuldige Vertreter der Bourgeoisie und des Adels wurden als Geiseln genommen und in Konzentrationslagern, die die Tscheka unterhielt, eingesperrt. Tausende wurden erschossen. Der Massenterror des Jahres 1937 wurde zudem durch vorhergehende Repressionswellen vorbereitet. 1930 wurden im Zuge der Kollektivierung und Entkulakisierung sehr viele Bauern erschossen, die sich dagegen auflehnten. Die diesbezüglichen Urteile fällten die Troiki der OGPU. Das heißt, der Mechanismus einer schnellen und massenhaften Abrechnung war längst erprobt. Im Januar 1933 begründete Stalin auf dem Vereinigten Plenum des ZK und der ZKK der KPdSU(B) die bevorstehende Säuberungswelle in der Gesellschaft, als er die These aufstellte, dass die Vernichtung der Klassen „nicht auf dem Wege des Erlöschens des Klassenkampfes, sondern auf dem Wege der Verschärfung, der maximalen Zuspitzung des Klassenkampfes" vor sich geht. Außerdem formulierte er die Aufgabe, „die Überreste der sterbenden Klassen zu vernichten und ihre Diebesmachenschaften zu vereiteln".[17] Auf der Grundlage von Lenins Lehre bereitete Stalin den Massenterror vor. Mit dem Terror wurde auf Stalins Befehl hin im Juli 1937 begonnen und er wurde auf Stalins Befehl im November 1938 eingestellt.

Was für ein Fazit können wir heute ziehen? Eine juristische Einschätzung der sowjetischen Verbrechen ist bis auf den heutigen Tag nicht erfolgt. Die Troubadoure der Massenrepressalien Lenin, Stalin und eine Reihe kleinerer Amtsträger ruhen an der Kremlmauer auf dem Roten Platz in Moskau. Der überwiegende, erdrückende Teil der Dokumente über die Verbrechen der sowjetischen Epoche liegt bis heute gut weggeschlossen und unzugänglich im Zentralen Archiv des FSB der Russischen Föderation.

Aus dem Russischen von Wladislaw Hedeler

Anmerkungen

1   N. Geworkjan: Gegenpläne zur Vernichtung des eigenen Volkes, in: Moskowskie nowosti, 21.6.1991.

2   Hier und im Folgenden werden statistische Angaben aus dem Buch von O. B. Mosochin, Das Recht auf Repressalien (Moskau 2011), übernommen.

3   J. W. Stalin: Unterredung mit ausländischen Arbeiterdelegationen. In: J. Stalin. Werke. Berlin 1953, Bd. 10, S. 204.

4   Der Begriff „Albumverfahren" geht auf die Form der aus den Regionen nach Moskau geschickten Dokumente zurück. Die Aktenblätter wurden im Querformat gebunden und nach Moskau geschickt, wo eine Dwoika die Urteile bestätigte.

5   Der Artikel 111 in der am 5. Dezember 1936 angenommenen Verfassung lautet: „Die Verhandlung ist bei allen Gerichten der UdSSR öffentlich, sofern nicht durch Gesetz Ausnahmen vorgesehen sind; dem Angeklagten wird das Recht auf Verteidigung gewährleistet."

6   Der Artikel 102 in der am 5. Dezember 1936 angenommenen Verfassung lautet: „Die Rechtsprechung wird in der UdSSR von dem Obersten Gericht der UdSSR, von den Obersten Gerichten der Unionsrepubliken, von den Regions- und Gebietsgerichten, von den Gerichten der autonomen Republiken und autonomen Gebiete, von den Bezirksgerichten, von den besonderen Gerichten der UdSSR, die auf Beschluss des Obersten Sowjets der UdSSR gebildet werden, und von den Volksgerichten ausgeübt."

7   Das Original des Beschlusses des Politbüros des ZK der KPdSU(B) vom 2. Juli 1937 wird im RGASPI aufbewahrt. F. 17. Op. 166. D. 575. LL. 19-22.

8   Vgl. hierzu die Untersuchung von M. Junge, R. Binner und G. Bordjugow, Wertikal bolschowo

terrora, Moskau 2008. Eine deutsche Ausgabe erschien im Berliner Akademie Verlag unter dem Titel: Rolf Binner, Bernd Bonwetsch, Marc Junge: Massenmord und Lagerhaft. Die andere Geschichte des Großen Terrors. Berlin: Akademie Verlag 2009. 821 S. (= Veröffentlichungen des Deutschen Historischen Institutes in Moskau; Bd. 1).

9 RGASPI. F. 17. Op. 166. D. 581. L. 185.

10 RGASPI. F. 17. Op. 166. D. 581. L. 139.

11 RGASPI. F. 17. Op. 166. D. 581. L. 127.

12 Mit „Harbiner" sind jene Bürger gemeint, die nach dem Konflikt an der ostchinesischen Eisenbahn 1929 bzw. später aus China in die Sowjetunion kamen. Sie wurden der Spionage für Japan verdächtigt.

13 Als Beschluss des Politbüros des ZK der KPdSU(B) formuliert P51/324 vom 20.7.37. Außer Stalin haben Jeshow, Molotow, Woroschilow, Kaganowitsch, Mikojan und Tschubarjan unterschrieben. RGASPI. F. 17. Op. 166. D. 575. LL. 51–53. Hier zitiert nach: Nikita Ochotin; Arseni Roginski: Zur Geschichte der «Deutschen Operation» des NKWD 1937-1938. In: Jahrbuch für Historische Kommunismusforschung 2000/2001, Berlin: Aufbau Verlag 2001, S. 89-125.

14 RGASPI. F. 17. Op. 166. D. 575. LL. 69–70.

15 N. Petrow: Henker – sie erfüllten Stalins Weisungen. Moskau 2011, S. 186-190.

16 Vgl. z.B. Ju. N. Shukow: Man muß stolz sein, anstatt Reue zu zeigen! Die Wahrheit über die Stalinepoche. Moskau 2011; Ju. N. Shukow; W. W. Koshunow; Ju. I. Muchin: Das Rätsel des Jahres 37. Moskau 2010.

17 J. W. Stalin: Die Ergebnisse des ersten Fünfjahrplans. In: J. Stalin. Werke. Bd. 13, S. 188-189.

Wolfgang Ruge (1917–2006) zu diesem Thema

Stalinismus – eine Sackgasse im Labyrinth der Geschichte, Deutscher Verlag der Wissenschaften, Berlin 1991. ISNB 3-326-00630-6

Lenin: Vorgänger Stalins.
Eine politische Biografie.
Herausgegeben von Eugen Ruge und Wladislaw Hedeler.
Matthes & Seitz, Berlin 2010,
ISBN 978-3-88221-541-0

Gelobtes Land.
Meine Jahre in Stalins Sowjetunion.
Herausgegeben von Eugen Ruge.
Rowohlt, Reinbek 2012,
ISBN 978-3-498-05791-6.

Alexander Vatlin

Die „Deutsche Operation des NKWD" in Moskau und im Moskauer Gebiet 1936-1941

Erste Ergebnisse eines Forschungsprojektes

Zur Problemstellung und zur Quellenlage

In dem Forschungsprojekt, über das dieser Artikel Auskunft gibt, wurde der Verlauf der „Deutschen Operation des NKWD" in Moskau und im Moskauer Gebiet in den Jahren 1936-1941 untersucht. Dabei wurden die administrativen Grenzen von September 1937 zugrunde gelegt. Für dieses Gebiet ist eine ebenso ausreichende wie überschaubare Quellenbasis überliefert. Im Staatsarchiv der Russischen Föderation (GARF) werden ca. 1.000 Untersuchungsakten aufbewahrt, die die Moskauer Gebietsverwaltung des NKWD sowie deren Vorgänger und Nachfolger bei der Bekämpfung politischer Verbrechen angelegt hatten.

Zu diesem Bestand gehört auch eine Kartothek, in der Angaben über Geburtsdatum und Geburtsort der betreffenden Personen verzeichnet sind. Nur in einigen wenigen Fällen sind das Verhaftungsdatum und das Datum der Verurteilung sowie das Strafmaß angegeben. Der Geburtsort lag der während des Forschungsprojekts erstellten Datenbank zugrunde. Wer auf dem Territorium des Deutschen Reiches geboren wurde, stand auf diese oder jene Weise in Beziehung zu diesem seinem Geburtsland.

Nach einer ersten Sichtung der Karteikarten konnten über 1.000 Personen ermittelt werden, deren Name und Geburtsort einen deutschen Klang hatten. Daran schloss sich eine Durchsicht der betreffenden Untersuchungsakten an. Diese Sichtung und Prüfung machte die erste Phase des Projektes aus. Die ethnische Zugehörigkeit verlor im Verlauf der Forschungsarbeit den Stellenwert des dominierenden Kriteriums. Das Kriterium, von dem sich die Organe der Staatssicherheit leiten ließen, war nicht die Identifizierung, die eindeutige Zuordnung zu einer Nationalität, sondern einzig und allein die Zugehörigkeit zu einer fremden, „nichtsowjetischen" Welt. In diesem Falle genügte schon der bloße Kontakt zu dieser Welt. Entscheidend waren der Geburtsort, die Staatsbürgerschaft (egal, ob in der Vergangenheit oder in der Gegenwart) und die Tatsache, dass die betreffende Person längere Zeit im Ausland gelebt hatte.

Der Verzicht darauf, den ethnischen Faktor als entscheidend anzusehen, spiegelt sich auch in den zahlreichen Verfälschungen der Angaben der Untersuchungshäftlinge über ihre nationale Zugehörigkeit wieder. Besonders betroffen waren die Juden, die im Pospolita-Gebiet, gelegen zwischen Österreich, Preußen und Russland, geboren wurden. Sie wurden als Deutsche „registriert" und der Geburtsort so aufgeschrieben, dass er einen deutschen Klang erhielt. Im Ergebnis der Auswertung der Akten wurden einige Personen nicht berücksichtigt. Zu ihnen gehören deutsche Kriegsgefangene und die deutschen Ehefrauen russischer Kriegsgefangener. Nicht berücksichtigt wurden darüber hinaus die Volksdeutschen und die Russlanddeutschen.

Man muss wissen, dass nach dem Ersten Weltkrieg in Deutschland sehr viele Ausländer lebten, darunter auch aus dem ehemaligen Russischen Reich. Sie wirkten aktiv am ökonomischen, gesellschaftlichen und politischen Leben des Landes mit, fühlten sich nach ihrer

Ankunft in Sowjetrussland als Deutsche, unabhängig von der Nationalität ihrer Eltern. Deshalb wurden die Russen, Polen und Juden, die im Deutschland der Weimarer Republik gelebt haben und erst in den 1930er Jahren in der UdSSR eintrafen, in der Analyse mit berücksichtigt.

Im Ergebnis dieser ersten Projektphase entstand eine Datenbank, die Angaben zu 720 Personen enthielt, die im Folgenden Deutsche genannt werden. Nur für acht in der ausgewerteten Kartothek erfasste Personen trifft der Zeitrahmen 1936-1941 nicht zu, was als Beleg dafür gelten kann, dass die Dauer der „Deutschen Operation des NKWD" im Politbüro des ZK der KPdSU(B) genau geplant und von den Staatssicherheitsorganen strikt eingehalten wurde.

Ungeachtet dessen, dass Moskau und das Moskauer Gebiet eine Schlüsselrolle in der Zwischenkriegszeit spielten, bleibt hier die Ermittlung und Veröffentlichung der Namen der Opfer hinter der in anderen Regionen des Landes auf diesem Gebiet geleisteten Arbeit zurück. Lediglich im Hinblick auf Angaben zu den in Moskau und im Moskauer Gebiet Erschossenen sind die heute veröffentlichten Listen vollständig. Doch sie erfassen nur ein Drittel aller Repressierten. Bis auf den heutigen Tag gibt es weder eine vollständige Datenbank noch ein publiziertes Gedenkbuch, in dem alle Namen und Kurzbiografien der Opfer politischer Repressalien in der Moskauer Region verzeichnet sind. Ungenannt bleiben jene, die zu „Besserungsarbeit" im Gulag verurteilt worden sind, die aus der Haft entlassen wurden oder die Untersuchungshaft nicht überlebten. Eine derartige Arbeit kann nur im Ergebnis der Bündelung aller Kräfte staatlicher Moskauer Einrichtungen sowie der interessierten Öffentlichkeit geleistet werden. Bis auf den heutigen Tag erfolgt die Erfassung dieses nicht zum Tode durch Erschießen verurteilten Personenkreises nur schrittweise, doch jede, auch die geringste Aktivität, bringt uns dem Ziel näher, jedes der Opfer beim Namen zu nennen.

Die politische Biografie der Emigranten vor ihrer Ankunft in der UdSSR

Die Auswertung der Untersuchungsakten bereichert nicht nur unser Wissen über Lebenswege und Lebensbedingungen, sondern auch unser Wissen über die Geschichte der KPD und des antifaschistischen Kampfes in den letzten Jahren der Weimarer Republik. Schon die Zahlen sprechen für sich: 436 von 720 in der Datenbank erfassten Personen waren Mitglieder der KPD, 158 von ihnen traten zwischen 1919 und 1921 der Kommunistischen Partei bei. Weitere einhundert Personen, die in der Datenbank erfasst sind, gehörten den der KPD nahestehenden politischen Organisationen (wie dem paramilitärischen Roten Frontkämpferbund oder dem Kommunistischen Jugendverband Deutschlands) an.

Ein Teil der Emigranten trat der KPD nur bei, um die Einreise und ihre darauffolgende Legalisierung in der UdSSR zu erleichtern. Das betraf in der Regel die Jahre 1930-1933, als die Arbeiter vor dem Elend und der Arbeitslosigkeit aus Deutschland flohen. 47 Personen traten am Vorabend ihrer Ausreise in die UdSSR in die KPD ein. Sie erhofften sich davon, leichter an ein Visum und an eine Arbeitserlaubnis in der UdSSR zu gelangen.

Viele Ereignisse im Leben der KPD, an denen sich die in Moskau verhafteten Emigranten beteiligt hatten, viele Episoden aus der Geschichte der Partei sind in den Untersuchungsakten in aller Ausführlichkeit festgehalten. Die Angeklagten sahen in ihrer Parteiarbeit, darunter im illegalen Kampf, in der Vorbereitung von Sprengstoffanschlägen, im Diebstahl von Waffen, in der Ermordung von SA-Leuten oder Polizisten den wichtigsten Beweis für ihre Treue zur Sache des Kommunismus und folglich auch den Beweis für die Absurdität der von den Untersuchungsführern des NKWD gegen sie erhobenen Anschuldigungen. Letztere hingegen suchten nach einem „Aufhänger", um in den Aussagen erwähnte konkrete Sachverhalte im Sinne der Spionage oder konterrevolutionären Tätigkeit auslegen zu können.

Nach dem 30. Januar 1933 nimmt die Zahl der Emigranten spürbar zu. In dieser Zeit der Wirren trafen viele ohne Erlaubnis bzw.

vorherige Zustimmung der Parteiführung in der UdSSR ein, was ihre Anerkennung als Politemigrant erschwerte. Später diente dieser Umstand als Vorwand, ihnen Spionageabsichten oder Agententätigkeit für die Gestapo zu unterstellen. In der Lubjanka erzählten sie detailliert über ihren illegalen Kampf, über Verhaftung und Folter durch die Gestapo. Hans Schüssel z. B. überquerte über zwanzig Mal die deutsch-tschechische Grenze mit einem Koffer voller kommunistischer Literatur. Auf der letzten Schmuggeltour wurde er von einem Nazi verfolgt. Um sich der Verhaftung zu entziehen, erschoss Schüssel seinen Verfolger.

In der Fachliteratur über den antifaschistischen Widerstand in Deutschland ist die Tätigkeit der sogenannten „Weißen Abteilung" innerhalb des militär-politischen Apparates der KPD so gut wie unbekannt. Diese Abteilung sammelte Informationen über die SA und den „Stahlhelm", schleuste ihre Leute in diese Organisationen ein. Über diese Arbeit berichtete das Mitglied des ZK des KJVD Ernst Baum (Osche). Die Deutschen konnten nicht ahnen, dass sie durch die ausufernden Schilderungen ihrer Heldentaten dem Untersuchungsführer zuarbeiteten, dem daran gelegen war, ein Szenario ihrer Anwerbung zu konstruieren.

Ankunft in der Sowjetunion, soziale Mobilität

Die Akten enthalten ausgesprochen viele Informationen zu diesem Thema, denn während der Verhöre wurde nicht nur der berufliche Werdegang rekonstruiert, sondern auch die Umstände der Einreise wurden untersucht. Die Exilanten strebten danach, in die Nähe der Hauptstadt zu kommen, denn hier lebte man besser als in abgelegenen Regionen. Schließlich entstanden ganze Miniansiedlungen deutscher Emigranten in Moskau und im Moskauer Umland. In einigen Fällen, wie im Falle des Moskauer Elektrosawod oder der Ersten Uhrenfabrik, war dies das Ergebnis einer gezielten Anwerbung von Arbeitskräften. In der Regel ist dies jedoch auf eine zufällige Überschneidung bürokratischer und individueller Entscheidungen zurückzuführen. Die Mitarbeiter der Inter-

nationalen Roten Hilfe wandten sich mit ihrer Bitte, Deutsche einzustellen, an jene Betriebe, zu denen gute Kontakte bestanden.

Ein entscheidender Faktor, der die Deutschen an die neue Heimat band, waren ihre russischen Freundinnen und Ehefrauen. Hier spielte sowohl aufrichtige Liebe als auch kühle Berechnung eine Rolle, was auf beide Partner, selbstverständlich in unterschiedlicher Ausprägung, zutraf. Die kulturvollen Ausländer, die gut verdienten und in den Torgsin-Läden, hier wurde Zahlung in Valuta akzeptiert, einkaufen konnten, imponierten den Sowjetfrauen. Die Deutschen sahen in der Beziehung – abgesehen von allen anderen Gefühlen – auch die Möglichkeit, der Einsamkeit zu entfliehen, ihren Bekanntenkreis auszudehnen und die russische Sprache zu erlernen. Die Heirat bot zudem die Chance, aus dem Wohnheim auszuziehen und in der sowjetischen Gesellschaft Fuß zu fassen. Die mitgereisten Ehefrauen der Facharbeiter kehrten sehr oft bald nach Deutschland zurück, weil sie mit den Alltagsproblemen nicht zurechtkamen.

In Auswertung der Verhörprotokolle der verhafteten Deutschen lässt sich die These formulieren, dass es den Politemigranten schwerer fiel als den Facharbeitern, sich in den Betrieben einzuleben. Die Facharbeiter waren vor der Arbeitslosigkeit geflohen und ließen sich von materiellen Interessen leiten. Ihre Vorstellungen von der Situation in der Sowjetunion waren nicht so euphorisch wie die der Politemigranten. Letztere verstanden sich als Berufsrevolutionäre, die zeitweise in die UdSSR gekommen waren, und baten darum, sie zur illegalen Arbeit nach Deutschland, in Drittländer oder als Freiwillige nach Spanien zu schicken. Viele von ihnen wollten ihren Platz im sowjetischen Alltag finden, vermochten es aber nicht, weil sie das von der Parteipresse der KPD verbreitete geschönte Bild verinnerlicht hatten.

Der rechtliche Status und die bürokratische Kontrolle

Die Politemigranten blieben formell deutsche Staatsbürger, auch wenn sie auf jeden Kontakt in die Heimat und zu den diplomatischen Vertretungen verzichteten (selbstverständlich gab es Ausnahmen, wie die Korrespondenz mit Verwandten in Deutschland, die über Deckadressen lief oder mit Unterstützung von Botschaftsmitarbeitern aufrechterhalten wurde). Politemigranten wussten in der Regel nicht, dass ihnen die deutsche Staatsbürgerschaft aberkannt worden war. Das kam erst an den Tag, wenn sich die deutsche Botschaft weigerte, den zu Ausbürgerung aus der UdSSR verurteilten Politemigranten Ausreisepapiere auszustellen. Einen Nansen-Pass beantragten sie im Regelfall nicht. Nach ihrer Verhaftung durch das NKWD machten sie unterschiedliche und widersprüchliche Aussagen über ihre Staatsangehörigkeit, mal bezeichneten sie sich als Sowjetbürger, mal als Reichsdeutsche. Im ersten Fall wollten sie ihre Auslieferung an Deutschland verhindern, im zweiten Falle wollten sie diese herbeiführen, um nicht im Gulag zu landen.

Von den 720 erfassten Personen behielten nur 185 die deutsche Staatsbürgerschaft. Die meisten Deutschen erhielten ihren Sowjetpass in den Jahren 1936 bis 1937. Die „Sowjetisierung" der Politemigranten erfolgte früher als die der Facharbeiter. Hier haben wir es nicht mit einer kurzfristigen Maßnahme zu tun, der eine klare politische Direktive zu Grunde liegt, sondern mit einer zunehmenden Unifizierung jenes buntscheckigen ethnischen Konglomerats, das in der Sowjetunion zu Hause war und in der Perspektive das „Sowjetvolk" abgeben sollte.

Am Vorabend der „Massenoperationen" des NKWD standen die Ausländer vor der Alternative, entweder Sowjetbürger zu werden oder das Recht auf Aufenthalt in der UdSSR zu verlieren. Das sorgte für Verwirrung, denn viele Anträge auf sowjetische Staatsbürgerschaft von Untersuchungshäftlingen, die noch vor der Verhaftung eingereicht worden waren, wurden noch vom Zentralexekutivkomitee überprüft. Wie bereits erwähnt, behielten 185 von 720 die deutsche Staatsbürgerschaft, 95 waren zum Zeitpunkt der Verhaftung staatenlos, 438 hatten die sowjetische Staatsbürgerschaft angenommen.

Die Emigranten aus Deutschland standen unter totaler bürokratischer Kontrolle. Letztere ist Gegenstand wissenschaftlicher Untersuchungen, die sich vor allem auf Dokumente stützen, die im Archiv der Komintern überliefert sind. Die Einbeziehung der Untersuchungsakten ermöglicht es, neue Facetten des Problems zu untersuchen, so z. B. der Frage nachzugehen, inwieweit die deutsche Botschaft in Moskau selbst zum Subjekt dieser Kontrolle wurde. Hier bietet sich die Möglichkeit einer vergleichenden Analyse der Funktionsweise bürokratischer Mechanismen zweier Diktaturen, sowohl ihrer zwangsläufigen Kooperation als auch ihrer Konfrontation, die sich aus der angespannten Situation der sowjetisch-deutschen Beziehungen in der zweiten Hälfte der 1930er Jahre ergab.

Die Botschaft empfahl den eingereisten Facharbeitern, sich in der Botschaft registrieren zu lassen, lud sie zu „Bierabenden" ein und sah in ihnen eine wichtige Informationsquelle über die Situation an den Arbeits- und Wohnorten. In einer Reihe von Fällen erteilte die Botschaft Facharbeitern die Weisung, die UdSSR zu verlassen und sich nach dem Eintreffen in Deutschland sofort auf dem zuständigen Polizeirevier zu melden. Eine Weigerung, dem Folge zu leisten, wäre gleichbedeutend mit dem Verlust der deutschen Staatsbürgerschaft. Viele Facharbeiter reagierten auf diese Anordnung mit der Beantragung der sowjetischen Staatsbürgerschaft.

Es versteht sich fast von selbst, dass die Politemigranten die Botschaft ignorierten, deren Gebäude nicht weit vom Deutschen Klub in Moskau entfernt war. Bei der Ausweisung aus der UdSSR auf Beschluss der Sonderberatung beim NKWD mussten sie ihre Reisepässe in der Botschaft vorlegen, um ein Visum zu erhalten. Die Diplomaten gaben sich keine Mühe, ihre Schadenfreude zu verbergen: „Aha, haben also Ihre Genossen Sie verraten". Wenn der Untersuchungshäftling im Verhör zugab, Kontakte zur Botschaft unterhalten zu haben, wurde dieser Sachverhalt zum Dreh- und Angelpunkt künftig fabrizierter Anklagen. Die Mitarbeiter von Stalins Staatssicherheitsorganen unterschieden nicht zwischen der Rolle der deutschen Botschaft in der Weimarer Republik und in den Jahren der faschistischen

Diktatur. Für sie war es immer ein Vorposten des Klassenfeindes, der lediglich von Zeit zu Zeit die Maske wechselte.

Sowohl die gebürtigen Deutschen als auch jene, die im Deutschland der Weimarer Republik gelebt hatten, galten als Träger einer „anderen, fremden Lebensweise", als Multiplikatoren ihrer praktischen Erfahrungen. Ob bewusst oder unbewusst, sie übertrugen ihre Gewohnheiten und Einstellungen, ihre Unabhängigkeit und Offenheit, ihre politische Widerspenstigkeit in den sowjetischen Alltag. Für das Stalin-Regime, das eine maximale Unifizierung des gesellschaftlichen Lebens in der Sowjetunion anstrebte, war dies unannehmbar. Als Katalysator der sich anbahnenden Epoche des staatlichen Terrors fungierte die internationale Lage, die in den Materialien der KPdSU(B) und in der internen Korrespondenz des NKWD als „Vorkriegssituation" bezeichnet wurde.

Die Praxis der Repressalien: Auswahl der Opfer, Geständnisse, Widerstand

Die Nationalität war nicht das alleinige Kriterium für die Auswahl der Opfer im Verlauf der deutschen Operation des NKWD. Betroffen waren auch Menschen, die lange Zeit in Deutschland gelebt und gearbeitet, dort Verwandte oder Bekannte hatten, zu denen sie auch weiterhin Kontakt unterhielten. Diese Personen wurden nach Geburtsort, Arbeitsort, ehemaligen Bekannten ermittelt. Oft genügte auch nur ein ausländisch klingender Name.

In der ersten Etappe der Repressalien griff man auf Kartotheken zurück, die Angaben über die polizeiliche Anmeldung, die Annahme der sowjetischen Staatsbürgerschaft, Kontakte ins Ausland oder Straftaten enthielten. Die entsprechenden Listen wurden auf der Grundlage von aus unterschiedlichen Einrichtungen (Postzensur, Ausländermeldeamt, Spitzelberichte) eingetroffenen Informationen zusammengestellt. Bereits im Verlauf der nationalen Operation im Moskauer Gebiet wurde deutlich, dass es an Menschen mangelt, die der „Risikogruppe" zugeordnet werden können. Jetzt ging es nicht mehr darum, dass alle Kriterien zutreffen,

sondern es genügte schon die Zuordnung zu einem Kriterium.

Die NKWD-Führung stimulierte die Fabrikation von Gruppenstrafsachen, denn so war es möglich, über die Zerschlagung ganzer Spionageringe zu berichten und die vorgegebenen Quoten zu erfüllen. Die Konstruktion der Spionageringe folgte dem Produktionsprinzip, das auch das Alltagsleben in der Sowjetunion prägte. An zweiter Stelle folgten Personen, die zusammen in Hotels oder in Emigranten zur Verfügung gestellten Häusern oder Wohnheimen wohnten.

Seine Fortsetzung fand dieses gruppenmäßige Herangehen in der Verhaftung der Angehörigen. In der Datenbank gibt es Hinweise auf 213 von 267 Personen, die aus diesem Grund in das Visier der Moskauer Verwaltung des NKWD gerieten. Es handelt sich um Kinder, Ehepartner, Geschwister. Auch dies geht auf den Wunsch zurück, mit geringstem Aufwand ein maximales Ergebnis zu erzielen.

Die Vernehmung des Angeklagten unter Bedingungen der „stalinschen Rechtsprechung" war der Dreh- und Angelpunkt der Untersuchung und der Kulminationspunkt der menschlichen Tragödie. Dem ersten Verhör ging das Ausfüllen des Fragebogens des Verhafteten voraus, einem in der Untersuchungsakte abzulegenden, unverzichtbaren Dokument. Hier wurden die biografischen Angaben des Angeklagten und seiner Nächsten vermerkt. Dieses sehr formalisierte und von im System des NKWD untergeordneten Mitarbeitern wie Schreibkräften oder Praktikanten ausgefüllte Dokument liegt unserer Datenbank zugrunde. Wenn möglich, wurden diese Angaben mit denen aus anderen Quellen – wie Lexika oder Erschießungslisten – verglichen und offensichtliche Fehler korrigiert.

Um ein Geständnis zu erhalten, übte der Untersuchungsführer zunächst psychologischen Druck aus. In seiner Darstellung erschienen die Verhaftungen als eine Art prophylaktische Operation zur Ausweisung von Ausländern, ab und zu wurden Parallelen zur Entkulakisierung Anfang der 1930er Jahre gezogen. Im Tausch gegen das unterschriebene Geständnis boten die Untersuchungsführer an, die Voruntersuchung schnell abzuschließen, eine geringe

Strafe zu verhängen und die Angehörigen in Ruhe zu lassen.

Wenn es nicht gelang, sich einvernehmlich zu einigen, wurde zunächst verbal gedroht. Zu Boris Schirmann sagte der Untersuchungsführer, er sei ein Feind, der nicht die Waffen gestreckt habe und deshalb erschossen werde. Mehr noch, man drohte, seine Ehefrau und seine Mutter zu verhaften und zeigte ihm die schon ausgefertigten Haftbefehle für beide Frauen. Manchmal öffnete der Untersuchungsführer nur die Tür, dann waren die Schreie der in den Nachbarzimmern gefolterten Gefangen zu hören. Das und die Erzählungen der Mitgefangenen in der Zelle waren ein wirksames „Argument".

Auf die Androhung von Gewalt folgte die Anwendung von Gewalt. Auch hier gingen die Untersuchungsführer schrittweise vor. Zunächst ließ man die Häftlinge nicht schlafen. Die Vernehmer wechselten sich beim Verhör ab. Die Häftlinge wurden u.a. gezwungen, bis zur Besinnungslosigkeit zu stehen oder auf der Stuhlkante zu sitzen. War der Widerstand immer noch nicht gebrochen, setzte physische Gewalt ein. Auf Ohrfeigen oder Stiche mit der Schreibfeder folgte brutale, oft stundenlange Prügel. Geschlagen wurde mit dem, was gerade zur Hand war, oder mit speziell hierfür hergestellten Instrumenten. Die hierbei zur Anwendung gekommenen Methoden kennen wir aus den Eingaben, Erklärungen und Erinnerungsberichten von Gulag-Häftlingen.

Wenn wir die Frage nach dem Widerstand des Untersuchungshäftlings aufwerfen, müssen wir den Begriff möglichst weit fassen, denn der Handlungsspielraum der Gefangenen war sehr gering. Im Unterschied zum politischen Protest in Freiheit äußerte sich der Widerstand während der Untersuchungshaft nicht nur in der Ablehnung erfundener Anschuldigungen, es war eine Überlebensstrategie, die hier zur Anwendung kam.

Die verbreitetste Form von Widerstand war die wiederholte Weigerung, ein Geständnis abzulegen. Aktive Formen von Widerstand wie Beleidigung des Untersuchungsführers, ein Hungerstreik oder Selbstmordversuch sind weitaus seltener. In Dutzenden von Fällen zog dieser Widerstand die U-Haft in die Länge

und eröffnete die Möglichkeit, das Ende der Jeshowschtschina zu erleben. Auf jeden Fall half dies, unter extremen Bedingungen die Würde zu bewahren, auch wenn der Preis hierfür physische und moralische Leiden waren.

Statistik der Repressalien, Härte des Urteils

Der Beginn der „deutschen Operation" des NKWD fällt auf Ende Juli 1937. Am 29. und 30 Juli 1937 wurden 50 Personen verhaftet. Die Gebietsverwaltung der Staatssicherheit wurde zum führenden Organ im Prozess der Repressalien im Moskauer Umland. Nach Angaben der Vertretung der KPD waren Ende 1937 insgesamt 551 in der UdSSR lebende Parteimitglieder, davon 228 in Moskau, verhaftet.

Ende 1937 war klar, dass ohne Einbeziehung der Kreisdienststellen des NKWD keine Erfüllung der von oben vorgegebenen Limite und keine Einhaltung der Tempi der „deutschen Operation" möglich war. Der Beitrag der NKWD-Basis zur „deutschen Operation" in den Jahren 1936 bis 1941 wird deutlich, wenn man sich vor Augen führt, dass von 625 Fällen über ein Drittel (218) von Kreisdienststellen des NKWD in der Metropole und im Moskauer Gebiet bearbeitet worden sind.

Massenverhaftungen im Zuge der „deutschen Operation" fanden vom 29. Juli 1937 bis Ende März 1938 statt. 556 von 720 Verhaftungen fallen in diese Zeit, unter den 556 Verhafteten waren 111 Reichsdeutsche, die fast alle zu Ausweisung verurteilt worden waren. Von den insgesamt in dieser Zeitspanne verurteilten 520 Personen wurden 215 erschossen. Das entspricht ca. 40%. Diese Zahl ist viel geringer als die durchschnittliche Angabe für das ganze Land, die bei 76,17% liegt. Eine Erklärung hierfür ist, dass nicht alle in unserer Datenbank erfassten Personen von den Untersuchungsorganen als Deutsche angesehen wurden.

Die meisten von ihnen wurden von der Dwoika verurteilt, d.h. der aus dem NKWD-Chef Jeshow und Generalstaatsanwalt Wyschinski bzw. ihren Stellvertretern bestehenden Kommission. Lediglich neun zum Tode durch Erschießen verurteilte Personen wurden von der Troika der Verwaltung des NKWD für das Moskauer Gebiet verurteilt. Bei den von der Troika Verurteilten waren andere Kriterien als die deutsche Komponente in der Biografie ausschlaggebend: es handelt sich hier um obdachlose Arbeitslose, einen Häftling aus dem Dmitlag sowie Mitarbeiter von Metrostroi.

Seit Mitte November 1938 setzten in den Gefängnissen Vernehmungen jener Untersuchungsgefangenen ein, die zum Ende der Jeshowschtschina immer noch ohne Urteil einsaßen. Von 556 im Verlauf der „deutschen Operation" Verhafteten saßen 63 noch in U-Haft. Sie alle widerriefen die Geständnisse. Entsprechende Vermerke finden sich in den Akten ebenso wie ihre Aussagen über die Methoden ihrer „physischen Bearbeitung". Die Richter nahmen ihre Arbeit wieder auf, in den Akten finden sich ihre Vermerke auf die Revision der Fälle und entsprechende Verfügungen.

Die Statistik spiegelt auch wider, dass die Organe der Staatssicherheit Frauen keine schwerwiegenden Verbrechen zutrauten, hierin kommt der patriarchalische Charakter der Sowjetgesellschaft zum Ausdruck. Auf Beschluss der Dwoika wurden acht Frauen erschossen, das sind weniger als vier Prozent aller Exekutierten. Diese Proportion entspricht der Praxis in Butowo. Das trifft auch auf Teenager zu. In unserer Datenbank gibt es keine Person unter 20 Jahren.

Die Verurteilung zu fünf Jahren Besserungsarbeitslager kam aus der Sicht des NKWD fast einem Freispruch gleich. Als der Arzt Erich Sternberg im Zuge der Revision seines Falles erneut vernommen wurde, widerrief er alle Geständnisse vom März. Daraufhin begann der Untersuchungsführer beruhigend auf ihn einzureden. „Wir beschuldigen Sie nicht, doch Sie können uns nicht beweisen, dass Sie nicht

angeworben worden sind. Deshalb müssen Sie fünf Jahre im Lager arbeiten, das ist doch nicht schlimm." Ein geringeres Strafmaß musste man sich verdienen, in unserer Datenbank gibt es nur sieben solcher Urteile, sie liegen alle außerhalb des Zeitraums der Massenoperationen.

Besondere Aufmerksamkeit verdienen die Voruntersuchungen, die mit der Entlassung der Deutschen endeten. In den 720 ausgewerteten Akten gibt es 44 solcher Fälle. Doch nur sieben Personen wurden bis November 1938 entlassen. In 19 Fällen erfolgte die Entlassung zwischen November 1939 und März 1940, was mit dem Tauwetter in den deutsch-sowjetischen Beziehungen zusammenhängt. Unter den auf Anweisung der Moskauer Gebietsverwaltung des NKWD Entlassenen sind viele Deutsche, die zunächst gestanden und später widerrufen hatten. Im Falle von Heinrich Stafford wurde darauf verwiesen, dass er sich nie schuldig bekannte, die Untersuchung seines Falles dauerte immerhin zweieinhalb Jahre!

Hinzu kommen noch einige andere, diese Entlassungen befördernden bzw. begünstigenden Faktoren. Hierzu gehören die Weigerung der deutschen Botschaft, Ausreisepapiere für Deutsche auszustellen, die Ende 1937 zu Ausweisung verurteilt worden sind, die Bemühungen der Angehörigen, die alle Instanzen abklapperten, um den Verhafteten zu helfen, und nicht zuletzt das in der Literatur bereits skizzierte „Eintreten" der KPD-Führer für ihre verhafteten Genossen. Sie reichten ihre Gesuche bei der Kaderabteilung der Komintern ein, die diese an das NKWD weitergab. In einigen Fällen schaltete sich der Generalsekretär der Komintern, Georgi Dimitroff, persönlich ein.

Aus dem Russischen von Wladislaw Hedeler

Wladislaw Hedeler

Archivforschungen zum „Großen Terror"

Ein Literaturbericht

Dieser Bericht versteht sich als Ergänzung zu den von Nikita Petrov und Alexander Vatlin für dieses Heft verfassten Beiträgen, die den Großen Terror als Ganzes, „Stalins Plan zur Vernichtung eines Volkes" und seine gegen die Deutschen in der UdSSR gerichteten „Operationen" skizzieren. Mit dieser Auswahl werden weitere russische und deutsche Publikationen zum Thema vorgestellt und kommentiert, darunter auch solche Veröffentlichungen, auf die sich die Moskauer Kollegen in ihren Artikeln sowohl direkt als auch indirekt beziehen.

Russische Editionsprojekte zur Geschichte des Stalinismus

Nach der „Archivrevolution" der 1990er Jahre wurden in Russland sehr viele Dokumente zugänglich, die den Terror der 1936–1938er Jahre in der UdSSR entweder aus der Perspektive der politischen Polizei NKVD oder der Führung der Kommunistischen Partei der Sowjetunion beleuchten und zum Teil kontrovers interpretierten.[1] Unter der Herausgeberschaft des Leiters der in der Geschichte der UdSSR/Russlands dritten Kommission zur Rehabilitierung der Opfer politischer Repressalien in den 1920-50er Jahren, Akademiemitglied Alexander Jakovlev, erschien seit 1997 die Schriftenreihe „Russland 20. Jahrhundert. Dokumente". Die Stiftung „Demokratie", die die Herausgabe von Dokumenten aus den vom NKVD, dem Politbüro der KPdSU(B) und dem Außenministerium der UdSSR angelegten (und für ausländische Wissenschaftler weitgehend nicht zugänglichen) Archiven organisiert und

fördert, hat zahlreiche Bände über die Struktur und Organisation des NKVD und der diesem Volkskommissariat unterstellten Hauptverwaltung Lager (GULAG) im Programm. In den letzten Jahren wandten sich auch andere Verlage dieser Thematik zu und legten Handbücher, die den Führungsbestand, die Struktur und die Dienstanweisungen des zentralen Terror-, Strafvollzugs- und Unterdrückungsapparates in der gesamten Sowjetära dokumentieren, vor. Einen Überblick über die Verlagslandschaft bietet die ins Deutsche übersetzte Broschüre von Sergei Kropachev „Von der Lüge zur Aufklärung. Verluste durch den ‚Großen Terror' und Krieg in der sowjetischen und russischen Historiografie" (Berlin 2011).

Die bis zu seinem Tod von Alexander Jakovlev geleitete Stiftung hat es vermocht, die in Russland zunächst nur im Umfeld der Menschenrechtsorganisation „Memorial" von einigen Experten bis dahin sporadisch und dezentral durchgeführte Forschung zu bündeln, weitere Historiker und Archivleiter für die Mitarbeit zu gewinnen und die Forschungsergebnisse zu publizieren. Alle bisher erschienenen Bände sind zurückhaltend kommentiert und in der Regel mit Sach-, Personen- und geographischen Registern ausgestattet. Im Vordergrund dieser Editionen steht die Dokumentation, nicht die Interpretation.

Auf dem deutschen Büchermarkt dominierten zunächst Historiker aus Großbritannien und den USA, die mit Thesen hervortraten, die darauf gerichtet waren, die klassische Totalitarismustheorie zu revidieren und die tradierten Auffassungen über die Kräftekonstellation in Staat, Partei und Gesellschaft der UdSSR in

Frage zu stellen.[2] Unter Historikern in Russland mehrten sich indessen die Stimmen, die vor voreiligen Verallgemeinerungen warnten und auf die noch zu leistende Kärrnerarbeit hinwiesen. Heute ist es möglich, den Terror nicht mehr nur fragmentiert nach Opfergruppen (Nomenklatura, Armee, nationale Operationen des NKVD, Komintern) sondern in der Einheit seiner Bestandteile auf der Grundlage der überlieferten Dokumente und eingebettet in die gesamte Geschichte der UdSSR zu untersuchen. Die Zeit, da dies nur eingeschränkt und auf der Grundlage von Memoiren und Privatarchiven (wie im Falle Trotzkis), Berichten von in den Westen geflohenen Funktionären oder Einzelbeständen aus Beutearchiven, wie dem Smolensker Archiv, möglich war, ist vorbei.

Zu den interessanten Versuchen, die in den letzten Jahren in Angriff genommen worden sind, um die unterschiedlichen international vorgestellten Auffassungen, Forschungsergebnisse und Diskussionslinien zum Stalinismus zusammentragen, gehört die in Auswertung einer im Dezember 2008 in Moskau durchgeführten Tagung zur Geschichte des Stalinismus ins Leben gerufene Edition im Moskauer Rosspén-Verlag, die mit finanzieller Unterstützung der Jelzin-Stiftung erscheint.[3] Im Rahmen dieses anspruchsvollen, auf ca. 100 Bände konzipierten Editionsprojektes sind bereits 98 Bücher erschienen. Schon heute ist dem Verlagsdirektor zufolge absehbar, dass die Reihe über den 100. Band hinaus weitergeführt werden wird.

Nikita Petrov ist in dieser Reihe mit zwei Büchern vertreten. Eine Ežov-Biografie erschien unter dem Titel „Stalins Zögling"[4]. Nikolaj Ežov leitete das Volkskommissariat für Innere Angelegenheiten in den Jahren des Großen Terrors. Das Buch „Nach dem Szenario von Stalin: Die Rolle der Organe des NKVD-MGB der UdSSR bei der Sowjetisierung der Staaten Zentral- und Osteuropas 1945–1953" erschien 2011.[5] Von Alexander Vatlin liegt in deutscher Übersetzung eine Studie über den Terror an der Basis – am Beispiel der Kreisdienststelle des NKVD in Kunzewo bei Moskau – vor.[6] Für die genannte Reihe schrieb Vatlin eine Abhandlung über die Geschichte der Komintern, die ebenfalls auf Deutsch erschienen ist.[7]

„Wie der Terror groß wurde"

Heute sind die Vorbereitung, Durchführung und Nachbereitung der sogenannten nationalen Operationen des NKVD, die vor 75 Jahren den „Großen Terror" in der UdSSR prägten, bekannt. Außer dem von Nikita Petrov in seinem Beitrag zitierten Aufsatz über die deutsche Operation[8] im Band „Das bestrafte Volk"[9] liegen Darstellungen über die afghanische, die estnische, die finnische, die griechische[10], die iranische[11], die lettische, polnische[12], rumänische Operation und das Vorgehen gegen die Harbiner[13] vor. Die diesbezüglichen im Zentralen Archiv (ZA) des FSB der Russischen Föderation aufbewahrten Dokumente sind bis auf den heutigen Tag unter Hinweis auf die noch nicht abgeschlossene Deklassifizierung nur zum Teil publiziert.

Wie schleppend, rückläufig und unterschiedlich Archivöffnung verlaufen kann, dokumentieren die vom Team um Marc Junge vorgelegten Publikationen über den den Großen Terror einleitenden Geheimbefehl des NKVD Nr. 00447. Die betreffenden Dokumente aus den regionalen sowie dem Zentralen Archiv des FSB und dem Archiv des Präsidenten der Russischen Föderation wurden nicht oder nur selektiv zur Verfügung gestellt. Täterakten und die interne Korrespondenz des NKVD bleiben weiterhin gesperrt. Aus den Publikationen von Oleg Mozochin und Vladimir Chaustov, um nur zwei Autoren zu nennen, die Zugang zum ZA des FSB haben, kann man schließen, was noch auszuwerten ist, bevor man sich übergreifenden Fragen wie den nach den Motiven der Akteure in Moskau, nach „Zufall und Willkür" sowie der nach der „Gesamtbilanz" der letztendlich gescheiterten Massenoperationen gegen die „Kulaken und anderen konterrevolutionären Elemente" zuwenden kann. Eine „ausführliche Darlegung der Forschungskontroversen mit der entsprechenden Literatur" enthält der Band „Stalinismus in der sowjetischen Provinz". Leider werden die innerhalb der Forschungsgruppe ausgetragenen Debatten nicht näher erläutert, es geht mehr um das Ergebnis, den für alle verbindlichen Forschungsrahmen. Auf die ständig wiederkehrende Variation der Frage, ob die Täter nur ausführende Instrumente oder selbständige Akteure der Operation waren, hätte zugunsten der Debatte weiterer Frage-stellungen verzichtet werden können. Der vom Politbüro gesteuerte Terror geriet nie außer Kontrolle, er war nie blind, stets zielgerichtet. Als er außer Kontrolle zu geraten (d. h die Administration vor Ort handlungsunfähig zu machen) drohte, wurde er eingestellt.

Marc Junges erste 2003 erschienene Stu-die „Kak terror stal ‚bol'šim'" (Wie der Terror „groß" wurde)[14] umriss die Fragestellungen seines Forschungsprojektes. Auch das Zwi-schenergebnis der Untersuchung über die Technologie dieses Staatsverbrechens wird in einem Buchtitel „Vertikal' terrora" (Die Vertikale des Terrors)[15] auf den Punkt gebracht. Leider hat sich der Berliner Akademie-Verlag bei den Übersetzungen aus dem Russischen für andere Titel entschieden. Bei dem 2009 erschienenen Band „Massenmord und Lagerhaft. Die andere Geschichte des Großen Terrors" handelt es sich um die überarbeitete und erweiterte Ausgabe der russischen Dokumentenedition „Vertikal'" aus dem Jahr 2008. Der Sammelband „Stalinis-mus in der sowjetischen Provinz 1937–1938. Die Massenaktion aufgrund des operativen Befehls Nr. 00447"[16] von 2010 hat hingegen keine adäquate Entsprechung in russischer Sprache, er enthält eine Auswahl von im Rahmen des Forschungsprojektes entstandenen Beiträgen. Vergleicht man diese Übersetzungen mit den zur Konferenz in Moskau 2006 vorgelegten Manuskripten oder den im Band über den Massenterror in Prikam'e[17] aufgenommenen Beiträgen fallen die Auslassungen auf, die auf die neuen Nutzungsbedingungen zurückzuführen sind. Diese Praxis veranlasste einige Kollegen zur Feststellung, dass die Uhren in russischen Archiven rückwärts gehen.[18] Die auf der Grund-lage der Auswertung von Beständen regionaler Archive geschriebenen Aufsätze sind auch des-halb interessant und zur Lektüre empfohlen, weil sie im Unterschied zu den überarbeiteten und in die deutschen Ausgaben aufgenomme-nen Fassungen mehr Fragen und Hypothesen als Antworten enthalten. Dies betrifft u. a. die in den vom Akademie-Verlag besorgten Aus-gaben fast völlig ausgesparte Frage nach dem Anfang der Operation (Datierung des Befehls 30. Juli 1937, Beginn der Operation 5. August 1937), den von oben vorgegebenen und den an

der Basis erfundenen, später verallgemeiner-ten oder verworfen Szenarien. Hier stand die Frage nach dem Ende der Operation und der Abgrenzung zu den nationalen Operationen des NKVD im Vordergrund.

In der „Einleitung" zum Band „Stalinis-mus in der sowjetischen Provinz" findet sich das in „Vertikal'" sowie im Vorwort zur 2010 vorgelegten Studie über die Durchsetzung des Befehls im Altaigebiet formulierte Anliegen: „Im Gegensatz zum üblichen [d.h. heute in Russland üblichen – W.H.] Verfahren [...] Doku-mente ‚für sich sprechen zu lassen'" wollen die Herausgeber, „die Dokumente zum Sprechen bringen".[19] Es handelt sich bei den von ihnen genutzten Dokumenten um „unvollständige, widersprüchliche und verschlüsselte" [Sekun-där-]Quellen.

Für das in Russland „übliche Verfahren" stehen u. a. solche von den Mitarbeitern am Forschungsprojekt ausgewerteten mehr-bändigen Dokumenteneditionen wie „Tra-gedija sovetskoj derevni" (Die Tragödie des sowjetischen Dorfes 1929–1937, 5 Bände, Moskau 1999–2004), „Istorija Stalinskogo Gulaga" (Geschichte des Stalinschen Gulag, 7 Bände, Moskau 2004–2005)[20] oder „Lub-janka". Letztere Edition enthält Dokumente über Stalins Einflussnahme auf die politische Polizei von der Tescheka über das NKVD bis hin zum MGB in der Zeit von Januar 1922 bis März 1953 (vier Bände, Moskau 2003–2007). Vladimir Chaustov, Mitherausgeber der letztgenannten Edition begründete diese Präsentation des Materials damit, keine der in Russland verbreiteten Interpretationen ausschließen zu wollen. Doch es gab auch andere Begründungen. Oleg Chlevnjuk oder Nikita Petrov zogen es mit Blick auf die sich ständig ändernden Zugangsbedingungen in russischen Archiven vor, so viel Dokumente wie nur möglich herauszugeben. Heute betonen sie und andere russische Historiker zu Recht, dass die Zeit überfällig ist, das angehäufte „Dokumentenmassiv" zu sichten, zu ordnen und zu kommentieren, denn Quelleneditionen können die Geschichtsschreibung bekanntlich nicht ersetzen.

Am 20. Juli 1937, darauf gehen Petrov und Vatlin in ihren Aufätzen ausführlich ein, begann die Hetzjagd auf diejenigen, die „von fernher gekommen und um ein wirtlich Dach gefleht" hatten. In der Sowjetunion, die Stalin gerne mit einer Insel im kapitalistischen Meer oder einer belagerten Festung verglich, wurde auf jede nur erdenkliche Art und Weise die Angst vor einer angeblich bereitstehenden fünften Kolonne geschürt. Der als Vater der Völker gepriesene Nachfolger Lenins ordnete im Politbüro des ZK der KPdSU(B) zunächst die „Säuberung" der Rüstungsbetriebe von Deutschen an. Der auf dem Politbürobeschluss fußende NKVD-Befehl ist mit dem 25. Juli 1937 datiert. Fünf Tage später kamen die „sozial schädlichen Elemente", Kulaken, Mitglieder nichtbolschewistischer Parteien und Verbrecher an die Reihe. Es dauerte nicht lange, bis dem NKVD weitere Feindkategorien – die „ausländischen Kontingente" – übermittelt wurden.

Die nationalen Operationen des NKVD

Die aufeinander folgenden und sich zum Teil überlappenden Verhaftungswellen und Deportationen erfassten Exilanten und Staatsbürger aller in den grenznahen Republiken und Gebieten der UdSSR ansässigen Nationalitäten. Zu den ersten Opfern im August 1937 gehörten Polen und Koreaner. Anfang September beschloss das Politbüro ihre Umsiedlung, danach erfolgte die Verhaftung ehemaliger Mitarbeiter und Angestellter der ostchinesischen Eisenbahn. Ende November 1937 begann die Verfolgung der Letten, Anfang Januar 1938 die der Iraner.

Ende Januar 1938 gestattete das Politbüro dem NKVD die Weiterführung der Repressalien gegen Bürger nichtrussischer Nationalität. In den vom NKVD verbreiteten Befehlen war von Polen, Letten, Deutschen, Esten, Finnen, Griechen, Harbinern, Chinesen, Rumänen, Bulgaren und Mazedoniern die Rede.[21] Die jeweiligen nationalen Operationen wurden immer wieder verlängert, die „Bitten" um die Erhöhung der vorgegebenen Quoten für Verhaftungen immer bestätigt.

Während der von August 1937 bis November 1938 dauernden Operation wurden fast 800.000 Sowjetbürger (in einer ersten Anweisung war von 270.000 die Rede) von

speziell eingerichteten Dreierkommissionen nach Kategorie 1 zur Todesstrafe oder nach Kategorie 2 zu „Besserungsarbeit" in den Gulags verurteilt. Es gibt kein anderes Staatsverbrechen, keine andere Verfolgungsmaßnahme dieser Größenordnung, „über die so viele dokumentarische Belege vorliegen", die die Partei- und Staatsführung als „Urheber und Antreiber" kenntlich machen.

Veröffentlicht sind:
- Der operative Befehl des NKVD der UdSSR Nr. 00439 vom 25. 7. 1937 über die deutsche Operation.[22]
- Der operative Befehl des NKVD der UdSSR Nr. 00485 vom 11. 8. 1937 über die polnische Operation.[23]
- Der Beschluss des Politbüros des ZK der KPdSU(B) vom 21. 8. 1937 über die Koreaner.[24]
- Der operative Befehl des NKVD der UdSSR Nr. 00593 vom 20. 9. 1937 über die Operation gegen die Harbiner.[25]
- Das Chiffretelegramm von A. Andrejew an J. Stalin vom 2. 10. 1937 über die afghanische Operation.[26]
- Das Chiffretelegramm des NKVD der UdSSR Nr. 49990 vom 30. 11. 1937 über die lettische Operation.[27]
- Die Anweisung von Volkskommissar N. I. Ežov an den Leiter des UNKVD Fernost G. S. Ljuškov über die Verhaftung der Chinesen vom 22. 12. 1937.[28]
- Der Beschluss des Politbüros des ZK der KPdSU(B) vom 19. 1. 1938 über die Iraner.[29]
- Der Beschluss des Politbüros des ZK der KPdSU(B) vom 5. 3. 1938 über die Umsiedlung der Chinesen aus Fernost.[30]

Die am 11. Dezember 1937 an alle NKVD-Dienststellen verschickte Direktive Nr. 50215, die Weisungen zur Durchführung der für den 15. Dezember 1937 angesetzten griechischen Operation enthielt, gab der FSB lange nicht zur Publikation frei.[31] Er ist bis heute nicht im Wortlaut veröffentlicht. Daher kommentierten N. F. Bugaj und A. N. Koconis in dem von ihnen herausgegebenen Band über die Verfolgung der Griechen in der UdSSR nur die Kampagnen gegen die Griechen in den 1940er und 1950er Jahren.[32]

Wir wissen heute, wann die „deutsche Operation" begann und wann sie endete, wir kennen die Vorgaben für die Verurteilungen gemäß der 1. oder der 2. Kategorie, wir wissen, dass die von oben durchgestellten Planziffern vom NKVD vor Ort stets übererfüllt worden sind. Bekannt ist auch, was mit den Ehepartnern und den Kindern der Verurteilten geschah, denn alles – von der Anzahl der für den Transport erforderlichen Eisenbahnwaggons bis hin zur Belegung und Einrichtung neuer Lager für Angehörige von Volksfeinden (in Kasachstan, Mordowien und Sibirien) und Kinderheimen – wurde auf der Ebene des Politbüros in Beschlüssen festgehalten. Ferner wissen wir auch um die Zusammenarbeit und Verantwortung von Partei-, Komintern- und NKVD-Instanzen bei der Auswahl der zu verhaftenden Personen.

Neben Statistiken, die über die Dimension der Massenrepressalien Aufschluss geben, sind heute die Ausrichtung und die Phasen des Großen Terrors sowie der sogenannten nationalen Operationen des NKVD bekannt. Genauer als bisher – das ist das Leitmotiv des von Vladimir Chaustov und Lennart Samuelson herausgegebenen Buches[33] – lässt sich die Rolle, die Stalin dabei spielte, beleuchten. Chaustov (er wertete die im Archiv des Präsidenten der Russischen Föderation aufbewahrten Dokumente aus) und Samuelson (er wertete die im Russischen Staatsarchiv für Wirtschaftsgeschichte und die im Russischen Staatsarchiv für sozialpolitische Geschichte aufbewahrten Dokumente aus) skizzieren, welche Ziele Stalin mit der stetigen Verschärfung der Massenrepressalien verfolgte, wie er die „Effektivität" des Terrors einschätzte und warum er mit Ežovs Absetzung den Kurs änderte. Aus dem in Stalins Kabinett im Kreml geführten Besucherjournal geht hervor, das Ežov in der Zeit des „Großen Terrors" der nach Außenminister Vjačeslav Molotov am häufigsten zu Stalin vorgelassene Funktionär war.[34]

Nikita Petrov und Mark Jansen legen in ihrer Ežov-Biografie Wert darauf, sich mit Klischees, Irrtümern, bewusst oder unbewusst übernommenen Verfälschungen in den in Russland sowie im Ausland erschienen Veröffentlichungen auseinanderzusetzen. So

aufschlussreich ihre fundierte und archivgestützte Studie auch ist, auf viele Fragen haben auch sie keine Antwort. Einige Themen, die in den Kontext der Parteisäuberungen gehören, wie die Vorbereitung und Durchführung der Moskauer Schauprozesse 1936, 1937 und 1938 und das diesen zugrunde liegende Szenario, werden leider nur angedeutet.

Breiten Raum nimmt bei ihnen – das zeichnet diese Biographie gegenüber anderen[35] aus – die Analyse der Übergangsphase von Nikolaj Ežov zu Lavrenti Berija ein, deren Beginn mit der Urteilsverkündung im Moskauer Schauprozess im März 1938 zusammenfällt. Die beabsichtigte Umsetzung war so geschickt eingefädelt, dass keiner der Betroffenen um Ežov Verdacht schöpfte.[36] Erst die Reaktion Stalins auf die Flucht des Leiters der Gebietsverwaltung Fernost des NKVD im Juni 1938 in die Mandschurei, die Disziplinierung und anschließende Verhaftung von Marschall Vasilij Bljucher in Fernost ließen das wachsende Misstrauen des Generalsekretärs erkennen.[37]

Über die eigentlichen Ursachen für das Abflauen der Terrorwelle – zum Erliegen kam sie eigentlich nie – kann man nur spekulieren. Die sowjetischen Gefängnisse waren im Sommer 1938 überfüllt, die Massenoperationen schleppten sich hin, die Säuberungen des Apparates dauerten an. Ein Charakterzug Ežovs, auf den Petrov und Jansen immer wieder zurückkommen, war, dass er nicht innehalten konnte und dazu neigte, den Bogen zu überspannen. Das war es, lautet eine ihrer Thesen, was letztlich den Unwillen Stalins hervorrief. Zwischen August und September 1938 muss seine Entscheidung gefallen sein, die Kontrolle der politischen Polizei durch den Parteiapparat zu reaktivieren.

Den Schluss der Aktion markiert die Ablösung von Nikolaj Ežov durch Lavrentij Berija im Oktober 1938. Die Dreierkommissionen, die im Schnellverfahren über das Schicksal der Verhafteten entschieden, wurden aufgelöst, neue Verhaftungen und Deportationen untersagt, die Kontrolle der Verhaftungen unterlag von da an wieder den Gerichten, die Mitarbeiter des NKVD wurden durch die Parteiorgane überprüft. Im offiziellen Sprachgebrauch war von der

„Wiederherstellung der sozialistischen Gesetzlichkeit" die Rede.

Diskussionslinien

Ein weiteres, unter Historikern im Westen
kontrovers diskutiertes Thema war die Selbständigkeit der Hauptverwaltung Staatssicherheit
sowie die vor Ort nachweisbare Eigeninitiative
bei der Umsetzung der von Oben durchgestellten Limite für Verhaftungen und Todesurteile.
Im Ergebnis ihres fundierten und lesenswerten,
der Studie vorangestellten Literaturberichtes
gelangen Chaustov und Samuelson zu dem
Schluss, dass die konkrete Beteiligung und
Rolle Stalins an der Entfaltung der Massenrepressalien sowohl in der russischen als auch in
der ausländischen Fachliteratur immer noch
ungenügend untersucht worden ist.

In Polemik gegen die Auffassungen des
Forscherteams um Junge entwickelte Youngok
Kang-Bohr im Band „Stalinismus in der ländlichen Provinz" auf Grundlage der Akten aus
dem Gebiet Voronež 1934–1941[38] die entge-
gengesetzte These: Der Terror war „keineswegs
eine durchgeplante Aktion und der Staat nicht
in der Lage, diese Maßnahmen unter Kontrolle
zu halten, da lokale Führungskräfte vielfach
eigenmächtig und willkürlich damit umgin-
gen"[39]. Ausgangspunkt und Ausgangsthese der
Verfasserin ist die Existenz einer Gegenkultur
auf dem Lande, als deren Träger kriminalisierte
Vertreter der Randgruppen in Erscheinung
traten. An diese These schließt sich die folge-
richtige Frage nach der Reaktion oder konkreter
nach dem Verhalten der Führungskräfte auf
lokaler Ebene zu dieser Gegenkultur an. Die von
Kang-Bohr im Weiteren ausgeführte Antwort
läuft darauf hinaus, dass die Peripherie keine
willenlose Marionette des Zentrums war, den
von oben vorgegebenen Terror wesentlich mit-
trug und folglich nicht nur unter dem Aspekt
der Opferrolle gesehen werden kann.

In der Einleitung zum Band über die Durchsetzung des Befehls 00447 im Altaigebiet heben
die Autoren um Junge hervor, dass der Provinz
weitgehend „freie Hand" gelassen wurde, was
aber nicht heißt, dass der Terror vor Ort tatsächlich „blind und exzessiv" war.

Ungeachtet der in den genannten Publikationen vorgestellten Forschungsergebnisse
können wir bis auf den heutigen Tag keine
endgültige Antwort auf die Frage geben, wie
viele Frauen, Männer und Kinder es eigentlich
waren, die in die Mühlen dieser Politik gerieten,
wie viele der Verhafteten erschossen, zu Gulag,
Arbeitsarmee, Sonderansiedlung, Verbannung
oder Ausweisung verurteilt wurden. Alles
hängt davon ab, welche Repressalien jener
Jahre in den Regionen untersucht worden
sind und welche Opferkategorie dabei in den
Blick genommen wurde. Daher verfügen wir
nicht über endgültige Zahlen über den Terror
in den Regionen.

Alexander Vatlin skizziert in seinem Beitrag
Zwischenergebnisse der Auswertung von ca.
700 Strafakten von in Moskau und im Moskauer Gebiet verurteilten Reichsdeutschen.
In Artikeln für das „Neue Deutschland" und
die „Frankfurter Allgemeine Sonntagszeitung"
hat er ausgewählte Biografien deutscher Opfer
vorgestellt.[40]

In mehreren Dokumentarfilmen[41] und veröffentlichten Erinnerungsberichten[42] wurden
in den letzten Jahren exemplarische Biografien
vorgestellt und die Verflechtung von wissenschaftlicher und moralischer Dimension dieser
Beschäftigung angesprochen. Russlands Präsident Dmitrij Medwedew unterstrich 2009 in
einer Rede am 23. Oktober, dem Gedenktag für
die Opfer politischen Terrors in Russland, dass
es auch darum geht, den Millionen ums Leben
Gekommener ihren Namen, der jahrzehntelang
einfach aus der Geschichte gestrichen war,
zurückzugeben.[43] Die moralische Aufgabenstel-
lung ist längst formuliert und unumstritten, nur
mit deren Umsetzung auf wissenschaftlichem
Gebiet geht es aufgrund der Archivsituation
nur schleppend voran.

Opfer und Täter

Auch nach russischem Recht fällt nach 75
Jahren die Sperrklausel für personenbezoge-
ne Akten. Somit stünde 2012 der Erfüllung
des Jelzin-Erlasses vom Oktober 1991 über
die Rehabilitierung von Opfern politischer
Repressalien, die die Aufdeckung der Namen

der Täter einschließt, nichts mehr im Wege. Doch die Antwort von Präsident Medwedew, zuletzt am 1. Februar 2011 in einem Gespräch mit Arseni Roginski von „Memorial Moskau", fällt in diesem Punkt – es geht immer um die politisch-juristische Definition der Opfer – viel zurückhaltender aus. So ist der „Vorschlag" der Administration im Umlauf, das Ende der Sperrfrist nicht ab dem Datum der Verurteilung sondern ab dem Datum der Rehabilitierung zu rechnen.

Was unabhängig von diesen Winkelzügen in den zurückliegenden Jahren auf dem Gebiet der Stalinismusforschung geleistet worden ist, zeigt mit Blick auf die deutschen Opfer des stalinschen Terrors sehr anschaulich ein Vergleich der im Buch „In den Fängen des NKWD. Deutsche Opfer des stalinschen Terrors" (Berlin 1991) enthaltenen Angaben zu 1.136 Verfolgten, „deren Namen mit großer Sicherheit festgestellt werden konnten"[44] mit den heute bekannten Statistiken und Biografien. Damals stellten die Herausgeber fest: „Das ist indes nur ein Teil – wenngleich wahrscheinlich ein beträchtlicher – der insgesamt in den Strudel der Stalinschen Vernichtungspolitik gegen die kommunistische Bewegung geratenen deutschen Antifaschisten".[45] Ihre Aussage korrespondierte mit der Hypothese von Hans Schafranek, der die Zahl der Opfer unter den deutschen Politemigranten in den Jahren 1936–1939 auf 1.730 schätzte.[46] Die Zahl der in der UdSSR beschäftigten Facharbeiter bezifferte er damals mit ca. 5.000.

Die deutschen Opfer und deren Angehörige

1937 lebten 4.015 Deutsche Staatsbürger in der UdSSR. Von Juli 1937 bis Dezember 1938 wurden 608 (real 660 bis 820) von ihnen verhaftet[47] und ca. 620 ausgewiesen[48]. Nach Angaben des Volkskommissars für Innere Angelegenheiten Lavrenti Berija befanden sich im Oktober 1939 484 Deutsche in Lagern und Gefängnissen. Diese Zahl schließt die Österreicher mit ein, da sie nach dem Anschluss Österreichs als Deutsche galten.

Die Verhaftung durch das NKVD und die anschließende Verurteilung zur Höchststrafe blieb auch das Kriterium für die Aufnahme der Namen in den von Ulla Plener und Natalija Mussienko herausgegebenen Band „Verurteilt zur Höchststrafe: Tod durch Erschießen" (Berlin 2006). Er enthielt die Namen der an den Moskauer Erschießungsorten Butovo[49], Kommunarka[50] und Donskoe[51] hingerichteten und verscharrten Personen. Die sieben Bände umfassende Edition „Butovskij poligon" enthält u. a. Angaben zu 213 Reichsdeutschen und 649 Sowjetbürgern deutscher Nationalität, die vom NKVD verhaftet, im Schnellverfahren zum Tode verurteilt und vom 8. August 1937 bis 19. Oktober 1938 in Butovo bei Moskau vom NKVD erschossen worden sind.

Orte wie Butovo bei Moskau gab es überall in der Sowjetunion: Die bekanntesten sind Levašovo bei Leningrad[52], Kuropaty bei Minsk, Sandormoch[53] in Karelien, Katyn bei Smolensk. Die heute zugänglichen Angaben lassen sich 256 Gedenkorten und 476 Gulags[54] zuordnen.

In den letzten Jahren rückte zunehmend die Verfolgung der Familienangehörigen der zum Tode verurteilten Deutschen, ihrer Ehepartner und Kinder in den Blick der Historiker. Das von Stalin propagierte Prinzip der Sippenhaft lag den Verhaftungen der Angehörigen zugrunde. Auf die Verhaftung und Hinrichtung der Ehemänner folgte Ende der 1930er und Anfang der 1940er Jahre die Verhaftung bzw. Verbannung der Frauen und die Einweisung der Kinder in Heime. Folgeverurteilungen im Gulag und Verbote, das Verbannungsgebiet zu verlassen, waren die Regel. Der Leidensweg, der Mitte der 1930er Jahre begann, endete für die, die Haft, Arbeitsarmee oder Verbannung überlebten Mitte der 1950er Jahre, nach dem 20. Parteitag. Was bezüglich der Erschließung der Schicksale der Angehörigen noch zu leisten ist, zeigt z. B. die Arbeit an den biografischen Einträgen, die in das Nachlagewerk „Deutsche Kommunisten. Biographisches Handbuch 1918–1945" (2. Auflage 2008) aufgenommen worden sind. Dieser umfassende Blick auf das Exilland UdSSR basiert auf dem Studium und damit dem Zugang zu Kaderakten der Kaderabteilung der Komintern, Straf- und Gulagakten aus zentralen und regionalen Archiven sowie Erinnerungsberichten Überlebender.

Auch hier liegen erste Zwischenergebnisse vor, die auf den vom „Arbeitskreis zum Gedenken an die in der sowjetischen Emigration verfolgten, deportierten und ermordeten deutschen Antifaschisten beim Berliner VVN-BdA" organisierten Tagungen „Das verordnete Schweigen" (Berlin 2010) und „Nach dem Schweigen" (Berlin 2011) vorgestellt worden sind.[55] Sehr viele der über 6000 namentlich bekannten, in der Sowjetunion zwischen 1936 und 1949 verfolgten Deutschen erhalten durch die Recherchen der hier mit Beiträgen vertretenen russischen Kollegen nicht nur ihren Namen, sondern auch ihre Biografie zurück.

Anmerkungen

1   Über die bis 2003 zugängliche Literatur siehe: Wladislaw Hedeler: Chronik der Moskauer Schauprozesse 1936, 1937 und 1938. Planung, Inszenierung und Wirkung, Berlin 2003.
2   Vgl. hierzu die Beiträge von Stefan Plaggenborg und Joachim Hösler im von Stefan Plaggenborg herausgegebenen Sammelband: Stalinismus. Neue Forschungen und Konzepte, Berlin 1998.
3   Weitere Informationen finden sich auf der Internetseite des Verlages: www.rosspen.su.
4   Nikita Petrov, Marc Jansen: „Stalinskij pitomec – Nikolaj Ežov", Moskva 2009.
5   Nikita Petrov: Po scenariju Stalina: rol' organov NKVD-MGB SSSR v sovetizacii stran Central'noj i Vostočnoj Evropy 1945–1953 gg., Moskva 2011. Ders.: Die sowjetischen Geheimdienstmitarbeiter in Deutschland. Der leitende Personalbestand der Staatssicherheitsorgane der UdSSR in der SBZ Deutschlands und der DDR von 1945–1954, Berlin 2010.
6   Alexander Vatlin: Tatort Kunzewo. Opfer und Täter des Stalinschen Terrors 1937/38, Berlin 2003.
7   Alexander Vatlin: Die Komintern. Gründung, Programmatik, Akteure, Berlin 2009.
8   Nikita Ochotin, Arseni Roginski: Zur Geschichte der „Deutschen Operation" des NKWD 1937–1938. In: Jahrbuch für Historische Kommunismusforschung 2000/2001, Berlin 2001, 89-125.
9   Repressii protiv rossijskich nemcev. Nakazannyj narod, Moskva 1999.
10 Ivan Džucha: Grečeskaja operacija. Istorija repressij protiv grekov v SSSR, Sankt Peterburg 2006.
11 Zur Deportation der Kurden, Iraner und Aserbajdschaner nach der iranischen Operation siehe: N. F.

Bugaj, A. M. Gonov: Kavkaz: narody v ešelonach, Moskva 1998.
12 Repressii protiv poljakov i pol'skich graždan, Moskva 1997.
13 Zur Geschichte der ostchinesischen Eisenbahn und der russischen Emigration in China siehe: N. E. Abolova: KVŽD i rossijskaja ėmigracija v Kitae, Moskva 2005.
14 Mark Junge, Rol'f Binner: Kak terror stal ,bol'šim'. Sekretnyj prikaz No 00447 i technologija ego ispolnenija. So special'nym razdelom Alekseja Stepanova „Provedenie ,kulackoj' operacii v Tatarii", Moskva 2003.
15 Mark Junge, Gennadij Bordjugov, Rol'f Binner: Vertikal' bol'šogo terrora. Istorija operacii po prikazu NKVD No 00447, Moskva 2008.
16 Rolf Binner, Bernd Bonwetsch, Marc Junge: Stalinismus in der sowjetischen Provinz 1937–1938. Die Massenaktion aufgrund des operativen Befehls Nr. 00447, Berlin 2010. 731 S. (Veröffentlichungen des Deutschen Historischen Institutes in Moskau; Bd. 2).
17 „...Vključen v operaciju." Massovyj terror v Prikam'e v 1937–38 gg., Perm' 2006.
18 Markus Wehner: Gescheiterte Revolution. In den russischen Archiven gehen die Uhren rückwärts. In: Jahrbuch für historische Kommunismusforschung 2009, Berlin 2009, 377-390. Vgl. auch ders.: Gescheiterte Revolution. In den russischen Archiven werden die Akten wieder zugemacht. Die dunklen Seiten der Geschichte sollen nun im Verborgenen ruhen. In: Frankfurter Allgemeine Sonntagszeitung, 22. 6. 2008, 6.
19 Massovye repressii v Altajskom krae 1937–1938. Prikaz Nr 00447, Moskau 2010, 7. Rolf Binner, Bernd Bonwetsch, Marc Junge: Massenmord und Lagerhaft. Die andere Geschichte des Großen Terrors, Berlin 2009.
20 Vgl. die Rezension zur Edition: W. Hedeler: Die monumentale siebenbändige Dokumentenedition zur Geschichte des Gulag. In: Jahrbuch für Historische Kommunismusforschung 2006, Berlin 2006, 359-378.
21 Stalinskie deportacii 1928–1953. Dokumenty, Moskva 2005.
22 Istorija Stalinskogo GULAGA konec 1920-ch – pervaja polovina 1950-ch godov. Sobranie dokumentov v semi tomach. Tom 1. Massovye repressii v SSSR, Moskva 2004, 267-268.
23 Istorija Stalinskogo GULAGA, a.a.O., 275-277.
24 Lubjanka, Stalin i GUGB NJKVD 1937–1938. Dokumenty, Moskva 2004, 325-326.
25 Istorija Stalinskogo GULAGA, a.a.O., 281-283.
26 Lubjanka, Stalin i GUGB NJKVD 1937–1938, a.a.O., 383-384.
27 Istorija Stalinskogo GULAGA, a.a.O., 285-286.
28 Stalinskie deportacii 1928–1953. Dokumenty, Moskva 2005, 101.

29 Lubjanka, Stalin i GUGB NJKVD 1937–1938, a.a.O., 464.

30 Lubjanka, Stalin i GUGB NJKVD 1937–1938, a.a.O., 498.

31 Wortlaut in: Ivan Džucha, a.a.O., 52.

32 N. F. Bugaj, A. N. Koconis: „Ob"jazat' NKVD SSSR vyselit' grekov", Moskva 1999.

33 V. Chaustov, L. Samuelson: Stalin, NKVD i repressii 1936–1938 gg., Moskva 2009.

34 Na prieme u Stalina. Tetradi (žurnaly) zapisej lic, prinjatych I. V. Stalinym (1924–1953 gg.) Moskva 2010, 609.

35 Aleksej Pavljukov: Ežov, Moskva 2007.

36 Vgl. hierzu auch die von Nikita Petrov herausgegebenen Handbücher zum Führungspersonal des NKVD in den Jahren 1934 bis 1941 (Moskau 1999) und 1941 bis 1954 (Moskau 2010).

37 Vgl. Konstantin G. Paustowski, Wassili K. Blücher: Der lange Marsch. Partisanen und Soldaten im russischen Bürgerkrieg. Mit einem Text von Gawriil W. Enborisow und einem Nachwort von Nadja Rosenblum. Hg. von Wladislaw Hedeler, Berlin 2009.

38 Youngok Kang-Bohr: Stalinismus in der ländlichen Provinz. Das Gebiet Voronež 1934–1941, Essen 2006.

39 Ebd., 127.

40 Alexander Vatlin: Der Irrweg eines harmlosen Mannes. In: Frankfurter Allgemeine Sonntagszeitung, 19. 9. 2010, Nr. 37, 10.; ders.: „Dann muss ich entschieden protestieren". Wie Willy Kerff in die Fänge des NKWD geriet und seinen Peinigern trotzte. In: Neues Deutschland, 23./24. 10. 2010, W6.; ders.: „Er hat konterrevolutionäre Witze erzählt". Warum Hans Grimm, Chefingenieur bei Mosfilm, zunächst ein Geständnis unterschrieb und dann wiederrief. In: Neues Deutschland, 23./24. 10. 2010, W7; ders.: „Ich fühle mich nicht schuldig". Wie die deutsche Kommunistin Roberta Gropper in NKWD-Haft um ihre Ehre und die der Partei kämpfte. In: Neues Deutschland, 23./24. 7. 2011, W6.

41 Inga Wolfram: Wir Kommunistenkinder (1998); Achim Engelberg, Achim Heinzel: Das Grab in der Steppe (2008); Loretta Walz, Annette Leo: Im Schatten des Gulag. Als Deutsche unter Stalin geboren (2011).

42 Angelina Ror: Cholodnye zvezdy GULAGa, Moskva 2006. In Deutschland erschien: Angela Rohr: Der Vogel. Gesammelte Erzählungen und Reportagen. Hg. von Gesine Bey, Berlin 2010. Vgl. auch das Findbuch zu den im Memorial-Archiv aufbewahrten Erinnerungen: Memuary o političeskich repressijach v SSSR, chranjaščiesja v archive obščestva „Memorial". Annotirovannyj katalog, Moskva 2007.

43 Vgl. hierzu Sergei Kropachev: Von der Lüge zur Aufklärung. Verluste durch den „Großen Terror" und Krieg in der sowjetischen und russischen Historiografie, Berlin 2011, 7-8.

44 In den Fängen des NKWD. Deutsche Opfer des stalinschen Terrors, Berlin 1991, 5.

45 Ebd., 6.

46 Hans Schafranek: Zwischen NKWD und Gestapo, Köln 1990, 23.

47 Nakazannyj narod, 49.

48 Ebd., 51.

49 Butovskij poligon, Bd. 1-7, erschienen in Moskau von 1997 bis 2003.

50 Rasstrel'nye spiski. Moskva 1937–1941. „Kommunarka", Butovo, Moskva 2000.

51 Rasstrel'nye spiski. Moskva 1935–1953. Donskoe kladbišče, Moskva 2005.

52 Die elf Bände umfassende Edition „Leningradskij martirolog" ist abgeschlossen. Sie erschien von 1995 bis 2012.

53 Jurij Dmitriev: Mesto rasstrela Sandarmoch, Petrozavodsk 1999.

54 M. B. Smirnov (Hrsg.) Spravocnik. Sistema ITL v SSSR 1923–1960, Moskva 1998

55 Das verordnete Schweigen. Deutsche Antifaschisten im sowjetischen Exil. Pankower Vorträge, Berlin 2010, Heft 148. Eine Publikation mit Beiträgen der 2011 durchgeführten Tagung ist in Vorbereitung.

Roland Benedikter

Die USA im Wahlkampfjahr 2012
– eine gespaltene Gesellschaft?

Grundelemente für ein Verständnis
der heutigen Situation Amerikas

Im November 2012 wird der neue US-Präsident gewählt. Der Wahlkampf hat voll eingesetzt. Das zeigt die Verschärfung des Tons der öffentlichen Debatte. Große Summen sind im Umlauf. Der amerikanische Traum wird gemäß der Mainstream-Politik vor allem der Rechten neu definiert. Das republikanische Bewerberfeld mit Newt Gingrich, Michelle Bachmann, Willard „Mitt" Romney, Herman Cain, Rick Perry, Ron Paul, Rick Santorum und Jon Huntsman Jr. – mittlerweile auf einen Vierkampf zwischen Romney, Santorum, Gingrich und Paul reduziert – wird von unabhängigen Beobachtern als das substantiell schwächste aller Zeiten angesehen. Praktisch alle republikanischen Kandidaten sind durch Lügen, Korruption, persönliche Affären oder offensichtliche Unfähigkeit kompromittiert. Man kann sich diese Kandidaten nur dadurch erklären, dass die fundamentalistische „Tea Party"-Bewegung spätestens seit den Zwischenwahlen vom November 2010 einen neuen Puritanismus innerhalb der Republikanischen Partei durchgesetzt hat. Moderate Republikaner werden gezielt gemobbt und ausgeschlossen, ein Wettbewerb um „alte Werte" und alttestamentarische Religion hat eingesetzt. Fundamentalismus gilt als fortschrittlich, Gesprächsfähigkeit als Makel. Jeder, der nicht derselben Meinung ist, gilt nicht nur als politischer Gegner. Ihm wird auch pauschal das Amerikanertum abgesprochen, was praktisch jedes Gespräch beendet.

Die „Tea Party" hat damit die „Grand Old Party", vielleicht erstmals in ihrer Geschichte, kompromissunfähig gemacht. Das hat zu einer weitgehenden Lähmung der USA geführt, da die Rechten, von den Fundamentalisten vor sich her getrieben, im Kongress jedes größere Projekt blockieren. Die „Grand Old Party" ist zu einer „Grand Obstruction Party" degeneriert. Das hat zuletzt der Streit um die Anhebung des Haushaltsdefizits gezeigt, als das Land monatelang am Rande der Zahlungsunfähigkeit stand. Und das zeigt derzeit die radikale Blockadetaktik der Republikaner in Sachen Steuererhöhung für die Reichen, die – im Unterschied zum Mittelstand – als Erbe der Bush-Jahre praktisch keine Steuern zahlen. Es war bezeichnend für die Lage im Kongress, daß die Republikaner Ende November 2011 eine Siegesfeier veranstalteten, weil sie den Bau modernerer Eisenbahnstrecken und die Einführung von Hochgeschwindigkeitszügen im Parlament verhindert hatten – damit der Staat weniger ausgebe. Der republikanische Slogan hieß: „Hurra, wir werden keine neuen Züge haben, sondern mit den alten weiterfahren" – eine paradoxe Position, während der künftige Hauptkonkurrent China und andere Schwellenstaaten sich immer rascher modernisieren.

Derartige Paradoxien prägen derzeit die Lage in Washington, während in New York und allen größeren Städten des Landes Studenten, Alternative, Linke und normale Bürger gegen die Ungerechtigkeit des Finanz- und Steuersystems und das Verschwinden des Mittelstandes protestieren. Der Ton zwischen denen, die wie die Republikaner die Privilegien des „1%" der reichsten Bevölkerung, das immer schneller immer reicher wird und praktisch keine Steuern zahlt, gegen den wachsenden Unmut der übrigen „99%" verteidigen und denen, die dagegen auf die Straße gehen, wird rauer.

Mangels konstruktiver Ideen gelten in der Republikanischen Partei radikale Blockadestrategien als mutig. Zu Recht analysierte Präsident Barack Obama: „Die Republikaner haben die politische Entscheidung getroffen, einfach pauschal und unterschiedslos gegen alles zu sein, wofür ich bin. Sie schauen gar nicht mehr hin, sondern sagen einfach nein. Und zwar ganz unabhängig vom Wohl des Landes. Das Land scheint sie nicht mehr zu interessieren. Sie scheinen sich nur noch für mich zu interessieren. Dies ist eine Kongressmehrheit und Opposition, mit der man nicht einmal mehr den Kauf eines Bleistifts verhandeln kann." – In der Tat lautet der Hauptslogan des republikanischen Bewerberfeldes: „Wichtig ist nur, 2012 Obama loszuwerden – alles andere ist zweitrangig." Ich kann mich nicht erinnern, jemals bei Kongress-Zwischenwahlen eine Partei wie die heutigen Republikaner siegen zu sehen, die mit praktisch rein gar nichts in der Hand, außer einer kompromisslosen und umfassenden Nein- und Blockadestrategie eine Wahl gewinnt, noch dazu gegen einen Intellektuellen wie Barack Obama.

Gingrich und der Stammtischjargon

Mit dieser Nein- und Blockadestrategie greift ein Stammtischjargon im öffentlichen Diskurs um sich, etwa wenn Newt Gingrich sagt, seine Gegner „sollten sich eine Arbeit suchen statt zu studieren, aber vorher erst einmal duschen gehen". Aber auch, wenn er verkündet: „Ich allein bin die Grenze zwischen der heutigen US-Zivilisation und dem kommenden Auschwitz der neuen Linken", womit er vorrangig Obama und die Demokratische Partei meint. Arme, Arbeitslose, sozial Benachteiligte, Schwule, Lesben und Transsexuelle sind für ihn „abartig und nicht wert, Bürger zu sein". Witzigerweise hat Gingrich selbst eine – öffentlich und sozialpolitisch aktive – lesbische Schwester. Sie ist eine der bekanntesten Emanzipations-Aktivistinnen der USA, will in Kürze ihre Freundin heiraten und tritt politisch und sozial aktiv gegen ihn auf, wo immer sich die Chance dafür bietet. Auf Dauer aber kann die Bombardierung der Öffentlichkeit mit einer beispiellos brutalen Sprache wie der Gingrichs nicht spurlos an der politischen Kultur der wichtigsten demokratischen Nation der Welt vorübergehen.

Symptomatisch für den ruinösen Zustand der republikanischen Partei ist in der Tat ihr – gemeinsam mit Mitt Romney und Rick Santorum – nunmehriger „Präsidentschafts-Vorläufer" (presidential frontrunner). Der 68-jährige Newt Gingrich, nach den Wahlkampfdebatten und dem Sieg in South Carolina zeitweise führend im innerrepublikanischen Präsidentschaftsrennen, ist ein in jeder Hinsicht kompromittierter und für Rückwärtsgewandtheit stehender Kandidat. Er war der erste Kongresssprecher in der Geschichte der USA, der 1994 bis 1997 wegen insgesamt 84 Ethikvergehen zu 300.000 USD Strafe wegen „unethischen und ungebührlichen" Benehmens verurteilt wurde, sprich Korruption und unerlaubtem Lobbyismus für die Groß- und Finanzindustrie mit dem Ziel eigener Bereicherung. Und zwar nicht nur von den Demokraten, sondern auch von der überwältigenden Mehrheit der Republikaner mit 395 : 28 Stimmen.

Gingrich ist als notorischer Lügner bekannt, ist aktiv in die Freddy-Mac- und Fanny-Mae-Bankenskandale um unlautere Immobilienspekulation in Milliardenhöhe verwickelt, und spricht sich für die Wiedereinführung von Kinderarbeit aus, um die ärmere Bevölkerung „endlich Arbeitsmoral zu lehren" und sie dazu zu zwingen, „die Würde der Arbeit zurückzugewinnen". Gingrich vertritt unter dem Vorwand des amerikanischen Traums, den er als „harte Arbeit, keine Regierung, jeder für sich und gegen alle anderen" definiert, nur die Interessen der „1%" Reichen. Diese sind seine einzige und eigentliche Klientel, die er gegen die „99%" der Bevölkerung vertritt – und zwar so einseitig, offen und extrem, dass er wegen „Vereinnahmung des Kongresssprecherpostens für Privatinteressen" verurteilt wurde. Er wird von Donald Trump, dem polternden Mehrfach-Bankrotteur und Vulgär-Entertainer, gegen den Thomas Gottschalk ein wahrer Staatsmann ist, unterstützt, die beiden sind Golfpartner in Trumps exklusivem Privatclub – ein fürwahr einmaliges Paar in der Geschichte des Wettbewerbs um das höchste politische Amt der westlichen Welt!

Damit hat die republikanische Partei wegen ihrer Tea-Party-Umtriebe nolens volens einen Kandidaten, der nur aufgrund der Schwäche der anderen Bewerber nominiert wurde und der die verhassteste Figur nicht nur bei der Mittelklasse, sondern auch in der eigenen Partei ist und der in geradezu klassischer Weise für die Vergangenheit und die gerade auch bei konservativen Wählern verhasste Lobbykultur Washingtons steht. Mit Newt Gingrichs Spitzenrolle im Bewerberfeld, die zum schweigenden Entsetzen der Mehrheit der eigenen Parteiangehörigen zustande kam, haben es die Republikaner zum ersten Mal in ihrer Geschichte geschafft, einen mutmaßlichen Präsidentschaftskandidaten hervorzubringen, den im Grunde niemand will, außer vielleicht diejenigen, die, wie Donald Trump und die ungebildetste Schicht der Bevölkerung, keine Ahnung haben von der republikanischen Partei, ihrer erhabenen Geschichte und ihren tieferen Idealen. Ein Eigentor, wie es klassischer nicht sein könnte: Denn Gingrich ist perfekt, um die Demokraten zu mobilisieren, die Mittelklasse abzuwerben und die eigenen republikanisch-moderaten Wähler, also die große Mehrheit, abzuschrecken und zum Nichtwählen zu führen.

Ein mögliches Kräftemessen zwischen Obama und Gingrich zeichnet sich aus diesen Gründen als in jeder Hinsicht ungleicher Kampf ab. Hat es Obama unter diesen Umständen nicht beinahe zu leicht, zu gewinnen? Oder wie es ein unabhängiger Beobachter ausdrückte: Wenn ein Schnellzug gegen eine Mauer fährt, kann man, wenn es nun einmal unvermeidlich ist und alle Rettungsmaßnahmen zu spät kommen, nur aus dem Weg gehen und zusehen. Alle im Lande wissen, Obama ist der Schnellzug, Gingrich die Mauer. Ist die Wahl mit diesen Kandidaten also nicht bereits entschieden?

Meines Erachtens konnte Gingrich, eben wegen der Umtriebe der Tea Party, die seit 2009 alle seriösen Kandidaten schrittweise ausgeschaltet hat, zwar einige Achtungserfolge gegen das schwächste republikanische Bewerberfeld aller Zeiten erzielen. Er wird aber niemals eine Präsidentenwahl für sich entscheiden, da er nicht nur bei der Mehrheit der (ethisch nach wie vor sehr feinfühligen) US-Bevölkerung

unglaubwürdig ist, sondern auch der Mehrheit seiner eigenen Republikaner ihn geradezu verabscheut. Hinzu kommt, dass Gingrich Obama in jeder Hinsicht, auf die Amerikaner Wert legen: Intellekt, Vergangenheit, Alter, Führungsqualität, Wirtschaftskompetenz, Zukunftsenergie, Rhetorik, Zeitgenossenschaft, Unbeirrbarkeit, Verlässlichkeit, Akzeptanz durch das globalisierte US-Militär unterlegen ist. Die Frage wird nur sein, ob der Durchschnittsrepublikaner lieber dreimal schluckt und trotzdem republikanisch wählt, oder ob er bereit ist, der Stimme der Vernunft zu folgen und sich entweder der Wahl zu enthalten oder zu Obama überzulaufen.

Die meisten „klassischen" mitte-konservativen Republikaner, die weder den ungebildeten, religiös (un)informierten Unterklasse-Midwest- und Bible-Belt-Extremisten der Tea Party, noch der „1%"-Hochglanz-Propaganda-Maschine der elitären Großindustriellen- und Spekulanteninteressen des Fox-News-Konzerns von Rupert Murdoch angehören, also die republikanische Mittelklasse-Mehrheit, verabscheuen die Mischung aus reichem, elitärem Establishment und von diesem leicht zu verführenden Proletariern. Sie haben das Rennen um die Präsidentschaft 2012 angesichts des Zustands ihrer Partei und des Kandidaten Gingrich für dieses Mal bereits aufgegeben. Nur 21 Prozent der republikanischen Wähler glaubten im Dezember 2011, dass das republikanische Bewerberfeld ausreichende Qualität aufweise. Warum? Weil sie den zentralen Mechanismus erkannt haben, der heute die USA dominiert und ohne den man die innere soziale, ökonomische und politische Dialektik nicht verstehen kann. Sein Verständnis ist entscheidend, um die gegenwärtige Situation Amerikas zu verstehen. Worin besteht dieser zentrale Mechanismus?

Die innere Spaltung der heutigen USA

Viele moderat konservative Amerikaner haben erkannt, dass sich die republikanische Partei seit der Niederlage gegen Barack Obama im November 2008 im Verfall befindet. Sie wird von einem unheiligen Konglomerat aus dem Fox-Medien-Trust, Wirtschaftslobbyisten und ungebildeten Fundamentalisten der „Tea Party" kontrolliert. Wichtig ist zu sehen, dass letztere von ersteren geschaffen wurden. Die ungebildeten Unterschichten wurden von den im Dienste der „1%"-Reichsten stehenden Rupert-Murdoch-Medien über Jahre Tag und Nacht so indoktriniert, dass sie glauben, den amerikanischen Individualitätstraum gegen Obamas Sozialreformen zu vertreten. Sie gehen daher gegen ihre eigenen Interessen gegen Obamas modernen und moderaten „Kommunitarismus" („Amerika kann es gemeinsam am besten") auf die Straße. In Wirklichkeit sind sie nur der (im Prinzip antidemokratische) Straßenmob, der den Interessen der „1%"-Reichsten gegen alle anderen dient.

Damit haben sie zu einer seit der großen Depression der 1930er Jahre nicht dagewesenen sozialen Ungleichheit beigetragen, von der nur die „1%" auf Kosten aller anderen profitieren, und wo die Reichsten mit Einkommen über eine Million USD pro Jahr praktisch keine Steuern zahlen, während der Mittelstand immer höhere Belastungen zu tragen hat, während sein Einkommen sinkt, weil die Kongress-Republikaner alle staatlichen Leistungen kürzen wollen, um einen „schlanken Staat" zur Tilgung des ausufernden Defizits zu schaffen – und zwar ausschließlich auf Kosten der Mittel- und Unterschichten.

Mit anderen Worten: Die Republikaner wollen zur Bekämpfung des Defizits alle Staatsleistungen streichen und 200.000 Staatsbedienstete entlassen, nicht aber die Steuern der Reichen auf Clinton-Niveau anheben. Sie wollen damit alles auf jene abladen, die auf einen monatlichen Gehaltszettel angewiesen sind, also die Mittelklasse, ihre eigenen horrenden Gewinne aber ganz für sich behalten, und mittels des billionenschweren US-Bank- und Finanzsystems immer reicher werden, direkt und programmatisch auf Kosten der „99%", die weiter verarmen. Diese haben ihrer Meinung nach keinerlei Rechte, weil sie im Gegensatz zu den Reichen, die sich als erfolgreich erwiesen haben, „unfähig" sind und mithin „selber schuld" an ihrer Lage.

Zusätzlich wollen die konservativen Finanzstrategen wie der Präsident der Federal Reserve Ben Bernanke im Gefolge seines Vorgängers,

des Ayn-Rand-Republikaners Alan Greenspan, die Staatsverschuldung von mittlerweile mehr als 15 Billionen USD durch Monetarisierung in den Griff kriegen – das heißt durch den Druck von immer neuen Milliarden von US-Dollar, die in die Wirtschaft gepumpt werden. Dies heizt die Inflation an und wird letztlich wiederum vom Mittelstand bezahlt werden, nämlich von all jenen, die ihr Geld auf Bankkonten liegen haben und durch die Entwertung um ihre Ersparnisse gebracht werden. Wenn Bernanke erklärt: „Die US-Regierung verfügt über eine Technologie, genannt Druckerpresse (oder heute ihr elektronisches Äquivalent), die ihr die Produktion so vieler US-Dollars erlaubt, wie sie wünscht – und das ohne Kosten", dann ist das nicht anderes als eine zynische Abwälzung der – natürlich anfallenden! – Kosten auf den Mittelstand.

Da ist es kein Wunder, wenn mir ein hochqualifizierter Stahlarbeiter aus Philadelphia sagte: „Ich kann mir heute den amerikanischen Traum nicht mehr leisten. Er ist für mich, im Gegensatz zur vorigen Generation, im Vergleich zu meinen Eltern in den 1970er und 1980er Jahren, unzugänglich geworden: Ich kann nicht mehr wie mein Vater mit aller Kraft in der Industrie arbeiten, meine Pflicht erfüllen, nach den Regeln spielen, ein Heim besitzen und meinen Kindern eine gute Erziehung bieten. Ich kann das alles nicht mehr zugleich bezahlen, nicht einmal, wenn ich doppelt so viel arbeite wie mein Vater – weil die Reichen alles auf uns abwälzen und selber nichts bezahlen, sondern uns im Gegenteil über das Finanzsystem und die Kredite für einen Wohnungs- oder Hauskauf auch noch doppelt ausbeuten. Das hat dazu geführt, dass ich in meiner Freizeit der *Occupy Wall Street* und der *99%-Bewegung* beigetreten bin. Immer wenn es geht, fahre ich nach Washington und übernachte dort im Protest auf den Treppen vor dem Kapitol." Der alte Spruch: „Amerikanische Ideale sind Aktivposten (in die Zukunft hinein), nicht Bürden (der Vergangenheit)" („American ideals are assets, not liabilities") hat sich aus Sicht dieses Mittelklasse-Vertreters umgekehrt.

Und wie ihm geht es vielen anderen. „Die 1% bluten uns 99% aus", steht auf den Transparenten der Anti-Wall-Street-Demonstranten zu lesen. Aus Sicht der übergroßen Mehrheit der Amerikaner ist der amerikanische Traum tot. Dieser Traum bestand darin, dass man aus eigener Kraft Zugang zur Mittelklasse erhalten kann: Wenn ich nur hart genug arbeite, kann ich mir ein Haus kaufen, es mit der Zeit abzahlen, sodass es nicht mehr den Banken, sondern mir gehört, meine Kinder aufs College schicken, einen mittleren Lebensstandard haben und eine kleine, aber sichere Pension am Ende, von der ich leben kann. Das alles ist heute nicht mehr der Fall. Durch die Grundstücks- und Hausspekulation der Banken, die den Reichsten gehören und damit riesige Profite mittels lebenslanger Abhängigmachung all jener erzielen, die zum Erwerb eines Hauses so hohe Darlehen aufnehmen müssen, dass sie nur die Zinsen bedienen können, kann sich niemand mehr durch eigene Arbeit ein Haus kaufen; und die Erziehung wird immer teurer, weil die Republikaner im Dienst der Reichen alle staatlichen Hilfen zurückfahren, damit der Staat weniger ausgibt, damit die Reichen keine Steuern zu zahlen brauchen.

Die Banken haben nun eine Generation lang in Übereinkunft mit den Reichen nur deshalb so hohe Darlehen zum Hauskauf praktisch für jedermann vergeben, und zwar bis zu 100 Prozent des Kaufpreises ohne oder mit nicht ausreichenden Sicherheiten, damit dadurch die Hauspreise künstlich steigen, wodurch immer höhere Darlehen vergeben werden können, was immer höhere und dauerhaftere Profite für die Verleiher ergibt. Wenn schließlich jeder Durchschnittsbürger ein Leben lang die Zinsen bei den Banken für sein Hausdarlehen bedienen muss, ohne dieses zurückzahlen zu können, ist die Aufgabe vollendet: die vollständige Abhängigkeit der Mittelschicht von den Reichen, welche die Banken kontrollieren. Die Banken kassieren lebenslang einen Großteil der Gehälter der Mittelschicht; und am Ende gehört auch das Haus ihnen.

Und genau das ist es, was heute immer mehr Menschen begreifen: Sie beginnen, ohne marxistischen oder anderen theoretischen Hintergrund, vielmehr direkt aus ihrer eigenen Situation heraus, das System aus Abhängigkeit und Kontrolle, welche das eine Prozent der Reichsten mittels der Banken über die ande-

ren 99 Prozent während der republikanischen Ära errichtet hat, zu verstehen. Denn all dies geschah nicht zufällig, sondern mit Kalkül während der Herrschaft der Republikaner, in Zeiten der neoliberalen, totalen Entfesselung der Kräfte des Kapitals. Wenn heute jeder amerikanische Haushalt im Schnitt 68.000 USD Schulden hat, dann zeigt dies, dass die Ausgaben für praktisch jeden der „99%" die Einnahmen übersteigen – außer natürlich für das „1%" der Reichsten. Wenn das genügend Menschen klar wird, kommt es zu sozialen Unruhen – wie heute in allen größeren Städten der USA, und zwar zum ersten Mal seit der großen Depression der 1930er Jahre nicht mehr nur seitens der Unterschichten, sondern auch des Mittelstandes. Beobachter nennen dies die „landesweite Explosion der 99%-Bewegung" (Chris Hayes), die immer weitere Bevölkerungskreise ergreift.

Der Hintergrund dieser Bewegung ist real. Er geht auf die republikanische 1%-Politik zurück, die seit den Präsidenten der Bush-Familie, mit kurzer Unterbrechung durch die Clinton-Ära, zunehmend und immer radikaler die Richtung der USA bis zum Amtsantritt Barack Obamas am 20. Januar 2009 bestimmt hat. Diese 1%-Politik wird heute von der republikanischen Kongress-Mehrheit sogar noch weiter radikalisiert fortgeführt. Der daraus erwachsende Realitätsverlust unter den republikanischen Präsidentschaftskandidaten ist mittlerweile so groß, dass der neben Santorum und Gingrich aussichtsreichste Kandidat, der Mormone, Mitbegründer der Private-Equity-Gesellschaft „Bain Capital" und Wirtschaftstycoon Willard „Mitt" Romney (64), unter anderem Gewinner der Vorwahlen in New Hampshire, Florida, Nevada, Maine, Michigan, Arizona, Wyoming und Washington bei Wahlkampfdebatten 10.000 USD-Wetten auf die Richtigkeit einer belanglosen Detailfrage anbietet, obwohl ihm seine Religion eigentlich Wetten verbietet – offenbar nicht wissend, dass 10.000 USD drei Monatsgehälter für den Mittelstand sind. Romney ist öffentlich stolz darauf, so wenig Steuern wie nur irgend möglich zu zahlen, und sei es mit Investitionstricks, Auslagerung von Geld auf Schweizer Konten und Zuhilfenahme von Abschreibungen auf

Verwandte – 2011 zahlte er bei einem Einkommen von 42,5 Millionen USD über zwei Jahre (2010 und 2011) 13,9%. „Ich zahle genau und nur dasjenige, was unbedingt nötig ist – und keinen einzigen USD mehr", so Romney auf einer Präsidentschaftswahlkampfveranstaltung. Dabei hat der durchschnittliche Amerikaner mit einem Klein- oder Mittelstandseinkommen eine Steuerbelastung von 25%. Die Frage, die dazu zu Recht der ehemalige US-Präsident Bill Clinton stellte: „Wie soll ein Präsident mit einer solchen sozialen Moral den Staatshaushalt sanieren? Dafür braucht man eine funktionierende Regierung und ein gerechtes Steuersystem. Romney will die kleinstmögliche Regierung und keine Steuern – vor allem nicht für sich selbst und die zahllosen mit ihm verknüpften Unternehmungen, Freunde und Lobbies."

Romney ist nicht nur ein außergewöhnlich schlechter, ja einer der uncharismatischsten Redner in der Geschichte der US-Spitzenpolitik, unfähig, ein Publikum auch nur für eine halbe Stunde an sich zu ziehen oder gar zu begeistern (wovon sein Spitzname „Robotermann" oder „Jedermann" herrührt), sondern er ist auch als „der Mann ohne Gesicht" bekannt. Er sagt in geradezu auffälliger, aber dafür umso schamloserer Weise immer das, wovon er glaubt, dass es gerade von der gegebenen Zuhörerschaft gehört werden will, und verkauft diese „weiche" Haltung, die gerade bei Republikanern traditionell sehr schlecht ankommt, als Pragmatismus, was ihm auch in seiner eigenen Partei kaum jemand abnimmt. Das führt zu stark widersprüchlichen Haltungen zu ein und derselben Sachfrage in kurzen Zeiträumen und zu ständiger Erklärungsnot. In der amerikanischen Öffentlichkeit ist der Scherz mittlerweile Standard: „Gibt es jemanden, der Mitt Romney nicht ist oder einmal gewesen ist?" Charakteristisch für Romney und seine gesamte Denkweise und Strategie ist, dass er seinen eigentlichen Geburtsnamen „Willard" für den Wahlkampf auf Geheiß seiner Berater durch den Kinder- und Spitznamen „Mitt" ersetzt hat, weil die Romney-Gruppe glaubt, „Willard" klinge zu sehr nach „villain", also „Verbrecher" oder „Bösewicht" – und überhaupt sei ein „i" als Hauptvokal vor einem „a" negativ, „i" allein aber positiv, wobei man auch mit einem (in

Romneys Fall leider nicht vorhandenen) „a" vor einem „i" hätte leben können. Allein diese Überlegungen zeigen, wie sehr sich Romney und seine Entourage von opportunistischen und an sich unsachlichen, für das Amt des Präsidenten nicht ausschlaggebenden Überlegungen leiten lassen. Wie würde sich ein US-Präsident mit einer solchen Logik in der Weltpolitik bewegen, die noch dazu zunehmend multipolarer und komplexer wird?

Gingrich seinerseits brüstet sich bei öffentlichen Reden für ein breites Publikum damit, seine Reden seit Jahrzehnten für 60.000 USD pro Stunde zu (wörtlich) „verkaufen", also in einer Stunde mehr zu verdienen als 80 Prozent der Amerikaner in einem Jahr. Und dafür erwartet er sich den Zuspruch von eben diesen Amerikanern. Allein dies wirft ein bezeichnendes Licht auf die Intelligenz der führenden republikanischen Präsidentschaftskandidaten. Gleichzeitig gibt Gingrich in bester Wolf-im-Schafspelz-Manier zu, dass er Fehler gemacht habe, wofür er aber Gott um Vergebung gebeten und diese auch prompt erhalten habe. Allerdings musste er dazu die Religion wechseln und vom Protestantismus zum Katholizismus übertreten – also von einem urteilenden, Fakten wägenden und strafenden zu einem universal liebenden und vergebenden Gott wechseln.

Da ist es nur eine Fußnote am Rande, dass der in den meisten Umfragen bis in die zweite Januarhälfte drittgereihte Kandidat, der texanische Gouverneur Rick Perry, neben seinem Gehalt von 133.000 USD pro Jahr gleichzeitig auch noch eine monatliche Staatspension von 92.400 USD bezieht, die in Texas dann abgerufen werden kann, wenn Alter und Dienstjahre in Militär und öffentlichem Dienst zusammen 80 überschreiten. Perry stört es nicht, dass seine über 65jährigen Wähler im US-Durchschnitt jährlich 29.000 USD Pension beziehen.

Ebensowenig wie es den Gewinner der Vorwahlen in Iowa, Missouri, Minnesota und Colorado, den Ultra-Konservativen Rock Santorum (54), stört, dass ihm Kritiker eine antiaufklärerische Haltung aus puritanischen Vor-Verfassungszeiten der USA vorwerfen, seit er sich für die Einführung von pseudo-wissenschaftlichen Lehren wie „Intelligent Design" gegen die Evolutionstheorie im amerikanischen Schulsystem einsetzt; pauschal und rückhaltlos alle Moslems als „Feinde Amerikas" brandmarkt, auch jene, die seit Generationen amerikanische Staatsbürger sind; daher umgehend Krieg gegen den Iran führen will; die Erderwärmung für „den Unsinn einiger durchgedrehter Wissenschaftler gegen Gottes Bauplan" hält; jedes Recht auf Privatsphäre ablehnt, auch innerhalb der Ehe; Familienplanung für eine „Verschwörung des Teufels" ausgibt und gleichgeschlechtliche Partnerschaften als „moralisch schlecht" bekämpft; und sich aktiv für Religion am Arbeitsplatz einsetzt. Santorum will insgesamt den Einfluß der Religion auf die Politik massiv stärken, wenn nicht gar beide in einen einzigen Diskurs vermischen. Er hat sich aufgrund seiner stets frömmelnden, sich direkt auf Gottes Wille berufenden, dabei zum Teil bigotten und in vielerlei Hinsicht aktiv frauenfeindlichen Vorstellungen den zweifelhaften Ruf des „Heiligen Jungen" innerhalb der Republikanischen Partei erworben, den manche auch den „neuen politischen Prediger" nennen.

Das Verhalten und die Qualität der Argumentationsführung dieser republikanischen Kandidaten würde man mit verwunderter Ungläubigkeit als Mischung zwischen Trauerspiel, Anachronismus und Schmierenkomödie ansehen, ginge es hier nicht um das wichtigste politische Amt der Welt.

Der heutige Zustand der USA läßt sich wie folgt zusammenfassen: Wegen der zugespitzten 1%-Politik der republikanischen Mehrheit im Parlament sinken die Löhne; die Steuern steigen nur für die 99%, also für alle außer den Reichsten; soziale Hilfsleistungen werden in Frage gestellt. Die von den Reichsten kontrollierte Finanzindustrie hat den Häusermarkt durch Spekulation und Abhängigkeitspolitik mittels überzogener Darlehen auf eine Wachstumsrate von bis zu 20 Prozent pro Jahr getrieben; und die College- und Unigebühren sind in den vergangenen zehn Jahren um mehr als 500 Prozent gestiegen, da die staatlichen Leistungen unter dem Druck der mehrheitlich unter George W. Bush angehäuften nationalen und Einzelstaatsdefizite sowie unter dem Vorwand des „schlanken Staates" auf Geheiß der 1%-Rechten immer stärker reduziert wurden. Statt Steuern

für die Reichsten einzuführen, schlugen die Republikaner Mitte Dezember vor, die ohnehin spärlichen Arbeitslosenbeihilfen um weitere 50 Prozent zu kürzen. Dies unter dem Einfluss der 1%-Lobbyisten, die professionell für das Großkapital in Washington tätig sind, um das Abstimmungsverhalten der Parlamentarier zu beeinflussen – Tag für Tag, Nacht für Nacht, 365 Tage im Jahr. Oder mit den Worten der Vorsitzenden der Demokratischen Partei im Parlament, Nancy Pelosi: „Die Stimme des großen Geldes der 1% hat in der Entscheidungspraxis des Parlaments die Stimmen der 99% der Amerikaner ausgeknipst. Die Macht der Wenigen hat hinter den Kulissen die Macht der Vielen außer Kraft gesetzt. Parlamentsentscheidungen fallen nach den Summen, die die Lobbyisten aufgrund mangelnder Gesetze ganz legal privat in den Parlamentsbüros der Parlamentarier zahlen. Das bedeutet: Die Demokratie wird durch die Interessen des Geldes in Frage gestellt."

In dieser Lage greifen die Republikaner – ein Höhepunkt ihrer Doppelzüngigkeit! – US-Präsident Barack Obama wegen des angehäuften Schuldenbergs von 15,5 Billionen USD an und rufen, er war es, wir waren es nicht! Doch in Wirklichkeit waren sie es, die den Kuchen gegessen haben. Sie haben alles dem einen Prozent Reichen gegeben, sie keine Steuern mehr zahlen lassen, radikal die von den Reichen kontrollierten Banken und die Wall-Street-Spekulanten vertreten. Damit haben sie die amerikanische Nation ausgeblutet und die staatlichen Finanzen ruiniert. Sie waren es, die den so kostspieligen Irak-Krieg geführt und eine Sicherheitsbehörde mit heute mehr als 100.000 Mitarbeitern eingerichtet haben, nicht Obama und die Demokraten. Und nun wollen sie von allem nichts mehr wissen und wollen an nichts Schuld sein. Sie haben nur das eine Prozent der Reichsten gegen die 99 Prozent der anderen Amerikaner vertreten. Und nun wollen sie zur Sanierung der Staatsfinanzen keine neuen Züge mehr bauen, dafür sorgen, dass der Staat nichts mehr investieren kann, 200.000 öffentliche Angestellte, darunter Feuerwehr, Müllabfuhr und Polizei, entlassen, und die Steuern nur für die „99%" erhöhen, nicht aber für das „1%" der Reichsten, weil sie glauben, dass diese die „Arbeitsplatz-Schaffer" sind, die, wenn sie keine Steuern zahlen, Arbeit für alle anderen schaffen mit ihrem genialen Unternehmertum. Weil sie so reich sind, müssen sie fähiger als alle anderen sein – also muss man sie in Ruhe „ihr Ding machen" lassen, dann wird es allen zugute kommen. Das war die Ideologie der Bush-Vater-und-Sohn-Jahre, welche die Grundlage für die Steuersenkungen für Reiche bildete.

„Genau diese Politik haben wir nun eine Generation lang in den USA verfolgt – aber es hat nicht funktioniert. Und es wird nie funktionieren", so zu Recht der bekannte CivilRights-Aktivist, Prediger und Fernsehkommentator Reverend Al Sharpton. Und der Schauspieler Matt Damon, selbst mit 100en Millionen USD Vermögen zu dem einen Prozent gehörend, fragt öffentlich: „Die Republikaner sagten: Wenn die Reichen keine Steuern zahlen, werden sie ihr Geld im Land investieren, Unternehmen gründen und damit Arbeitsplätze für andere schaffen. Haben Sie das getan? Ich nicht. Ich habe, wie alle anderen, in schnelle Profite in Schwellen- und Dritte-Welt-Ländern investiert, und den Rest auf sicheren Konten im Ausland geparkt. Kein einziger Arbeitsplatz wurde von mir geschaffen. Das Land hat nur meine Steuern verloren und hat dafür die Belastungen für die arbeitenden Amerikaner erhöht. Heute fordere ich: Wir Reichen sollen endlich gerechte Steuern zahlen!" Sogar eine „Millionäre- für-gerechte-Steuern"-Bewegung hat sich mittlerweile formiert, mit zwei Dutzend der reichsten Menschen des Landes, die sich öffentlich, beim Präsidenten und im Kongress dafür einsetzen, endlich besteuert zu werden, doch die republikanische Kongressmehrheit sperrt sie aus und will davon nichts wissen.

Die Folgen

Was ist die beinahe unausweichliche Folge? Es ist, wie die Statistiken kontextpolitischer Phänomenologie kurz- und mittelfristig zeigen, dies: Zivile Volksaufstände drohen. Zum Beispiel durch die Veteranen, die aus den beiden längsten amerikanischen Kriegen aller Zeiten, Afghanistan (9,5 Jahre) und Irak (8,5

Jahre), zurückkehren und ihre Häuser von den Banken gepfändet vorfinden, weil die Zinsen für die Anleihen zwei oder drei Tage zu spät eintrafen oder weil 20 oder 40 USD fehlten. Die Veteranen besetzen ihre Häuser – und die Polizei, die das Spiel der Banken durchschaut hat, verweigert den Befehl, das Haus zu räumen. Eine Menschenkette umringt 24 Stunden pro Tag das Haus und verhindert zusätzlich die Räumung – die Menschen des Viertels erklären sich mit dem Veteranen solidarisch. Als ich die Szene im Spätherbst 2011 beobachte, beginnt neben mir eine Frau bitterlich zu weinen. „Kennen Sie denn jemanden von den Beteiligten?", frage ich sie, um sie zu trösten. Sie umarmt mich und weint lauthals: „Nein, aber ich mache mir so große Sorgen um Amerika." Wenn die Polizei in Amerika damit beginnt, Befehle der „1%" gegen die „99%" zu durchschauen und also zu verweigern, dann wird es in der Tat Ernst. Denn das ist für dieses Land mit seinem bislang ungebrochenen Glauben an die Nation und den Nationalstaat, an die Einheit von Bürgern, Staat und Idealen etwas Unerhörtes, ja nicht Dagewesenes: ein Zeichen tiefer Risse, und, wie viele fürchten, ein Vorbote sozialen Auseinanderbrechens.

Aber warum geschieht so etwas überhaupt, wenn es den öffentlichen Ruf des Banken- und Finanzsystems so sehr (weiter) schädigt? Wenn also die Leute in den Chefetagen der Wall Street doch gerade dafür bezahlt werden, intelligent und weitsichtig zu sein – und also das System nicht zu gefährden, es nicht zu durchsichtig werden zu lassen?

Die Wahrheit ist, dass die Wall-Street-Spekulanten und die mit ihnen verbündeten Großbanken trotz höchster Profite rücksichtslos vorgehen und damit der Bevölkerung der USA unabhängig von individueller, persönlicher Betroffenheit beweisen, daß die Finanzindustrie nicht im Dienste der Gesellschaft, einer fairen gemeinschaftlichen Verständigungskultur und der Menschen steht, sondern gegen diese arbeitet und sich ausschließlich zum Vorteil der Reichen ausbreitet. Es ist derzeit genau diese Einsicht, die einen tiefen Schrecken in der Mittelklasse erzeugt – und zwar auch bei jenen, die noch gar nicht direkt betroffen sind. Und es beginnt nun auf breiter Ebene Gegenreaktionen hervorzurufen. Der Mittelstand ist im Aufruhr; und das zivile Gewebe der USA wird noch brüchiger, als es seit dem zweiten Weltkrieg bereits war. Die nach unten sinkende Mittelschicht hat Angst. Dadurch wird sie aggressiv „nach unten" – und verführbar durch einfache Slogans wie die vom „schlanken Staat" und der angeblich notwendigen „Stabilität der Steuern", die die Republikaner nach außen hin verkünden, im Kongress aber nur für die Reichsten angewendet wissen wollen.

Insgesamt findet in den USA im Wahljahr 2012 in immer breiteren Bevölkerungsschichten ein großes, erstauntes Aufwachen statt. Eine in der neueren US-Geschichte in dieser Weise beispiellose gesellschaftliche Bewußtseinsentwicklung über die Ungerechtigkeit des Systems erfolgt; insbesondere über den unheiligen Zusammenhang zwischen Wirtschaft, Finanzen und Politik. Besonders wichtig scheint mir aus ideologiekritischer Sicht, dass neo- wie retromarxistische Theorien bei alldem *keine* Rolle spielen, oder nur eine zu vernachlässigende. Das, was sich zu zeigen beginnt, ist eine völlig „freie", neue Bewußtseinsbildung über diesen Gesamtzustand bei den Studenten, beim Mittelstand, bei der „Occupy Wall Street" und der „99%"-Bewegung. Diese ist nun dabei, eine Gegenöffentlichkeit gegen das vor allem bei den ungebildeten Bevölkerungsschichten effektive Propagandadauerfeuer des Fox-Murdoch-Konglomerats aus Wirtschaft und Politik hervorzubringen. Obama hat am 15. Dezember 2011 den Irak-Krieg offiziell für beendet erklärt, während die meisten republikanischen Politiker ihn im Gefolge hegemonialer Phantasien auch nach neun Jahren zum Entsetzen der Bevölkerung fortführen wollen. Während zehntausende Veteranen aus dem Krieg zurückkehren und einen erstaunten, unverbildeten Blick auf ein Land mitbringen, das sie kaum wiedererkennen, beginnt sich die Mittelklasse in den USA zu organisieren – und zwar jenseits der beiden etablierten Parteien. Die mit den offenbaren republikanischen Widersprüchen wachsende Bewußtseinsbildung wird viele der 40 Prozent Nichtwähler motivieren, im November 2012 wählen zu gehen, auch wenn sie im Grunde von beiden Parteien enttäuscht sind. Das wenigstens ist eine gute Nachricht für das Land.

Zu dieser Bewußtseinsbildung tragen führende unabhängige Intellektuelle bei, unter anderem über den landesweit empfangbaren Sender MSNBC, darunter Lawrence O'Donnell, Rachel Meadow, Ed Schultz, Chris Hayes und Chris Matthews. Hayes zum Beispiel spricht davon, dass die USA „durch eine Epoche kollektiver Desillusionierung hindurchgehen, weil sich die Menschen in ihrem Innersten betrogen fühlen", und programmatisch von einer „universalen Ungerechtigkeit des Systems, die uns alle in den USA mittlerweile so deutlich und extrem umgibt, dass die Menschen sich mobilisieren und fast zwangsläufig neue soziale Zukunftsbewegungen entstehen. Diese erzeugen ihrerseits neue Formen eines zivilgesellschaftlich induzierten politischen Engagements". Interessanterweise wird der heute vermutlich wichtigste progressive, die ganze Nation erreichende US-Sender MSNBC von der Microsoft Corporation mitfinanziert und mitbesessen. Ein Paradoxon?

Was geschieht hinter den Kulissen?

Viele moderate Republikaner sehen in dieser ebenso paradoxen wie chaotischen Konstellation ihrer Partei für die nächste Präsidentschaftswahl nur die ehemalige Sicherheitsberaterin, Außenministerin, Russland-Spezialistin und Stanford-Professorin Condoleeza Rice als seriöse, aussichtsreiche Kandidatin. Sie ist eine Frau, schwarz, jung, erfahren, bescheiden und intellektuell. Sie hat aber ebenso wie alle anderen seriösen Kandidaten unter dem Druck der „Tea Party" längst dankend abgelehnt und steht ihrer Partei mittlerweile skeptisch gegenüber.

Und der Präsident, dessen Zustimmungswerte unter dem Dauerfeuer der republikanischen Medien zeitweise auf knapp über 40 Prozent gesunken waren, und dem man nur einen einzigen Vorwurf machen kann: Dass er für den US-Durchschnittsamerikaner zu wenig aggressiv und zu intellektuell agiert hat? Spätestens seit November 2011 scheint Barack Obama erkannt zu haben, dass er in dieser Situation nun auch eine stärkere, klarere Führerschaft im Ton der öffentlichen Debatte, der öffentlichen Diskursrationalität übernehmen muss. Sein Stil und die Art seiner Attacken zeigen spätestens seit November 2011, dass er verstanden hat, dass er den Ton verschärfen muss: Gegen die republikanische Senatsmehrheit, gegen das rechte Establishment in Washington DC, gegen die riesige Lobbyisten-Kolonie, die die halbe Stadt bewohnt und mehrheitlich von der Großfinanz und den „1%" kontrolliert wird.

Obamas Attacken gegen diese Kräfte werden schärfer; und sie wenden sich mit klarerer polemischer Zuspitzung an den Mittelstand, also an jene, die vom heutigen System ausgebeutet werden und in konkreter Gefahr sind, abzusteigen. Das hat insbesondere Obamas im Gefolge von Teddy Roosevelt berühmter Rede „Über Wirtschaft und die Mittelklasse in Amerikas Zukunft" vom 6. Dezember 2011 an der Osawatomie Oberschule in Kansas gezeigt. Dort plädierte er für eine Rehabilitation der Mittelklasse und eine stärkere Besteuerung der Reichsten des Landes auf dem Niveau der 1990er Jahre, also nur moderat verändert. Das zeigte zweitens seine Antwort auf den Vorwurf, er zeige der Welt die USA als schwach: „Fragen Sie Osama bin Laden". Und das zeigt vor allem drittens sein genialer Schachzug, für den Fall des Scheiterns einer Einigung zwischen Demokraten und Republikanern im Kongress bereits in die bisher bestehende Ausgangsvereinbarung für diese Verhandlungen eine bindende Klausel eingefügt zu haben, die im Fall einer Nichteinigung zum 1. Januar 2013 für automatische Steuererhöhungen sorgt.

Wenn man dies alles zusammen nimmt und aus einer umfassenderen entwicklungshistorischen Perspektive betrachtet, so fragt man sich, ob es nicht letztlich gut ist, dass es diese extrem rückwärtsgewandten, archaischen und intellektuell primitiven Kräfte in der US-Diskussion gibt? Ich gewinne allmählich den Eindruck dass, je klarer und rückständiger sie argumentieren, desto mehr treiben sie die Dialektik an und funktionieren so unwillentlich als Motoren des Fortschritts, indem sie das Unhaltbare abklären und indirekt das Fortschrittliche, Neue und Gute fördern. Das ist in Europa nicht in dieser Klarheit, in dieser archaischen Kraft der Paradoxie und dialektischen Zuspitzung der Fall, weshalb die USA nach wie vor die am schnellsten voranschreitende Gesellschaft

sind, sowohl betreffend ihrer idealistischen und sozialen wie ihrer pluralistischen Anteile. Sollten wir diesen lächerlichen Steinzeit-Reichen und -Gierigen wie Newt Gingrich, Mitt Romney oder Donald Trump, die leider nicht das Niveau eines Mephisto haben, sondern eine Art „postmoderne", das heißt aus halb- oder nichtverstandenen Vergangenheits-Zitaten aufgebaute Mephisto-Karikatur darstellen, nicht letztlich dankbar sein? Da sie doch offenbar letztlich nichts anderes tun als den allgemeinen Basisidealismus, den Humanismus und die Grundlagen westlicher Demokratie massiv mittels Widerstand wiederzubeleben? Da sie in Wirklichkeit mittels Empörung zumindest indirekt die progressiven, gemeinschaftlichen, aufklärerischen Ideale lebendig machen gegen ihre drohende Verkrustung?

Mit anderen Worten: Führt ihre radikale Selbstsucht nicht gerade in ihr Gegenteil: In ein neues Verständnis dafür, dass „das Individuellste das Allgemeinste ist", also in die Wiederbelebung eines aktiv-empirischen Zugangs zum Überpersönlich-Menschlichen, nun auch auf einer breiteren sozialpsychologischen Ebene? Oder mit dem Motto der altehrwürdigen Tulane Universität (gelegen in der seit dem Hurrikan Katrina 2005 noch immer äußerlich verwüsteten Stadt New Orleans) gesprochen: In die Wiederbelebung der grundlegenden Einsicht der – mehrheitlich freimaurerisch inspirierten – amerikanischen Gründerväter: „Not for oneself, but for one's own" („Nicht für sich selbst, sondern für das Selbst")?

In offenem Kontrast zur Verwahrlosung der Republikanischen Partei fällt der landesweite Aufstieg der „Occupy Wall Street"-Bewegung ins Auge, die für ein neues Bewußtsein der sozialen Ungleichheit sorgen will und dabei bereits einiges erreicht hat. Die Dauerpräsenz dieser Protestbewegung, vor allem auch ihre ungerechte Behandlung durch eine im Gefolge der Terroranschläge des 11. September hochgradig militarisierte Polizei, hat den Mittelstand zum Nachdenken gebracht. Sie hat auch eine neue Mobilisierung der Studenten bewirkt, wie die Proteste im Universitätssystem gegen die Erhöhung von Studiengebühren und anderer öffentlicher Lasten bei gleichzeitig Aufrechterhaltung der Privilegien der „1%" zeigen. Die

sogenannte „99%"-Bewegung, also eine zivil-
gesellschaftliche Plattform, die sich für soziale
Gerechtigkeit und eine Reform des Bankensystems einsetzt, spielt eine zunehmend wichtige
Katalysatoren- und Fermentierungs-Rolle für
die heutige gesellschaftliche US-Konstellation
zwischen rechts und links.

Erneut: Aktuelle Statistiken zeigen, dass
das reichste „1%" der US-Bevölkerung immer
rascher reicher wird, während der Mittelstand
immer schneller verarmt. Mehr als 50 Millionen
Amerikaner, also ein Sechstel der Bevölkerung,
leben unter der Armutsgrenze oder sind auf
staatliche Unterstützung angewiesen; mehr
als 40 Millionen haben keine Sozial- und
Krankheitsversicherung und keine Altersvor-
sorge. 146 Millionen Amerikaner, also mehr
als 45 Prozent der Gesamtbevölkerung, leben
offiziell eingestuft als „Arme" oder „Niedrig-
einkommensbezieher". Unfassbare 1,6 Millionen US-Kinder – jedes 40. Kind – wachsen
ohne Zuhause als sogenannte „homeless" auf.
Derweil erzielt das reichste Prozent der US-
Amerikaner mittlerweile mehr als 47 Prozent
der Gesamteinkommen, während das Durch-
schnittseinkommen real zurückgeht. Die Löhne
der „Top-10"-Wirtschaftsführer stiegen 2011
im Vergleich zu 2010 um 44 Prozent! Trotzdem
weigert sich dieser reichste Teil mit Unterstützung der Republikanischen Partei, dass
seine Steuern auf das überaus moderate und
im Vergleich zu Europa geradezu lächerliche
Niveau der Clintonära zurückgeführt werden.
Muss man da nicht sagen, dass diese Reichsten
trotz ihres notorischen Ordnungs- und Sta-
bilitätsfetischismus paradoxerweise faktisch
Anarchisten sind? Schließlich würde es keine
Feuerwehr, keine Polizei, keine öffentlichen
Schulen mehr geben, wenn niemand Steuern
zahlt. Wer würde dann ihren Besitz beschützen?
Eine Privatarmee in einem ständigen sozialen
Bürgerkrieg kostet mehr als die gerechten Steu-
ern, die sie friedlich zu zahlen hätten. Warum
verstehen die „1%" der USA das nicht?

Aus meiner Sicht besteht die wichtigste
Einzelaufgabe der heutigen USA in der Rück-
gewinnung und Stabilisierung der Mittelklasse,
die traditionell aus dem amerikanischen Traum
heraus lebt. Das Vertrauen in diesen Traum ist
bei der heutigen Mittelklasse erschüttert, weil

die Ungerechtigkeit des Systems jeden Tag
offensichtlicher wird: Die Mittelklasse trägt
die Lasten der Staatsverschuldung und der
Inflationspolitik der Federal Reserve Bank,
die diejenigen trifft, die ihre Ersparnisse auf
einem Bankkonto haben; die reichsten „1%"
dagegen genießen mit Hilfe des Finanz- und
Bankensystems, das sie kontrollieren, alle
Privilegien. Das nützen die Reichen aus, um
mit Hilfe der Republikanischen Partei, die von
ihren Spenden abhängig ist, die Lasten immer
stärker auf den Mittelstand abzuwälzen. Immer
mehr Amerikaner durchschauen das. Aber
konkrete Alternativen scheinen nur wenige
in Sicht zu sein.

Eine grundlegende Ursache für diese Miss-
stände ist die besorgniserregende Verschiebung
des Fokus der US-Wirtschaft von der Produktion von Gütern und Dienstleistungen in die
Finanzspekulation, das heißt die Verschiebung
des Gleichgewichts zwischen Produktion und
Finanzsektor zugunsten des letzteren. Barack
Obama forderte die US-Wirtschaft auf, „zur
Produktion von Dingen" zurückzukehren,
was technologische Führerschaft voraussetzt.
Dagegen schützen die Republikaner weiterhin
den Finanzsektor vor Reformen, weil dort ihre
Unterstützer sitzen: Jene Amerikaner, die nicht
für ihren Unterhalt arbeiten müssen. Wohin also
wird die Entwicklung der US-Wirtschaft zwischen den Polen Realwirtschaft und spekulativer
Finanzwirtschaft gehen? In jedem Fall in eine
Richtung, die die Dinge neu gewichten wird, ob
stärker progressiv wie im Fall von Obamas Wie-
derwahl oder noch stärker rückwärtsgewandt
wie im Fall der Wahl eines republikanischen
Kandidaten, wird zu sehen sein.

Insgesamt kann man sehen: Amerika, „das
Land der Mutigen und Freien", ist ein „Land
der systemischen Ungleichheit" (Al Sharpton)
geworden. Die fehlende Gleichheit lähmt den
Mut und stellt die Freiheit in Frage. Während
die USA nie ein Land der – programmatisch
trinitarisch verstandenen – französischen
Revolution waren: Freiheit, Gleichheit, Brüderlichkeit, sondern seit jeher *dualistisch*
begründet: also Freiheit (zum Erfolg) und
Gleichheit (in der Ausgangslage) auf Kosten
der Brüderlichkeit, sind sie heute in Gefahr,
auch diese Dualität zu verlieren. Mit anderen

Worten: Geht es nach den Republikanern, so soll der Dualismus zu einem Monolog werden: „Freiheit" (falsch, nämlich im Sinn eines „jeder gegen jeden" verstanden) gegen Gleichheit und Brüderlichkeit. Und die Frage ist nicht nur, ob Obama dem begegnen kann, so wie er es mit aller Kraft versucht, sondern auch, wohin das üblicherweise einige Jahre später amerikanischen Tendenzen folgende Europa sich bewegen wird. Deutlicher formuliert: Wird auch Europa in den zunehmenden „1%" gegen „99%"-Konflikt des 21. Jahrhunderts hineingezogen werden? Oder kann es rechtzeitig die Weichen stellen, dass eine ähnliche ideologische Polarisierung der Gesellschaft wie in den heutigen USA zugunsten einer ausgewogeneren und balancierteren Entwicklung vermieden wird?

In jedem Fall gilt: In den USA tut sich derzeit vieles, was interessant und richtungsweisend für die Zukunft auch auf internationaler Ebene werden wird. So in den (bereits erwähnten) regelrechten Volksaufständen gegen den Bankensektor, die hier im ganzen Land seit einigen Monaten eingesetzt haben, mit Kriegsveteranen, die nach Jahren Einsatz im Irak oder in Afghanistan nach Hause kommen und ihr Haus gepfändet finden und die dann mit Hilfe ihres gesamten Viertels das Haus und Teile des Viertels besetzen, teils friedlich, teils gewaltsam Widerstand leisten. Ähnliches gilt für die neu politisierte Studentenschaft, welche bislang weitestgehend friedlich die Unis besetzt und dafür von Polizisten mit waffenscheinpflichtigem Militär-Pfefferspray geblendet wird, während die Öffentlichkeit entsetzt über die zunehmend brutale Gewalt gegen wehrlose, friedlich Andersdenkende und Systemkritiker zusieht. Diese Ereignisse bestimmen täglich das öffentliche, medial vervielfältigte Imaginäre – mit langfristig unabsehbaren Folgen. Im Dezember 2011 wünschten sich 54 Prozent aller Amerikaner eine dritte Partei, um endlich die zunehmende ideologische Polarisierung zwischen Republikanern und Demokraten zu brechen. Das kommt einer kleinen „Revolution im Geiste" gleich.

Fakt ist: Amerika befindet sich im größten Umbruch, seit ich es kenne. Das wird in Europa bislang noch zu wenig wahrgenommen. Die kommenden Monate werden diese Zustände noch verschärfen.

Meine Schlussfolgerung ist: Europa sollte sich mehr mit der Binnenentwicklung, einschließlich der innenpolitischen Spaltung der USA befassen. Denn die, einerseits besorgnis-, andererseits hoffnungserregende innere Entwicklung der USA wird sich, unabhängig vom Ausgang der Präsidentschaftswahl, in der Richtungstendenz der politischen Kultur des Landes abbilden und von dort ausgehend die Weltentwicklung beeinflussen. Europa wird davon direkt betroffen sein.

Ruti Ungar

Minderheiten im englischen Sport

Repräsentationen jüdischer und schwarzer Boxer
im England des späten 18. Jahrhunderts

Das Boxen oder, wie man früher sagte, der Faustkampf, ist im 18. Jahrhundert in England als eine populäre Unterhaltungsform entstanden. Boxkämpfe zogen große Mengen von Menschen an, boten Gelegenheit für den Umsatz enormer Geldsummen und erfreuten sich einer glühenden Anhängerschaft, obwohl (oder weil) sie illegal waren.[1] Von vielen Menschen als kriminelle Elemente der Unterklassen angesehen, waren Boxer nichtsdestotrotz sehr populäre Figuren. Ihnen zu Ehren wurden Lieder geschrieben und Stiche mit ihren Porträts verkauft. Sie verdienten nicht selten viel Geld und verkehrten mit dem Adel. Boxen war nicht einfach ein sehr populärer Sport; es galt auch als die männlichste aller Sportarten und den Boxern schrieb man zu, dazu beizutragen, einen idealen Typ von Maskulinität zu prägen, insbesondere eine raue und muskuläre Männlichkeit, die sich oft mit Nationalismus verband. Pierce Egan, der wichtigste Sportjournalist des 19. Jahrhunderts, war nicht der Einzige, der glaubte, dass: „die männliche Kunst des Boxens jenen Heldenmut, gemischt mit Menschlichkeit, den Briten ins Herz gepflanzt hat, der diese in allen Teilen der Welt so berühmt, grandios und erfolgreich gemacht hat" (Egan 1829, 444). In einer Zeit, in der die Überlegenheit der Engländer über die Franzosen auf der einen Seite und die kolonialisierten Völker auf der anderen betont wurde, betrachtete man die Boxer als archetypische Repräsentanten der englischen Überlegenheit über andere Nationen.[2]

Ungeachtet seiner nationalistischen Rhetorik waren Boxer, die ethnischen Minderheiten angehörten, im Sport sehr prominent. Auch wenn sie unter den Boxern nur einen geringen Anteil ausmachten, sind sie aufgrund ihrer Sichtbarkeit historisch bedeutsam. In einigen Milieus, namentlich in den unteren Klassen, waren sie vermutlich die bekanntesten Vertreter ihrer Volksgruppe. Der jüdische Boxer Daniel Mendoza und die schwarzen Boxer Bill Richmond und Tom Molineaux waren nicht nur allgemein bekannte Namen unter Juden und Schwarzen. Sie verkehrten mit Aristokraten, erfreuten sich großer Anhängerscharen, waren Gegenstand von Liedern, Portraits und Karikaturen und prominente Figuren in Zeitungsberichten.

Im England des späten 18. und frühen 19. Jahrhunderts waren Bilder von großer Bedeutung, denn viele Menschen waren Analphabeten und Bilder wurden nicht in Massenproduktion hergestellt; jedes einzelne erfuhr große Aufmerksamkeit (Gatrell 2006, 911; Heiny 1987, 8). Von den groben und billigen Holzschnitten, die an den Hauswänden der Armen hingen, bis zu den teuren Farbdrucken in den Sammlungen der Adligen – Menschen aus allen Klassen nahmen an der Konsumtion von Bildern teil (O'Connell 1999). Abbildungen hatten eine wichtige Funktion für die Verbreitung von Ideen, und sie liefern Informationen, die nicht immer in schriftlichen Quellen verfügbar sind, wie etwa solche, die die zeitgenössische Wahrnehmung des Körpers des Boxers betreffen. Dies ist von besonderer Bedeutung im Hinblick auf Boxer aus ethnischen Minderheiten, denn in dieser Zeit wurde der Körper des Anderen (wie der von Juden und Schwarzen) zu einem der wichtigsten Objekte für die Konstruktion von Differenz.

Mit Konzentration auf Abbildungen und

Repräsentationen von Boxern, die Minderheiten angehörten, werden im Folgenden die bildlichen Ausdrucksformen und Stereotype analysiert, durch welche diese Boxer betrachtet wurden, und die Bedingungen, unter denen sie als Mitglieder der nationalen Gemeinschaft Akzeptanz fanden. Es werden die Strategien beschrieben, die genutzt wurden, um den jüdischen Boxer Daniel Mendoza symbolisch in das nationale Kollektiv ein- bzw. ihn daraus auszuschließen. Des Weiteren werden Repräsentationen schwarzer Boxer untersucht und die Images von Bill Richmond und Tom Molineaux miteinander verglichen, um die Bedingungen zu erkunden, unter denen bestimmte Minderheiten-Boxer akzeptiert und andere abgelehnt wurden. Der Aufsatz zeigt, dass der kommerzielle Sport bereits in seiner Entstehungsperiode im 18. Jahrhundert eher ein, wie Douglas Hartman für das 20. Jahrhundert postuliert, „umkämpftes Terrain" war, in dem „Rassenvorstellungen, Ideologien und Ungleichheiten konstruiert, transformiert und beständig umkämpft werden, denn ein Ort, an dem sie versöhnt oder in der ein oder anderen Weise reproduziert werden" (Hartmann 2000, 230).

„Not the Jew that Shakespeare drew" – Repräsentationen eines jüdischen Boxers

Im späten 18. Jahrhundert, stiegen mehrere jüdische Faustkämpfer in den Ring. Der meistgepriesene war jedoch Daniel Mendoza (1765–1836). Mendoza wurde in East London in einer armen sephardischen Familie geboren und erlernte das Boxen auf der Straße. Seine professionelle Reputation erlangte er durch drei Kämpfe gegen den berühmten Boxer Richard Humphries (1760–1827). Er wurde selbst sehr berühmt, erlangte die Protektion des Prinzen von Wales und lehrte die Crème der Londoner Aristokratie, wie man boxt. In „Boxiana", der Box-Bibel dieser Zeit, schrieb Pierce Egan über Daniel Mendoza: „[...] obwohl er nicht der Jude war, den Shakespeare gezeichnet hatte, war er der *Jude*, der Stolz seiner Glaubensgenossen [...]" (Egan 1812, 255)[3]. Diese Anspielung auf Shylock, den blutrünstigen Geldverleiher aus Shakespeares „Kaufmann von Venedig", den

archetypischen Juden, ist bedeutsam. Shylock verkörpert viele Stereotype von Juden als wucherisch, geizig, heimtückisch, blutdürstig, gemein, rachsüchtig und durchtrieben (Cohen 1990, 23ff.; Sinsheimer 1960, 141ff.). Obwohl Egans Mendoza-Porträt in diesem Buch positiv ist und eine Ablehnung des Stereotyps repräsentiert, beschwört es das ganze Spektrum antijüdischer Vorurteile herauf.

Antisemitische Bilder figurierten in der englischen populären Kultur des 18. Jahrhunderts an prominenter Stelle. Juden wurden als hässlich, deformiert, schmutzig und krank porträtiert. Abbildungen von Juden hatten klar identifizierbare physiognomische Merkmale: dunkle Augen, krumme Nase, Schläfenlocken und Bart. Jüdische Männer galten als unkontrolliert und unbeherrscht – feminine Merkmale. Die traditionelle Darstellung des jüdischen Mannes war die eines cleveren, aber erbärmlichen Mannes in einem entmannten, weibischen, schwachen oder kranken Körper, der nicht in der Lage war, die traditionellen männlichen Rollen zu erfüllen (Felsenstein 1995; Schachar 1975, 331, 363). Wie wir sehen werden, waren jene Stereotype in den Repräsentationen jüdischer Boxer unterschwellig immer präsent.

Obwohl einzigartig in ihrer Gehässigkeit, exemplifiziert die antisemitische Charakterisierung Mendozas in der Karikatur „Der Triumph" viele dieser Stereotype. Es ist die Beschreibung einer (fiktiven) Prozession, die den (realen) Sieg Humphries' über Mendoza in Odiham am 9. Januar 1788 feiert. Humphries sitzt in einer Sänfte, die vom Prinzen von Wales, einem Fleischer, einem Seemann und einem Ratsherren getragen wird. Auf der linken Seite ist eine Gruppe Juden zu sehen; Mendoza liegt auf dem Boden, sieht übel mitgenommen aus, seine Hose steht offen und sein Gesicht ist fast unmenschlich verzerrt. Der Mann, der sich um ihn kümmert, ist ein Jude mit Hakennase und einem Hut, wie er typisch war für osteuropäische Juden. Ein Rabbi steht hinter Mendoza und zeigt auf Lord George Gordon, der den Talmud liest (George 1938, 552).

Die antisemitischen Andeutungen in dieser Karikatur sind offenkundig. Der Zeichner, Johann Heinrich Ramberg (1763–1840), be-

Abb. 1: Johann Heinrich Ramberg: The Triumph, 1788. © Trustees of the British Museum.

schreibt Mendoza als einen Repräsentanten seines „Stammes" und seinen Niedergang als einen Verlust für alle Juden. Die Aufnahme von Lord Gordon (1751-1793), der kurz zuvor zum Judentum übergetreten war, in die Gruppe ist typisch. Er war seit seiner Konversion eine populäre Spottfigur und wurde häufig verhöhnt in Karikaturen, in denen es nicht nur um seine Person, sondern auch um die jüdische Gemeinde ging. Viele andere Karikaturen, die dem Boxen gewidmet waren, zeigten jüdische Fans von Mendoza mit ins Lächerliche gezogenen „semitischen" Zügen – dunklen Augen, krummen Nasen, Schläfenlocken und Bärten. Die Karikaturen zeigten Rabbis, den Talmud und Shylock, und brachten Juden oft mit der Jagd nach Geld in Verbindung. Derartige antisemitische Ressentiments gab es nicht nur in Bildern. Auch in Zeitungen wurde Mendoza oft als dem Geld ungewöhnlich zugetan dargestellt: „Mendoza [eröffnete seine Boxschule] gemäß seinem Charakter als Jude in der Nähe der Bank".[4]

Häufig wurde angedeutet, dass es Mendoza an bestimmten männlichen Qualitäten mangelte. Egan, der Mendoza offensichtlich bewunderte, beobachtete gleichwohl des Öfteren, dass es Mendoza zwar nie an Können, Talent und Mut fehlte, wohl aber an körperlicher Kraft und Stärke: „es gab mehr Eleganz in seinem Stellungsverhalten als Anzeichen von Stärke" (Egan 1812, 257f.). Mendoza, so schien es, fehlte es oft an bestimmten Attributen (für gewöhnlich Stärke, aber auch Ehrlichkeit und Mut), was ihn gegenüber dem „englischen" Boxer als unterlegen erscheinen ließ. Verunglimpfungen von Mendozas Charakter als schwach und unmännlich waren vor allem dann bedeutungsvoll, wenn sich die Artikel auf Mendoza als *den Juden* bezogen, anstatt ihn beim Namen zu nennen, denn damit wurde impliziert, dass er die Juden generell repräsentierte. Daher war Mendoza sowohl ein Opfer der rassischen [racial] Stereotype, die der Verunglimpfung der Juden inhärent waren, als auch ein Symbol seiner Religionsgemeinschaft.

Seine Siege wurden als Siege für alle Juden wahrgenommen, und seine Niederlagen als Niederlagen der ganzen Gemeinschaft.[5]

Zeitungen, die Mendoza feindselig gesinnt waren, stellten auf Charakteristika ab, die andere Berichte gepriesen hatten, und versahen sie mit einer negativen Konnotation. So war Mendoza zum Beispiel berühmt dafür, dass er einen „wissenschaftlichen Boxstil" entwickelt hatte, der ihm half, gegen Boxer zu gewinnen, die schwerer und stärker waren als er. Während einige Zeitungen ihn dafür priesen, beschuldigte ihn *The World*, „abgefeimt und durchtrieben" zu kämpfen.[6] „Durchtriebenheit" („cunning") war – im Gegensatz zu „Cleverness" – negativ konnotiert und wurde oft in antisemitischen Diskursen verwendet. Für *The World* stand die Tatsache, dass Mendoza Jude war, seiner Zugehörigkeit zur nationalen Gemeinschaft klar im Wege: „Die Hochachtung der Engländer für Tapferkeit war so stark, dass jede einzelne erfolgreiche Aktion Mendozas mit mindestens genauso viel, wenn nicht mehr Beifall bedacht wurde, wie jene (seines Gegners)".[7] Zwar macht *The World* Mendoza hier ein Kompliment. Doch suggeriert die Tatsache, dass sie Mendoza nicht „Christen", sondern „Englishmen" entgegenstellt, dass *Jewishness* und *Englishness* sich wechselseitig ausschließende Termini sind.

Repräsentationen jüdischer Boxer oder ihrer Anhänger mit „typisch" jüdischer Physiognomie oder jüdischen Charakteristika reproduzierten antisemitische Stereotype und platzierten jüdische Boxer in ihre verhöhnte ethnische Gruppe und außerhalb der eigentlichen Boxgemeinde. Indem die Karikatur „Der Triumph" Mendoza in die Gruppe von Juden auf der linken Bildseite stellt, anstatt ihn als Teil der Boxergruppe in der Bildmitte darzustellen, schließt sie ihn buchstäblich und symbolisch aus der Boxergemeinde aus. Die Beschwörung *Shylocks* und anderer antisemitischer Stereotype von Juden im Boxdiskurs ist insofern von Bedeutung, als sie eine exklusive Vision der Nation reflektiert. Die in die Repräsentationen jüdischer Boxer und Zuschauer immer wieder eingestreuten rassischen und religiösen Stereotype, die Darstellung von Siege und Niederlagen jüdischer Boxer als Siegen bzw. Niederlagen der jüdischen Gemeinschaft als Ganzer, die Gegenüberstel-

lung von „englisch" und „jüdisch" und die Entmännlichung jüdischer Boxer waren alles Strategien, um jüdische Boxer symbolisch aus der Nation auszuschließen.

Nichtsdestoweniger halfen seine Männlichkeit und sein Ruhm als Boxer Mendoza, als Angehöriger der Nation symbolisch akzeptiert zu werden. Das Porträt in Abbildung 2 stellt den Boxer in einer natürlichen Landschaft dar – ohne Ring, Gegner oder Zuschauermenge. Der Künstler hat sich entschieden, nicht den Kampf selbst zu zeigen, sondern den Moment unmittelbar vor Beginn des Kampfes, wenn sich die Boxer Auge in Auge gegenüber stehen, zum Kampf bereit. Diese Situation bot den Mäzenen die Möglichkeit, die Körper der Boxer und ihre scheinbare Stärke und Fitness zu vergleichen, bevor sie ihre Wetten abgaben (Heiny 1987, 160). In einem Sport, in dem es um die Frage nach dem „besseren Mann" geht, ist dies ein wichtiger Moment für die Einschätzung der relativen maskulinen Vorzüge.

Das Porträt verrät nichts von der Gewalt, dem Blut und dem Schweiß des Kampfes. Dies

Abb. 2: Jean Charles Robineau: Mendoza, 1789.

ermöglichte es dem Betrachter, die kontroversen Aspekte des Boxens zu ignorieren. Denn viele Menschen lehnten die Brutalität dieses Sports ab und hielten Boxveranstaltungen für einen fruchtbaren Boden für kriminelle Aktivitäten wie Taschendiebstahl, Prostitution und Glücksspiel, der den Mob ermutigte und Gentlemen dazu verleitete, sich wie Wüstlinge zu benehmen. Obwohl im Gesetz nicht speziell erwähnt, wurde Boxen regelmäßig als Tätlichkeit, Aufruhr oder Friedensbruch verfolgt und Boxer, die beim Kampf ertappt wurden, mussten Strafen zahlen oder sogar ins Gefängnis gehen. Das Porträt unterschlägt also die negativen Aspekte dieses Sports und idealisiert den Boxer und seinen Körper; es romantisiert den Kämpfer und glorifiziert seine Schönheit und Männlichkeit (ebd., 176ff.). Im 18. Jahrhundert waren solche Porträts Teil einer Bewegung zur Rekonstruktion eines Männlichkeitsideals, das speziell den Typus einer rauen und muskulären Männlichkeit dem geckenhaften und verweiblichten „feinen Mann" entgegensetzte. Im Gegensatz zu anderen Männlichkeitsbildern betonte dieses neue Ideal den Körper und kreierte einen neuen Standard männlicher Schönheit. Dieses Körperideal des muskulären Mannes war eine Wiederbelebung klassischer Schönheitsideale und dominierte bis weit in das 20. Jahrhundert. Die Boxer mit ihren starken, gesunden und muskulären Körpern waren der Inbegriff dieses neuen Typus (Bilodeau 2001, 49f.; Carter 2001, 108ff.).

Es fällt auf, dass Mendoza hier wie jeder andere Boxer dargestellt wird. Sein Körper wird präsentiert als der Körper eines Boxers, ohne die in Juden-Darstellungen üblichen stereotypischen Merkmale. Auch in Zeitungsberichten wurde Mendoza oft für seinen männlichen Körper und Geist gelobt: „Mendoza [...] setzte sich mit großer Männlichkeit [gegen seinen Gegner] durch und verfolgte ihn [...] kühl und entschlossen"; Mendoza hatte „einen wohlgeformten Brustkorb, und Arme von starker athletischer Natur, einen Mut, der nie in Zweifel stand (Egan 1812, 258). Die Tatsache, dass der Körperbau des jüdischen Boxers dem anderer Boxer gleicht, ist wichtig. Während die Beschreibung des jüdischen Körpers als verweiblicht der politischen Exklusion diente,

erzeugte seine Vermännlichung ein Potential für Inklusion. Die Tatsache, dass die Körper der jüdischen Boxer genauso dargestellt wurden wie die ihrer nicht-jüdischen Kollegen, nämlich als Körper, die das Ideal von Männlichkeit symbolisieren, bahnte den Weg zu ihrer Akzeptanz im Gemeinwesen.

Dies wird klar und deutlich in John Nixons Bild „Der englische Botschafter und sein Gefolge vor dem König in Madrid" (1790), Abb. 3. Das Bild zeigt John Bull als den englischen Botschafter, der, begleitet von vier Boxern (Big Ben, Humphries, Mendoza und Ward), vor dem König von Spanien und dessen Höflingen steht. In der Bildunterschrift heißt es: „[...] Solltet Ihr Euch nach einem Krieg sehnen, so haben wir eine neue Rasse von tapferen Kämpfern, die herauszufordern selbst der Teufel sich fürchtet! Eine Auswahl habe ich mitgebracht, nur vier Männer – Mendoza, Dick Humphries, Joe Ward und Big Ben: Ihre Kraft ist so groß, dass jeder mit einem Hieb einen Ochsen k.o. schlagen oder zwölf Spanier niederstrecken würde [...]".[8]

Der Kontext dieses Bildes ist die Nootka-Sound-Kontroverse, ein Streit zwischen Großbritannien und Spanien um die Kontrolle über die Nootka Sounds im Jahr 1789.[9] Das Bild verspottet die Spanier, die hier mit riesigen Köpfen und kleinen Körpern dargestellt werden. Der stämmige John Bull hat einen ernsten Blick, und die Boxer stehen zur Bekräftigung der Drohung hinter ihm. Es ist eine unmissverständliche Erklärung, dass England bereit ist zum Krieg. Der Patriotismus, der in dieser Darstellung zum Ausdruck kommt, ist nicht außergewöhnlich; das Boxen hat sich selbst als Exemplifizierung des Britischen „verkauft" und Boxer wurden als die archetypischen Repräsentanten britischer Überlegenheit angesehen. Die pugilistische Rhetorik dieser Zeit verknüpfte Männlichkeit und Nationalität, indem sie eine Form von Männlichkeit präsentierte, die in scharfem Kontrast zu den Konstruktionen der „verweiblichten" Franzosen stand.

Relevant für unsere Diskussion ist George Mosses Argument, dass in dieser Periode, „als der menschliche Körper selbst eine symbolische Form annahm, seine Darstellung und seine Schönheit zunehmend an Wichtigkeit gewannen" (Mosse 1996, 5). Als der männliche Körper die Gesellschaft und speziell die Nation zu symbolisieren begann, exemplifizierten die Boxer mit ihren klassisch geformten Körpern nicht nur ein bestimmtes Ideal von Männlichkeit, sondern sie symbolisierten auch die maskuline und starke britische Nation. In dieser Zeit, als Großbritannien in diverse Kriege verstrickt und das imperiale Projekt in vollem Gange war, als der öffentliche Diskurs die Überlegenheit der Engländer über die Europäer betonte, galt die Stärkung des Nationalbewusstseins als eine wichtige Funktion des Boxsports (Colley 1992).[10] In diesem Kontext war Mendoza einer der Boxer, die die englische Kampfeslust symbolisierten. Im Falle Mendozas wie auch in anderen Fällen öffnete die Darstellung des Körpers jüdischer Boxer als dem der nicht-jüdischen Boxer gleichwertig sowie insbesondere deren Verwendung als ein

Symbol von Männlichkeit den Weg zu ihrer Aufnahme in die Nation.

„Ansehnlich für einen Farbigen" – Images schwarzer Boxer

Die in England berühmtesten schwarzen Boxer des späten 18. und frühen 19. Jahrhunderts waren Bill Richmond und Thomas Molineaux. Richmond (1763–1829), der erste prominente schwarze Boxer, wurde in New York als Kind freigelassener Sklaven geboren, vom Duke of Northumberland nach England gebracht und dort zur Schule geschickt. Nachdem sein Patron gestorben war, wurde Richmond Preisboxer und bestritt einige erfolgreiche Kämpfe. Doch da er nicht zu den Besten zählte, wurde er Boxlehrer, trainierte andere Kämpfer und agierte in Wettkämpfen oft als „Sekundant". 1821

Abb. 3: John Nixon: The English Ambassador and his suit before the King of Spain, 1790. © Trustees of the British Museum.

wurde er als einer der achtzehn Faustkämpfer ausgewählt, die bei der Krönung von George IV als Pagen dienten.

Tom Molineaux (ca.1784–1818) war ein ehemaliger Sklave aus Virginia. Er kam um 1810 nach England und begann unter der Obhut von Richmond erfolgreich zu boxen. Seinen Ruhm verdankte er seinen zwei Kämpfen gegen Tom Cribb (1781–1848), der als der Champion von England galt. Die Kämpfe, die Molineaux beide verloren hatte, riefen enormes Interesse hervor, und zahlreiche Bilder, Tassen und Krüge mit ihren Porträts, Lieder und Flugblätter wurden den beiden Boxern gewidmet.

Die beiden Porträts des Malers Robert Dighton (1752–1814) lassen die rassischen Stereotype erkennen, die Abbildungen schwarzer Boxer inhärent waren. Die dicken Lippen, die

krausen Haare und die breite Nase bei beiden Boxern sowie der unnatürlich gequetschte Kopf von Richmond waren typisch für die Physiognomie von Schwarzen, wie sie in der in dieser Zeit aufkommenden „Rassenforschung" beschrieben wurde (Pieterse 1992, 30ff.; Hall 1997, 249). Diese rassischen Stereotype waren bedeutsam, denn wenn der Körper wie ein Text „gelesen" wurde, dann deuteten äußere Merkmale auf innere Werte hin (Wade 2000, 32f.). Da das Äußere das Innere spiegelte, wurde die „Hässlichkeit" des Boxers (bestimmt anhand der Abweichung vom weißen Schönheitsideal) zu einem Zeichen der ihm „inhärenten" Stupidität, Faulheit und kulturellen Rückständigkeit.

Kämpfe zwischen schwarzen und weißen Boxern basierten oft auf der Prämisse, dass der weiße Champion von England gewinnen müsse.

Abb. 4: Robert Dighton: A Striking view of Richmond, 1810. © Trustees of the British Museum.

Abb. 5: Robert Dighton: Molineaux, 1812. © Trustees of the British Museum.

Im September 1811 berichtete *The Times*: „Die Tapferkeit des Schwarzen wurde mit einer Missgunst quittiert, die erhebliche nationale Vorurteile gegen ihn hervorrief" – aus Furcht davor, dass „ein Farbiger aus Baltimore einem britischen Champion die Lorbeeren entreißen könnte".[11] Die Quellen zeigen den Beginn einer Tendenz, die sich im späten 19. und frühen 20. Jahrhundert zu einer ausgewachsenen Ideologie um den Sport im Allgemeinen und das Boxen im Besonderen entwickelte. Sportlicher Erfolg von Schwarzen wurde als Bedrohung für die hegemoniale weiße Männlichkeit wahrgenommen (Carrington 2002; Gail 1995, 1ff.). Wir sehen die Artikulation dieser Befürchtungen in der „Ras-senschranke" [*colour bar*], die schwarze Boxer daran hinderte, um britische Titel zu kämpfen, sowie in dem Begriff „weiße Hoffnung", der später für weiße Boxer benutzt wurde, die um die Meisterschaft im Schwergewicht kämpften. Wie Ben Carrington bemerkt, die Tatsache, dass der Ausdruck „weiße Hoffnung" auch heute noch in Gebrauch ist, „enthüllt das nahezu verzweifelte Verlangen eines *jeden* weißen Mannes, die Aura der Männlichkeit zu gewinnen, die den Schwergewichtsweltmeister vermeintlich umgibt, und auch den Schmerz, den der sportliche Erfolg von Schwarzen in der Psyche des weißen Mannes auslöst" (Carrington 2002, 16ff.).

Abb. 6: Thomas Douglas Guest: Thomas Molineaux, 1811. © Trustees of the British Museum.

Das Molineaux-Porträt von Douglas Guest (1781–1845) preist wie das oben diskutierte Mendoza-Porträt des Boxers Männlichkeit und Schönheit. Molineaux ist porträtiert in einer Pose, die seine Muskeln betont, seine Fitness, und die Feinheiten seines Körpers akzentuiert. Seine weißen Hosen erzeugen einen visuellen Kontrast zu seinem Körper, der diesen noch eindrucksvoller erscheinen lässt. Der Vergleich dieses Bildes mit Darstellungen weißer Boxer ergibt allerdings auffällige Unterschiede: Während Portraits anderer Boxer diese in Schuhen zeigen, ist Molineaux barfuß abgebildet. Für gewöhnlich wurden Preisboxer auf einer Bühne oder vor einer Landschaft porträtiert. Guest präsentiert Molineaux dagegen am Strand, mit einem Schiff am Horizont – eine Andeutung eines Sklavenschiffs, eines der potentesten Symbole der Sklaverei. Molineaux' massiver Körper dominiert das Bild und suggeriert Aggression, Dunkelheit, Trotz;

seine nackten Füße implizieren Wildheit. Dieses Porträt offenbart Bewunderung für den Körper des schwarzen Boxers, die eingefärbt ist durch die Stereotype, die dem schwarzen Mann anhaften – wild, unzivilisiert, emotional, aggressiv (Carrington 2002, 7; Hall 1997, 244f.; Pieterse 1992, 34). Obwohl also das Porträt von Molineaux den Körper des Boxers feiert, seine Männlichkeit und boxerische Tapferkeit, reproduziert es auch viele der negativen Stereotype des Schwarzen.

Aufgrund seiner Körperlichkeit war Boxen ein perfektes Medium für die Einübung von Stereotypen über Schwarze. Im 18. Jahrhundert konzentrierte sich in Europa eine Fülle von rassischen Stereotypen über Schwarze auf den Körper, der als Ausdruck einer natürlichen, unveränderlichen Differenz angesehen wurde. Diese Stereotype waren ein wichtiger Teil der ideologischen Rechtfertigung des westlichen Imperialismus: der rationale zivilisierte weiße Mensch war dem wilden schwarzen Naturmenschen überlegen. Wenn ein weißer Boxer einen schwarzen besiegte, dann „triumphiert[e] Verstand über Körper, Zivilisation besiegt[e] Natur, Recht und Ordnung kehr[t]en ins Land zurück" (Hoch 1979, 48).

Schwarze erschienen durch Stereotype auf einige wenige Merkmale reduziert, jedoch wurden nicht alle Schwarzen in gleicher Weise porträtiert. Wie alle Stereotype waren auch diese in sich widersprüchlich: Der Schwarze galt sowohl als brutal als auch als gefügig, sowohl als kindisch als auch als ein sexuelles Raubtier. Angehörige von ethnischen Minderheiten wurden oft durch binäre Gegensätze charakterisiert: „gut/ schlecht, zivilisiert/ primitiv, hässlich/ extrem attraktiv, abstoßend-weil-anders/ anziehend-weil-fremdartig-und-exotisch" (Hall 1997, 230). Schwarze, schreibt Carrington, „wurden gleichzeitig idealisiert/ erotisiert *und* verachtet/ verdammt; die koloniale Konstruktion des verachtenswerten schwarzen Körpers war von Anfang an ambivalent". Diese Ambivalenz, die typisch ist für alle Stereotype, unterminierte diese nicht, sondern machte sie noch wirkungsvoller, weil sie es „den Konstruktionen des Anderen [ermöglicht], sowohl ,fixiert' zu bleiben, als auch sich an unterschiedliche historische Kontexte

anzupassen (und mitunter sogar ihre Konnotationen umzukehren)" (Carrington 2002, 9f.).

Zu den Stereotypen über Schwarze gehörte die Vorstellung, dass sie gefügig waren, wohlgeartet, zahm, unterwürfig und devot, kurz, dass sie nie die Hand gegen Weiße erheben würden. Viele Abbildungen, die von den Abolitionisten genutzt wurden, porträtierten Schwarze, wenn auch in guter Absicht, als „kindisch, schlicht und abhängig", fügsam im Charakter und dankbar, wenn sie freigelassen wurden. Wie Hall (1997, 249ff.) anmerkt, richteten sich diese Images gegen „ein Set von Stereotypen (die Wildheit), indem sie dieses durch ein anderes ersetzten (das der ewigen Güte)". Ein zweites Set von Stereotypen war die bedrohliche Vorstellung des starken, brutalen, einschüchternden schwarzen Mannes mit unersättlichem Sexualtrieb (Carrington 2000). Zeitungsberichte stellten für gewöhnlich Bill Richmond in der Rolle des zahmen und Tom Molineaux als den bedrohlichen Schwarzen dar.

Richmond wurde als ein dankbarer und bescheidener schwarzer Mann mit einem Hang, sich anderen zu fügen, porträtiert – „ein respektables, wohlerzogenes Mitglied der Gesellschaft", „intelligent, kommunikativ und wohlerzogen" (Bee 1826, 212; Egan 1812, 456). Obwohl diese Beschreibungen eindeutig positiv gemeint waren, waren sie herablassend; und die Charakterisierung Richmonds als gefügig ließ den Mann kindisch erscheinen. Besonders bezeichnend war Egans Lob, Richmond „scheint ein Gefühl für seinen Platz in der Gesellschaft zu haben und ist bemüht, sich diesen zu erhalten" (ebd. 455f.) – sprich: er kannte seinen geringen gesellschaftlichen Rang und versuchte nicht, einen höheren zu erlangen.

Das Image von Molineaux war ein ganz anderes. In Zeitungsberichten wurde Molineaux oft als „tapferer, kriegerischer Held" charakterisiert und als „ein guter Mann, wann immer er in den Ring stieg". Doch viele dieser Komplimente waren so doppeldeutig wie die Rede „ansehnlich für einen Farbigen".[12] Üblicherweise wurde Molineaux jedoch als ein bedrohlicher, aufsässiger, undankbarer Schwarzer präsentiert. Das Stereotyp des naturwüchsigen, wilden Afrikaners tauchte immer wieder auf, und er wurde beschrieben als „ein rüdes, ungebildetes Wesen", das „durch Leidenschaft leicht aus der Fasson gerät", sowie als launischer, emotional labiler, unvernünftiger Mann, der nicht imstande war, seine Gefühle im Zaum zu halten. So berichtete beispielsweise *The Times*, dass Molineaux „starke Gefühle gegen sich provoziert hat durch wilde Racheschwüre und großspurige Ankündigungen, was er mit Cribb machen würde. Diese sind gewiss reichlich abstoßend und dem Geiste des Engländers zuwider".[13] Dieser Artikel aus dem Jahr 1811 reproduzierte die in der Mentalität des 18. Jahrhunderts tief verwurzelte Idee, dass Schwarze (wie Frauen) von ihren Leidenschaften getrieben sind; dagegen porträtiert er den Engländer als beherrscht und kontrolliert – Eigenschaften, die als männlich galten.

Schwarze in Form und Verhalten mit Tieren zu vergleichen oder gleichzusetzen, war eine weitere verbreitete Form rassischer Stereotype (Jordan 1968, 228ff.). Auch Molineaux wurden animalische Qualitäten zugeschrieben: „Seltsame Geschichten kursieren über seine Kraft; und es heißt, dass er härter schlägt als [...] Pferde", oder dass er „mit seinen bloßen Fäusten [...] einen Ochsen betäuben kann".[14] Solche Charakterisierungen sind für den Boxer anscheinend Komplimente, doch sie bekräftigen populäre Repräsentationen von Schwarzen, die diese Tieren ähnlich erscheinen lassen und Schwarze entmenschlichen (Carrington 2002, 16f.). Während Richmond als ein schüchterner und milder Mensch beschrieben wurde, der seinen Platz in der Gesellschaft kannte, empfand man Molineaux offenkundig als ein bedrohliches Wesen. Die Zeitung *Bell's Weekly Messenger* schrieb, dass „der Schwarze" die Vorstellung hatte, „er könnte die meistgefeierten Professoren des Boxens schlagen", und sich brüstete, „die ganze Welt" herauszufordern. *The Times* berichtete, dass „der Schwarze [...] droht, das gesamte Tagesaufgebot an Kämpfern zu zermalmen".[15] Egan beschrieb Molineaux als „männlich, fair und ehrenhaft, aber zu ambitiös, als er drohte, die Lorbeeren von der Glatze des Engländers zu reißen und sie auf den Kopf eines Ausländers zu pflanzen", und „teures Lehrgeld für seine Verwegenheit zahlte" (Egan 1812, 361). Egan impliziert damit, dass Molineaux als Schwarzer seinen Platz nicht kannte und seine Strafe verdiente.

Zwei wichtige Faktoren standen hinter den unterschiedlichen Images der schwarzen Boxer Richmond und Molineaux. Einer war ihr unterschiedlicher Charakter. Richmonds gutmütiges und harmloses Verhalten schien die dominierende Vorstellung des für einen Schwarzen angemessenen Benehmens zu bestätigen. Tom Molineaux war dagegen eine für die Mehrheitskultur weitaus problematischere Figur; die weiße Öffentlichkeit akzeptierte seinen unabhängigen Geist und seinen individualistischen Charakter nicht. Ein zweiter Faktor war vermutlich, dass Richmonds Erfolge im Boxen bescheiden waren. Er stand nie in Verdacht, einem bedeutenden weißen Boxer „die Lorbeeren zu entreißen". Molineaux wurde dagegen sowohl wegen seines boxerischen Erfolgs als auch aufgrund seines Verhaltens als eine Bedrohung der hegemonialen weißen Männlichkeit wahrgenommen. Die Ambivalenz sorgte für ein komplexes Image: er war gleichermaßen couragiert und martialisch sowie wild und technisch unterentwickelt. Er war als Kämpfer der „Wissenschaft" des Boxens nicht kundig, sondern eher instinktiv (animalisch). Was seine Männlichkeit definierte, seine Kraft und seinen Mut, waren dieselben Merkmale, die ihn als rassisch anders und dem weißen Boxer unterlegen kennzeichneten. Im Einklang mit Vorstellungen über die „Perfektionierbarkeit ‚rückständiger' Rassen" lassen die Texte den Glauben erkennen, dass Molineaux sich „verbessern" könne, doch in dieser Überzeugung waren konfligierende Vorstellungen von Gleichheit und Differenz kodiert. Die Unterstellung der essenziellen Unterlegenheit von Schwarzen war in allen Texten über schwarze Boxer offensichtlich.[16]

Sport als „umkämpftes Terrain"

Zusammenfassend ist festzustellen, dass viele Repräsentationen von Boxern, die ethnischen Minderheiten angehörten, rassische Stereotype reproduzierten: Darstellungen jüdischer Boxer verfestigten die Vorstellungen von Juden als sippenverhaftet, habsüchtig und durchtrieben. Schwarze Boxer wurden als halsstarrig, aggressiv und wild porträtiert, oder als kindisch und gefügig. Oftmals wurden die Merkmale, die jüdische und schwarze Boxer als *Andere* kennzeichneten, von ihren Bewunderern hoch geschätzt. Jüdische Boxer schätzte man wegen ihres „wissenschaftlichen" Boxstils, schwarze wegen ihrer „natürlichen", „animalischen" Kraft. Nichtsdestoweniger war in derartigen Lobpreisungen die Erinnerung an die Andersartigkeit immer latent gegenwärtig. Porträts zeigen die Boxer ethnischer Minderheiten mit klaren physiognomischen Merkmalen, die dazu dienten, die Rahmenorientierungen (*framing*) rassistischer Diskurse anhand des Körpers des Anderen festzuschreiben. Auch wenn die Rassenideologie an der Wende vom 18. zum 19. Jahrhundert noch nicht voll entwickelt war, suggerierten die in Texten und Abbildungen präsentierten Charakteristika stereotype rassische und ethnische Unzulänglichkeiten.

Allerdings waren die Images von Boxern ethnischer Minderheiten auch atypisch; indem jüdische und schwarze Boxer als englischen Boxern gleichrangig präsentiert wurden, forderten sie die etablierten rassischen und ethnischen Hierarchien heraus. Im Allgemeinen litten die Images jüdischer Boxer nicht an denselben Deformationen, die die üblichen Darstellungen von Juden in den Künsten kennzeichneten; im Gegenteil – sie repräsentierten den idealen männlichen Körper. In einer Zeit, da die meistverbreiteten Bilder von Schwarzen entweder Diener oder Sklaven zeigten, waren solche wie jene von Bill Richmond und Tom Molineaux bemerkenswert. Diese schwarzen Boxer erschienen als unabhängig, selbstsicher und männlich; sie demonstrierten ein bemerkenswertes Maß an Kraft und sie standen dem weißen Mann nicht nur auf Augenhöhe gegenüber, sondern forderten ihn heraus.

Es gab jedoch auch beachtenswerte Unterschiede in der Akzeptanz dieser beiden Boxer. Richmond, ein defensiver und durchschnittlicher Boxer, entsprach einer bestimmten Vorstellung, wie sich Schwarze zu verhalten hatten, und wurde deswegen von den Engländern akzeptiert. Molineaux wurde dagegen als eine Bedrohung wahrgenommen, sowohl für die hegemoniale weiße Männlichkeit als auch

für die britische Überlegenheit. Richmond war als Rollenmodell annehmbar, Molineaux nicht. Derartige Perzeptionen schwarzer Boxer blieben bis in die Mitte des 20. Jahrhunderts wirkungsmächtig. Diese Dichotomie ist der Schlüssel, um die unterschiedliche Art zu verstehen, in der später Muhammad Ali und andere schwarze Boxer wahrgenommen wurden. Ali entsprach nicht den Vorstellungen eines „akzeptablen" Benehmens von Schwarzen. Er kultivierte eine verwegene bis dreiste Persönlichkeit, degradierte seine Gegner und zog das Rampenlicht auf sich. Er nutzte seine Medienpräsenz, um Vorstellungen zu fördern und zu verbreiten, die für das weiße Establishment inakzeptabel waren (Piper 1996). Weiße Amerikaner, die Muhammed Alis Arroganz, seine Verbindung zu den *Black Muslims* und seine Ablehnung des Vietnamkriegs nicht ertrugen, bejubelten viele seiner schwarzen Gegner enthusiastisch als „weiße Hoffnung".[17]

Das englische Phänomen von Boxern ethnischer Minderheiten hatte im 18. und 19. Jahrhundert keine Parallele in anderen Ländern und ist besonders faszinierend in Hinblick auf das Image des Boxens als „dem englischen Sport". Die Beteiligung an einer Praxis, die so durch und durch als „englisch/ britisch" galt, war ein bedeutender symbolischer Schritt. Jüdische und (in geringerem Maße) schwarze Boxer wurden symbolisch in die Nation aufgenommen. Die Tatsache, dass in dem Bild, das den englischen Botschafter vor dem König von Spanien zeigt, Mendoza als einer der vier Boxer erscheint, die die britische Nation repräsentieren, und Richmonds Aufnahme in die Gruppe der Boxer, die bei der Krönung George IV im Jahr 1821 als Pagen fungierten, waren bedeutende symbolische Ereignisse. Mehr noch, Kämpfe zwischen jüdischen bzw. schwarzen und weißen „englischen" Boxern waren sehr beliebt und kommerziell erfolgreich. „Minderheiten-Boxer" verstanden den kommerziellen Wert von Kämpfen gegen „englische" Boxer und nutzten die Vorurteile gegen sich, um sich selbst zu fördern und zu vermarkten (Chill 2007). Obwohl der Boxsport exklusive Visionen der Nation produzierte, die schwarze und jüdische Boxer als unmännlich und „unenglisch" kennzeichneten, deutet das

Vorhandensein solch inklusiver Images von Boxern ethnischer Minderheiten, dass das „Englische" kein einheitliches Ideal war. Es war ein Feld des Kampfes zwischen konkurrierenden Vorstellungen von Rasse und unterschiedlichen Ideen von nationaler Identität.[18]

Aus dem Englischen von Jan Wielgohs

Anmerkungen

1   Ausführlich zur Geschichte des Boxsports vgl. Gee (1998), Ford (1971), Brailsford (1988).
2   Zu dieser Zeit wurden die Termini „British" und „English" synonym verwendet. Vgl. Evans (1995, 223-43).
3   „[...] though not/ ,The Jew/ That Shakespeare drew–'/ yet he was that *Jew*, the acknowledged pride of his own particular persuasion [...]".
4   The Times, 28. Dezember 1787.
5   Der *Morning Chronicle* meldete einen der Siege Mendozas mit den Worten: „die Juden siegten nach einem hartnäckigen Kampf". *Morning Chronicle*, 18. April 1787.
6   *The World*, 10. Januar 1788.
7   *The World*, 11. Januar 1788.
8   „[...] Should you wish for a War we have got a new race/ Of such brave fighting fellows, not the devil dare face!/ A sample I've brought, only four of our men,/ Mendoza, Dick Humphries, Joe Ward and Big Ben:/ So great is their power each lad with one blow,/ Would knock down an Ox, or twelve Spaniards lay low [...]".
9   Nootka Sound: Meeresfjord an der Westküste von Vancouver Island in Kanada; 1774 vom spanischen Seefahrer Juan Pérez für Europäer entdeckt; 1778 vom englischen Kapitän James Cook als erstem Europäer befahren (Anm. der Red.).
10 Zur Rolle des Boxers als nationales Symbol in der Gegenwart vgl. Holt/ Mason 2000, 143f.
11 *The Times*, 30. September 1811. Obwohl Molineaux ein Schwarzer und ein Amerikaner war, beziehen sich die meisten Quellen auf seine Hautfarbe, nicht auf seine Nationalität. Oft wird er „der Schwarze" genannt oder „der Moor", nur im Ausnahmefall wurde er als Amerikaner bezeichnet.
12 *Morning Herald*, 19. Dezember 1810; Bell's Weekly Messenger, 4. Oktober 1811.
13 *The Times*, 7. Oktober 1811.
14 *Bell's Weekly Messenger*, 27. Oktober 1811; *The Morning Herald*, 23. August 1810.
15 *Bell's Weekly Messenger*, 27. Oktober 1811; *The Times*, 23. August 1810.
16 Vibert (1996, 4-12) kommt zu ähnlichen Schluss-

folgerungen über Repräsentationen indianischer Jäger.
17 So wurde beispielsweise Floyd Patterson als die „weiße Hoffnung" angesehen. Vgl. Torres (2002, 155).
18 Zu einer ausführlichen Analyse dieser Themen vgl. Ungar (2009).

Literatur

Bee, Jon [John Badcock], 1826: The Fancy; or True Sportsman's Guide: being authentic memoirs of the lives, actions, prowess, and battles of the leading pugilists, from the days of Figg and Broughton to the championship of ward by an operator. London.

Bilodeau, Arthur, 2001: Pugilistic Rhetoric in Eighteenth and Nineteenth Century England. PhD Thesis. Indiana: Indiana University.

Brailsford, Dennis, 1988: Bareknuckles: A Social History of Prize-Fighting. Cambridge: Lutterworth.

Carrington, Ben, 2000: Double Consciousness and the Black British Athlete. In: Kwesi Owusu (Hrsg.): Black British Culture and Society: A text-reader. London: Routledge, 133-156.

Carrington, Ben, 2002: "Race", Representation and the Sporting Body. London: Goldsmith College.

Carter, Philip, 2001: Men and the Emergence of Polite Society, Britain 1660–1800. Harlow: Longman.

Chill, Adam, 2007: The Performance and Marketing of Minority Identity in Late Georgian Boxing. In: Ruti Ungar, Michael Berkowitz (Hrsg.): Fighting Back? Minority Boxers in Britain. London: University College London Press, 33-49.

Cohen, Derek, 1990: Shylock and the Idea of the Jew. In: Derek Cohen, Deborah Heller (Hrsg.): Jewish Presences in English Literature. Montreal: McGill-Queen's University Press.

Colley, Linda, 1992: Britons: Forging the Nation 1707-1837. New Haven, CT./ London: Yale University Press.

Egan, Pierce, 1812: Boxiana. Bd. I. London: G. Smeeton.

Egan, Pierce, 1829: Boxiana. Being the Only Complete and Original Lives of the Boxers. Bd. II. London: G. Smeeton.

Evans, Eric, 1995: Englishness and Britishness: National Identities, c. 1790–1870. In: Alexander Grant, Keith J. Stringer (Hrsg): Uniting the Kingdom? The Making of British Histor. London: Routledge.

Felsenstein, Frank, 1995: Anti-Semitic Stereotypes. A Paradigm of Otherness in English Popular Culture 1660-1830. Baltimore, London: Johns Hopkins University Press.

Ford, John, 1971: Prizefighting: The Age of Regency Boximania. Newton Abbot: David and Charles.

Gail, Bederman, 1995: Manliness and Civilization. A Cultural History of Gender and Race in the United States, 1880-1917. Chicago/ London: University of Chicago Press.

Gatrell, Vic, 2006: City of Laughter: Sex and Satire in 18th century London. London: Athlantic.

Gee, Tony, 1998: Up to Scratch: Bareknuckle Fighting and Heroes of the Prize Ring. Harpenden: Queen Anne.

George, M. D., 1938: Catalogue of Political and Personal Satires preserved in the Department of Prints and Drawings in the British Museum. London: British Museum, Bd. 6.

Hall, Stuart, 1997: The Spectacle of the "other". In: Ders. (Hrsg.): Representation: Cultural Representations and Signifying Practices. London: Sage.

Heiny, Henriette A. Gram, 1987: Boxing in British Sporting Art: 1730–1824. PhD Thesis. Oregon: Oregon University.

Hartmann, Douglas, 2000: Rethinking the relationship between Sport and Race in American Culture: Golden Ghettos and Contested terrain. In: Sociology of Sport Journal 17, 3: 229-53.

Hoch, Paul, 1979: White Hero Black Beast. Racism, Sexism and the Mask of Masculinity. London: Pluto.

Holt, Richard/ Mason, Tony, 2000: Sport in Britain 1945-2000. Oxford: Blackwell.

Jordan, Winthrop D., 1968: White over Black, American Attitudes Toward the Negro, 1550-1812. Chapel Hill: University of North Carolina Press.

Mosse, George L., 1996: The Image of Man. The Creation of Modern Masculinity. New York/ Oxford: Oxford University Press.

O'Connell, Sheila, 1999: The Popular Print in England 1550-1850. London: British Museum Press.

Pieterse, Jan Nederveen, 1992: White on Black. Images of Africa and Blacks in Western Popular Culture. New Haven/ London: Yale University Press.

Piper, Keith, 1996: Four Corners: A Contest of Opposites. In: David Chandler, John Gill, Tania Guha, Gilane Tawadros (Hrsg.): Boxer: An Anthology of Writings on Boxing and Visual Culture. London: Institute of International Visual Art, 74-5.

Sinsheimer, Hermann, 1960: Shylock: Die Geschichte einer Figur. München: Ner-Tamid Verlag.

Schachar, Isiah, 1975: The Emergence of the Modern Pictorial Stereotype of "the Jews" in England. In: Dov Noy, Issachar Ben-Ami (Hrsg.): Studies in the Cultural Life of the Jews in England. Jerusalem: Magnes Press.

Torres, Jose, 2002: Sting like a Bee. The Muhammad Ali Story. Chicago: Contemporary Books.

Ungar, Ruti, 2009: The Boxing Discourse in Late Georgian England, 1780-1820: A Study in Civic Humanism, Gender, Class and Race. PhD Thesis. Humboldt University Berlin.

Vibert, Elizabeth, 1996: Real Men Hunt Buffalo: Masculinity, Race and Class in British Fur Traders' Narratives. In: Gender & History 8, 4-21.

Wade, Maurice L., 2000: From Eighteenth- to Twentieth-Century Racial Science: Continuity and Change. In: Berel Lang (Hrsg.): Race and Racism in Theory and Practice. Langham/ Oxford: Rowan & Littlefield.

Gunter Gebauer

Deutschland, dein Sport

*Im Folgenden dokumentieren wir den Wortlaut
eines Grundsatzreferates, das der Berliner
Philosoph und Soziologe Gunter Gebauer am
2. Oktober 2011 im Rahmen einer Sportkonfe-
renz des Deutschlandfunks im Funkhaus Köln
hielt. Die Konferenz trug den Titel „Diktat
Gefälligkeits-Journalismus? Der Sport, die
Medien und die deutschen Verhältnisse" und
umfasste weitere Vorträge und Diskussionen
über die Perspektiven des Sportjournalismus,
die Entwicklung des Medienmarktes Sport, die
mediale Darstellung der Olympiabewerbung
München 2018, die deutsch-deutsche Sportge-
schichte, Rechtsradikalismus im Fußball und
Korruption in Sportinstitutionen. Angesichts
qualitativer Veränderungen in der deutschen
Gesellschaft und ihrem Sportsystem, speziell
dem des Spitzensportes, konstatiert Gunter
Gebauer eine Krise der – von Parteipolitikern
und Sportfunktionären pauschal behaupteten
– nationalen Repräsentation der Gesellschaft
durch Spitzensport und mahnt aus der Sicht
der Aktiven eine Reform des Modells der
Spitzensportförderung und mehr mediale
Aufmerksamkeit für dessen soziale Grundlagen
und Auswirkungen an.*

Die Redaktion

Der Titel meines Vortrags „Deutschland, dein
Sport" klingt wie ein Seufzer, und das ist er
im Grunde auch. Der Sport in Deutschland
hat sich in den letzten 30 Jahren dramatisch
verändert: der Hochleistungssport mit einer
ungeheueren Leistungskompression und der
Breitensport mit einer Durchdringung aller
aktiven Milieus unserer Gesellschaft. Was nun
Sportjournalisten und auch Verbandsvertreter
davon wahrnehmen, sind in erster Linie die
quantitativen Veränderungen, also die Zahlen,
die Zunahmen, Verbesserungen, Anstieg und
Abstieg anzeigen; es geht ihnen um das Immer
mehr, Immer besser, Immer nachhaltiger. Den
qualitativen Wandel hingegen nehmen sie eher
nicht zur Kenntnis. Der Grund dafür ist, dass
sie sich zu nahe an den aktuellen Entwicklungen
befinden. Sie verändern sich in gleicher Weise,
wie sich der Sport verändert; sie laufen neben
ihm her und können daher keine auffälligen
Unterschiede zu früheren Zeiten wahrnehmen. Sie haben den Sport schon immer für
großartig und für die wichtigste Sache oder
Nebensache der Welt gehalten – jetzt sieht
es die Mehrheit der Bevölkerung auch so und
bestärkt Journalisten und Verbandsvertreter in
der Auffassung von der Großartigkeit und der
Wichtigkeit des Sports. In ihrer Wahrnehmung
mit dem Blick von der Seite, bei dem sie sich
eben selbst mitentwickeln, sieht es so aus, als
ob sich die Bedeutung des Sports in unserer
Gesellschaft gar nicht verändert habe.

Genau diese Einschätzung ist falsch, und ich
glaube, das hat Folgen. Bei dieser Einschätzung
hat man nämlich etwas übersehen. Unsere Gesellschaft hat sich in den letzten 30 Jahren mit
einer ungeheueren Dynamik weiterentwickelt.
Sie hat sich von Grund auf umgestaltet: von
einer weitgehend solidarisch organisierten
Gesellschaft mit gemeinschaftlichen Werten,
die sich in der Nachkriegszeit, dann in der
Zeit des Kalten Krieges geformt hat, zu einer
Gesellschaft der Ungleichheit. Ich glaube, das
kann man so dramatisch ausdrücken. Seit den
achtziger Jahren steigt die Ungleichheit in unse-

rer Gesellschaft (nicht nur in unserer, sondern auch in anderen Ländern mit Industrie- und Finanzkapitalismus) und reißt die sozialen Schichten zunehmend auseinander.

Der französische Soziologe Pierre Rosanvallon bringt die Dynamik in seinem neuen Buch („La Société des égaux") über die Gesellschaft der Gleichen und Ungleichen auf den Punkt. Er sagt in einem gerade erschienenen Interview in „Libération", es sei in den letzten Jahrzehnten eine *neue* Gesellschaft entstanden. Obere und mittlere Schichten haben sich weitgehend voneinander entfremdet. Die Unterschicht ist mehr oder weniger abgehängt und, so grausam es zu sagen ist, chancenlos.

In einem Beitrag, der gerade an diesem Wochenende in der „Financial Times Deutschland" erschienen ist, schreibt der Philosoph Julian Nida-Rümelin, der gleiche Respekt vor Allen, der die deutsche Gesellschaft früher ausgezeichnet hat, sei verschwunden. Die deutsche Vereinigung hat diesen Prozess nicht aufgehalten; sie hat ihn im Gegenteil noch beschleunigt, insofern eine ganze Reihe von Entwertungsprozessen, die nicht nur die ostdeutsche, sondern auch die westdeutsche Gesellschaft betroffen haben, in Gang gesetzt wurden. Wenn man es etwas überspitzt auf den Punkt bringen will, kann man sagen, dass soziale Anerkennung heute durch ökonomisches Kapital, durch Einfluss und durch Bildung erworben wird. Wer in unserem Land gesellschaftlich etwas gelten will, muss sich *in allen drei Bereichen* auf irgendeiner Weise Anerkennung verschaffen.

Nun kann man sich fragen, was das alles mit dem Sport zu tun hat. Ich glaube, sehr viel. Die Veränderungen, die sich in der Gesellschaft und im Sport vollziehen, geschehen nicht, wie es in der Vergangenheit der Fall war, parallel oder in Wechselwirkung miteinander, sondern es gibt zwischen ihnen ungleichzeitige, verschiedenartige Entwicklungen. Nur ein ganz kleines Segment des Sports, nämlich der Spitzensport, insbesondere der Fußball – vielleicht kann man noch einige andere Sportarten, aber mit ganz wenigem Personal zitieren –, sind von diesen Veränderungen mitgerissen worden. Die überwältigende Mehrheit der Athleten und Athletinnen bleibt davon ausgeschlossen.

Dies ist eine neue Entwicklung. Früher galten die Werte, die im Sport gültig waren, über die ganze Gesellschaft hinweg: Anständigkeit, die vielzitierten „deutsche Tugenden", wie Ordentlichkeit, Tüchtigkeit etc.

Die relative Homogenität von Sport und Gesellschaft ist aufgebrochen worden. Was durch dieses Zerbrechen angezeigt wird, ist folgendes: Die Rolle, die der Sport in der Gesellschaft spielt, hat sich grundlegend verändert. *Der Sport repräsentiert die Gesellschaft nicht mehr*; er demonstriert keine gesellschaftlichen Werte mehr. Das war einmal anders. Damit ist eine der bedeutenden Quellen der Werte des Sports für unsere Gesellschaft unbrauchbar geworden, und damit ist auch eine sehr wichtige Motivation der Athleten, nämlich Repräsentanten ihrer Nation zu sein, versiegt. Die Athleten müssen sich einen neuen Ort in der Gesellschaft und andere Werte suchen.

Das mag vielleicht etwas abstrakt klingen; ich will diesen Gedanken mit Hinweis auf den DDR-Sport belegen. Ausgerechnet die DDR war jahrzehntelang gleichsam der Modellgeber für den westdeutschen Sport. Die Erfolge des DDR-Sports hatten das Modell des Spitzensports im westlichen Teil Deutschlands erschüttert. Dieses Modell muss ich zunächst einmal kurz darstellen und dann komme ich zu der erwähnten Erschütterung.

Was bis etwa zu den sechziger, siebziger Jahren galt, war ein Gedanke, den Coubertin aufgebracht hatte, nämlich dass Athleten so etwas wie eine neue Elite (Coubertin hatte dies vor 100 Jahren pathetischer ausgedrückt: eine ‚neue Aristokratie') bildeten. Diesen Gedanken könnte ich jetzt im einzelnen ausführen; aber wenn ich ihn auf den Punkt bringe, bedeutet er, dass für die Gesellschaft bis in die sechziger, siebziger Jahre der Sport ein Aktivitätsfeld für das *souveräne Individuum* war. Ich glaube, dass diese Deutung durchaus richtig war und mit schlagenden, eindrucksvollen Beispielen belegt werden kann. In einer Zeit der ‚Entdeckung' des sportlichen Körpers leistete der Sport einen wichtigen, vielleicht sogar einen entscheidenden Modernisierungsbeitrag. Er wurde in den zwanziger Jahren, dann nach dem Krieg in den sechziger und siebziger Jahren zu einem Ausdruck eines neuen Lebensstils, zum Ausdruck von Lebenstüchtigkeit, Anständigkeit, Kameradschaft.

Spitzensport war eine Angelegenheit von Individuen – dies war *das* Credo der Sportbewegung in Deutschland und in vergleichbaren westlichen Ländern. Die Athleten konnten allerdings durchaus politisch vereinnahmt werden; man hat dies im Nationalsozialismus gesehen. Aber in ihrer eigenen Sicht, die ja durchaus legitim ist, kämpften sie für *sich selbst*, für *ihren* höheren Ruhm, *ihre* Person, für ihre eigene Person. In einer „Gesellschaft der Individuen", wie Norbert Elias sie nennt, bot der Spitzensport ein überzeugendes Modell der Entfaltung der eigenen Person. Der Sport führte zu einer Ästhetisierung des Lebens, der Jugendlichkeit, und damit verbunden wurde der Beruf (nicht der Beruf als Sport, sondern der Beruf in einer Berufswelt), über den die Sportler Erfolg in der bürgerlichen Gesellschaft erringen konnten.

Dieses Modell, das ich als „Ästhetisierung des Lebens" bezeichne, galt lange Jahre für alle Schichten. Die Mitglieder aller Schichten wollten ihr Leben irgendwie schön gestalten, ihre Individualität auf eine überzeugende Weise zum Ausdruck bringen. Es gibt genügend Fälle, in denen dieser Einklang tatsächlich zu Stande kam, also erfolgreiche Sportler in angesehenen Berufen tätig waren. Aber es gab auch deutliche Warnsignale: Je anspruchsvoller der Spitzensport wurde, desto schwerer wurde es, Sport und Beruf zusammenzubringen. Ein tiefes Engagement im Sport bedrohte die Planung und Vorbereitung einer beruflichen Karriere. Das war immer bekannt, und es gab auch genügend Fälle, in denen Personen abgeglitten sind. Und noch mehr: Der unbedingte Erfolgswunsch schwächte die moralischen Widerstände gegen Betrug. Das will man heute nicht mehr gerne wissen, aber die Studie der Berliner und Münsteraner Forschungsgruppe zu Doping in Deutschland wird das auch im einzelnen noch zeigen. Man sollte nicht so tun, als sei Doping eine neue Angelegenheit; ich habe dies während meiner eigenen Wettkampftätigkeit bei Freunden – zwei davon haben Weltrekorde aufgestellt – in den sechziger Jahren kennengelernt.

Vom Wunsch nach Verschönerung des eigenen Lebens, nach Größe und Bedeutung, wurden (und werden immer noch) moralische Bedenken bei Seite geschoben. Das Modell hielt lange dem Druck stand, der auf diese Lebensführung ausgeübt wurde. Es gab eine sehr gute Antwort auf die Frage, die ein Athlet sich stellt, wenn er sich für den Sport entscheidet: *Was kann ich vom Sport erwarten?* Nämlich: Ruhm, Bedeutung, Erhöhung, Verschönerung meiner Existenz und Anerkennung als souveränes Subjekts und meines individuellen Lebens. Dies galt etwa bis in die siebziger Jahre.

Jetzt komme ich zur DDR. Hier wurde der Sport als funktioneller Teil in das politische System eingebaut. Er erhielt eine gesellschaftliche, und zwar eine innenpolitische und eine – viel stärker wahrgenommene – außenpolitische Bedeutung. Es gab den Slogan vom „Diplomaten im Trainingsanzug", eine Erfindung von Ulbricht, die, wie man leider sagen muss, extrem erfolgreich war. Dem individualistischen Modell des Westens wurde ein kollektivistisches Modell gegenübergestellt. Als erstes bedeutete dies eine erhebliche Aufwertung des Sports. Sport wurde aufgefasst als eine Aufgabe *aller Bürger*. Jeder sportlich Hochbegabte sollte diese Aufgabe erfüllen. Deswegen die massenhafte Recherche nach begabten Sportlern im Kindesalter. Schon das Kind hatte seinen Beitrag für das Gemeinsame, für den Staat zu leisten. Dabei wurde einer sozialistischen Moral argumentiert: Der Sportler ist verpflichtet, seine Kräfte für sein Land einzusetzen, er ist zur Repräsentation verpflichtet. Die Bürger des Landes wiederum sind auch verpflichtet, nämlich zur Unterstützung der Athleten durch ihre eigene Arbeit, weil es eben ein extrem kostenintensives System war.

Wie dieses System funktionieren konnte, wurde mir bei einer Veranstaltung in diesem Frühjahr in Suhl klar. Diese Veranstaltung hatte den Titel „Sportverräter"; es ging darum, dass der Skisprung-Weltmeister Hans-Georg Aschenbach, ehemals das Idol dieser Gegend, Olympiasieger in Innsbruck, anschließend Studium der Medizin und Mediziner im Rang eines Oberstleutnants der NVA und dort mit Sportaufgaben betreut, in den Westen geflohen war, 1988. Damals wurde ihm in Suhl die Ehrenbürgerwürde aberkannt. In diesem Frühjahr kam er wieder zurück in seine Heimatstadt, um sich zu rechtfertigen vor den Menschen, die er offenbar enttäuscht hatte. Es wurde eine dramatische Veranstaltung, die über drei Stunden dauerte; der Deutschlandfunk hat sie mit einer „Langen Nacht" am 13. August dokumentiert.

Der entscheidende Vorwurf der Suhler gegen Aschenbach war – das war für mich als Westdeutschen eine ungeheuer spannende Angelegenheit –, „Du hast auf unsere Kosten Sporterfolge errungen, und Du hast auf unsere Kosten Medizin studiert, und dann hast Du uns verlassen." Aschenbach sagte: „Nein, ich habe meine Sporterfolge *selbst* errungen. *Ich* habe trainiert, *ich* bin gesprungen, *ich* habe studiert, und das war anstrengend genug. *Ihr* habt gar nichts damit zu tun." – Aschenbach hat offenbar eine ganz andere Vorstellung vom Sport, durchaus eine, die im Westen üblich war: Die Gesellschaft hat die Begabungen ihrer Mitglieder zu fördern, das ist ihre Aufgabe. Der Sportler hat seinerseits keine Aufgabe für das Kollektiv zu erfüllen – dass er seine Fähigkeiten entfaltet, ist keine Dienstleistung an der Gesellschaft. Aschenbach stellte also seinen Gegnern in Suhl ein Modell entgegen, das die Beiträge des Kollektivs nicht anerkennt. Einer Reihe von Zuhörern, die ihn angriffen, war dies überhaupt nicht verständlich zu machen. Sie dachten immer noch wie zu DDR-Zeiten, dass Erfolge im Sport keine individuellen Leistungen seien. Dabei wurde ich an Bert Brechts „Radiolehrstück" „Der Ozeanflug" erinnert, der die Atlantiküberquerung von Charles Lindbergh nicht als Heldentat eines Einzelnen, sondern als kollektive Leistung darstellt. Lindbergh hat in dem Stück keinen eigenen Namen; er wird als anonymer „Der-undder" eingeführt und tritt im Plural als „die Flieger" auf. Nach seinem heroischen Flug sagen die Flieger: "Bitte tragt mich / In einen dunklen Schuppen, daß/ Keiner sehe meine/ Natürliche Schwäche./ Aber meldet meinen Kameraden in den Ryanwerken von San Diego/ Daß ihre Arbeit gut war./ Unser Motor hat ausgehalten/ Ihre Arbeit war ohne Fehler." Hier wird das Kollektiv gefeiert; es gibt hier kein souveränes Individuum. Die Moral des Staats und des Kollektivs ist ein höherer Wert

als die des einzelnen Subjekts; ihr werden auch die Werte des Sports untergeordnet.

Auf der Grundlage dieses Modells erscheint Doping als ganz unproblematisch: Der Sport hat gar kein eigenes Recht, sich dem Staat entgegenzustellen. Er ist eben keine eigene Macht. Es liegt auf der Hand, dass eine solche Einstellung nicht ohne weiteres aus den Köpfen, aus der Mentalität von Trainern aus der DDR entfernt werden konnte, wenn sie dann in den Dienst des vereinigten deutschen Sports gestellt wurden. Zumal sie dann auch im Westen Dopingpraktiken beobachten konnten und, wenn sie in das westliche Sportsystem integriert wurden, oft auch dazu angeregt wurden, sich mit ihrem Know-how daran zu beteiligen. Die Antwort auf die Frage, welchen persönlichen Gewinn der einzelne Athlet von seinem Sport erhalten konnte, fällt für die DDR sehr ernüchternd aus: Er oder sie war nicht mehr als der sichtbare Teil des arbeitenden Kollektivs und des sorgenden Staats – einerseits eine pathetisch überhöhte Stellung in der Öffentlichkeit, andererseits dem Kollektiv und dem Staat zu Dank verpflichtet.

Angesichts der enormen Erfolge der DDR-Athleten bei den Olympischen Spiele 1972 in München, die die sportliche Überlegenheit der DDR gegenüber dem Veranstalter Bundesrepublik Deutschland geradezu schockartig vor Augen führten, wurde zwar die individualistische freiheitliche Verfassung des westdeutschen Sports betont, aber das DDR-Modell in drei entscheidenden Zügen aufgenommen.

Erstens: Athleten wurden als Repräsentanten des bundesdeutschen *Staats* und Sporterfolge als Indikatoren der Leistungsfähigkeit *des Staats* angesehen. Das war politisch extrem kurzsichtig, insbesondere in Bezug auf die eigenen Bürger. In der Bundesrepublik glaubte doch kein Mensch, dass die staatliche Organisation der DDR leistungsfähiger als die des eigenen Landes war, bloß weil die Sportler so viele Goldmedaillen gewannen. Moderne Staaten zeigen ihre Macht und ihre Handlungskraft nicht durch Repräsentationsgesten, also nicht dadurch, dass ein Präsident in einem Barockpalast wohnt und in einer goldenen Kutsche vorfährt oder Ähnliches, nicht durch Militärparaden mit furchterregendem Gerät, auch nicht dadurch, dass ihre Sportler sämtliche Rodelmedaillen gewinnen. Wie unwichtig solche Gesten für die tatsächliche Leistungsfähigkeit eines Staats, seiner Wirtschaft, seines Finanz- und Bildungssystems sind, sieht man daran, dass aufstrebende demokratische Staaten wie beispielsweise Indien zwar leidenschaftlich Cricket spielen – der gesamte Verkehr in Delhi kommt zum Erliegen, wenn ein Endspiel ansteht –, aber mit seinen 1,2 Milliarden Einwohnern zum Beispiel bei den Olympischen Spielen in Sydney nur eine einzige Medaille gewannen, eine Bronzemedaille im Tontaubenschießen. China mit seiner autoritären staatskommunistischen Verfassung ist als Gegenbeispiel völlig ungeeignet. Die Leistungsfähigkeit eines modernen demokratischen Staats zeigt sich in anderen Bereichen: in der Fähigkeit, neue Technologien zu verbreiten und zu nutzen, in der Qualität der Finanzdienstleistungen, in der Möglichkeit, Bildungschancen zu eröffnen, Gesundheits- und Sozialsysteme den Bedürfnissen anzupassen, weitestgehende Freizügigkeit zu ermöglichen etc. Aber die Sportpresse und die Politik setzten nach 1972 die DDR-Vorstellung in der Bundesrepublik weitgehend durch; tatsächlich wurde die erfolgreiche Repräsentation des Staats durch Sport als ein gesellschaftlich übergreifender Wert anerkannt. Damit hatte man einen gemeinsamen Wert für den gesamten olympischen Spitzensport geschaffen, aber einen durchaus fragwürdigen.

Der zweite Zug war, eng mit dem ersten Punkt verbunden, die Forderung an den Staat: Von ihm wurde verlangt, dass er in die Rolle des Hauptförderers des Spitzensports, insbesondere in den olympischen Disziplinen, eintrat. So sollte beispielsweise der Schulsport zur Sichtung von Talenten und zur Zuarbeit für die Sportverbände eingesetzt werden. Dieses Ansinnen ist zwar kaum jemals verwirklicht worden, die Forderung hatte aber institutionelle Konsequenzen. Das Bundesinstitut für Sportwissenschaft wurde gegründet und der Bundesausschuss Leistungssport als Transmissionsriemen zwischen Sportwissenschaft, Aktiven, Verbänden und der Wissenschaft eingerichtet. Das Bundesinstitut in Köln hat neben der Leistungssportförderung zum Glück auch andere Forschungen ermöglicht;

ich selber habe von seiner Unterstützung einer vierjährigen Studie zu den Lebensbedingungen von Spitzensportlern profitiert. Auf den Ergebnissen dieser Forschungen beruhen einige der Überlegungen, die ich Ihnen hier vortrage. Darüber hinaus ist auch die Gründung einer Sportförderungskompanie der Bundeswehr zustande gekommen. Deren Unterstützung durch das Verteidigungsministerium kann man nun nicht mehr mit dem sogenannten Subsidiaritätsprinzip des Sports in Deutschland begründen, mit dem Prinzip, dass der Staat dem Sport Mittel zur Verfügung stellt, wenn dieser selbst, also z. B. der DOSB, initiativ wird und eigene finanzielle Mittel einsetzt. Vom Staat wird immer noch mehr oder weniger verlangt, dass er den Spitzensport großzügig unterstützt. Es ist aber auch klar, dass ihn dieses Ansinnen überfordert – schon deswegen, weil dies nicht seine Aufgabe ist.

Dritte Übernahme: Bei einigen Institutionen und einer Reihe von Personen wurde der Wunsch sehr stark, den individualistischen Sport gegen den kollektivistischen zu stärken und diese Unterstützung über die Regeln des Sports zu stellen. Jetzt sind wir wieder beim Doping. Es gibt also auch *diese* Art des Dopings, der dem autonomen Individuum zu Hilfe kommen wollte. Einiges davon habe ich selbst beobachten können, im Vorfeld der Spiele von Montreal 1976; es hat mich sehr schockiert, weil ich gedacht habe, dass dies bei uns nicht möglich sei. Ich habe diese Intervention als eine Art Selbstautorisierung des individualistisch verstandenen Sports aufgefasst, die die Überlegenheit der westlichen Sportauffassung gegenüber der DDR zeigen sollte oder wenigstens verhindern sollte, zu stark ins Hintertreffen zu gelangen. Es gibt also einen, so könnte man es formulieren, Betrug aus Liebe zum Sport – aber es bleibt Betrug.

Nach dem Zusammenbruch der DDR gibt es im deutschen Sport keine Überlegenheit mehr zu beweisen. Das ostdeutsche Modell ist tot, alle Versuche, Teile davon zu demontieren und in das eigene Modell einzuschweißen, müssen als gescheitert angesehen werden. Aber gibt es überhaupt ein eigenes neues deutsches oder gesamtdeutsches Modell? – Nein. Und das ist das Problem, um das es mir hier geht. *Das Reprä-*

sentationsmodell funktioniert nicht mehr. Auch die Fußballnationalmannschaft, die ungeheuer wichtig für das Gefühl ist, Deutscher zu sein, für die nationale Emotionalität, funktioniert nicht im Sinne eines Repräsentationsmodells. Ich nehme an, es gilt hier ein anderes Modell, das eher im Bereich des Showsports liegt. Nationale Repräsentation ist immer auf einen *inneren Zusammenhalt* in der Gesellschaft angewiesen, und genau diese interne Kohäsion ist in der Gesellschaft, die sich jetzt gebildet hat, nicht mehr gegeben. Einzig der Fußball vermag die sich auseinander entwickelnden Teile unserer Gesellschaft noch einigermaßen gut zusammen zu halten. Ansonsten ergibt sich ein ganz anderes Bild: Die oberen sozialen Schichten orientieren sich sportlich anders als die mittleren und erst recht die unteren. Sie sind viel stärker international interessiert als national, an Golfturnieren, Yachting, Pferdesport, an Gesellschaftsereignissen des Tennis. Junge Leute der oberen Mittelschichten sind international organisiert und haben mit ihren Interessen an Sport und sonstigen Events (Clubs, Konzerte etc.) den nationalen Rahmen verlassen – sie sind weltweit vernetzt und halten nationale Repräsentation für anachronistisch.

Es kommt ein schwerwiegender Einstellungswandel hinzu: das Ideal des souveränen Individuums als Lenker und Macher, als Oberchef und Basta-Kanzler und so weiter ist unglaubwürdig geworden, eigentlich in allen Bereichen der Gesellschaft, von der Autoindustrie über die Politik bis zum Showbusiness. Es ist nicht ausgeschlossen, dass es sie noch gibt; die Wirtschaftspresse ist voll von den Ackermanns, Winterkorns, Obermanns – aber sie sind Angestellte; im Hintergrund ziehen Großaktionäre, wenig lebensechte Gestalten, die Fäden. Wir haben nicht mehr die Werte der alten Honoratiorengesellschaft. Der großartige Slogan, den Kennedy aufgebracht hatte, den Sie alle kennen: „Frag nicht, was dein Land für dich tun kann, frage danach, was du für dein Land tun kannst", hat im Spitzensport keine Geltung. Es hat keinen Sinn, ihn ins Feld zu führen, um von Spitzensportlern ein Engagement für ihre Nation zu erwarten. Die Frage, die Spitzensportler sich heute wie früher zuerst stellen, ist: Was kann ich vom Sport erwarten?

Und das ist auch richtig so. Die Gesellschaft ist heute so beschaffen, dass intelligente junge Menschen mit hohem Können und mit der Fähigkeit zu Selbstmanagement ihren Platz in der Gesellschaft nur finden können, wenn sie einen anspruchsvollen Beruf ausüben. Sie werden keinen erfreulichen Ort in der Gesellschaften einnehmen, wenn sie nicht mehr sind als ehemalige Spitzensportler.

Das wissen auch die meisten Sportler – aber sie wissen nicht, wie sie diese doppelte Anforderung bewältigen sollen, Sport und Beruf bzw. Sport und Studium zusammen zu bringen. Wenn sie dies nicht schaffen, bleiben sie möglicherweise weit unter ihren gesellschaftlichen Möglichkeiten zurück. Dieses Zurückbleiben wird heute viel schärfer wahrgenommen, als es früher der Fall war. Wenn früher ein ehemaliger, berühmter Fußballspieler eine Eckkneipe hatte, dann findet man das heute ganz lustig und die Kneipe mit dem vergilbten Fußballhelden darin ist Gegenstand von kräftigen alten Sprüchen („Ich danke Sie" ist der Name der Kneipe von „Ente" Lippens). Heute ist es undenkbar, dass jemand, der nach großen Sporterfolgen keinen beruflichen Anschluss gefunden hat, irgendwo herumhockt und von seinen alten Erfolgen erzählt. Aber genau dies passiert eben ständig.

Das Problem, von dem ich spreche, sind die Spitzensportler, die keine Chance auf Reichtumserwerb durch Sport haben. Das sind die meisten unserer Spitzensportler. Sie sind vielleicht nicht von Altersarmut bedroht, sondern von einer sich mit der zeitlichen Entfernung von ihren Erfolgen einstellenden *Prestigearmut.* Nur wo es ein Berufsfeld mit großen Verdienstchancen gibt wie im Fußball, tritt dieses Problem weniger auf. Es kommt auch dort vor, aber nicht beim Spitzenpersonal. Hier kann man vielleicht Ansätze eines neuen Modells erkennen, nämlich der Sportler in der Rolle des Showstars. Wir sehen dies bei einigen Spitzenfußballern, die es sehr gut beherrschen, auf den Fundamenten ihres Sportruhms eine nachsportliche Karriere zu bewältigen. Bei ihnen aber beginnt der Sport sich aufzulösen und an den Rändern mit dem Entertainment zu verschmelzen. Diese Entwicklung ist keine, die man aus der Sicht des Sport unbedingt gut heißen kann. Sie belohnt nicht unbedingt die Erfolgreichsten des Sports; sie straft die eher sensiblen Spitzenkönner. Als ein Beispiel, das ich jetzt nicht ausführen will, erwähne ich Franziska van Almsick, die es geschafft hat, ein Partygirl mit verschiedenartiger Verwendung zu werden; und auf der anderen Seite Britta Steffen, die viel erfolgreicher, mehrfache Olympiasiegerin ist, die aber darum ringen muss, sich zu rechtfertigen, wenn sie nach ihrer bitteren Niederlage bei den Schwimmweltmeisterschaften nur noch den Wunsch hat, sich sofort nach Hause zurückzuziehen. Im Showsport sind wir noch weniger gegen Doping gefeit. Es scheint sogar ein Erfordernis der Show zu sein, dass, wie bei der Tour de France, die Sportler gedopt sind. Der neue Rundkurs für 2012 hat mehr steile Anstiege als in Zeiten der radelnden Apotheken.

Unter den Bedingungen der Bundesrepublik Deutschland gibt es kein überzeugendes Modell dafür, dass sich hoch begabte Jugendliche für den Spitzensport entscheiden sollten, so bitter die Erkenntnis auch ist. Der Staat kann hier wenig ausrichten. Er schafft es ja schon nicht, allen begabten Studenten einen Studienplatz in Medizin zu bieten. Was könnte der Athlet vom Staat erwarten? Wenigstens doch, dass er den Spitzensportlern die Chance eröffnet, ihre eigenen Möglichkeiten zu verwirklichen, natürlich nicht durch Doping, sondern durch die Förderung ihrer sportlichen und beruflichen Fähigkeiten.

Ich habe heute dieses Thema gewählt, um die anwesenden Sportjournalisten auf die Lebenssituation unserer Spitzensportler aufmerksam zu machen: auf das Lebensrisiko, das sie eingehen, und auf ihr Problem, dass sie eigentlich kein Modell mehr haben, das ihrer Tätigkeit Sinn und langfristige Anerkennung verschafft. Ihre Gefahr ist, dass sie langfristig zu den Verlierern der gesellschaftlichen Dynamik gehören könnten. Der Showsport ist jedenfalls kein Modell, auf dem sie eine *reale* Existenz aufbauen können. Für ein Leben auf dem Roten Teppich hat sie ihre lange, harte Trainingsarbeit nicht vorbereitet.

Bernd Ladwig

Gerechtigkeitstheorie als Gesellschaftsanalyse

Über Axel Honneths neues Buch „Das Recht der Freiheit"

Axel Honneth verfolgt in seinem lang erwarteten ersten Hauptwerk[1] seit „Kampf um Anerkennung" zwei Ziele. Er möchte erstens zeigen, dass ein soziales Verständnis von Freiheit den Inbegriff einer modernen Gerechtigkeitskonzeption bildet. Er will zweitens nachweisen, dass die wichtigsten gesellschaftlichen Strukturen, Institutionen und Praktiken immer schon Ansprüche der Gerechtigkeit verkörpern, auf die hin ihr Werdegang vernünftig nachvollzogen und auch kritisiert werden kann. Die ausdifferenzierten Handlungsbereiche moderner Gesellschaften sollen so als Sphären intersubjektiver Anerkennung kenntlich werden. Und die normative Gerechtigkeitstheorie soll die Gestalt einer historisch informierten Gesellschaftsanalyse annehmen.

Das richtet sich sowohl gegen eine normativ neutralisierte Betrachtung sozialer Subsysteme und ihrer Wechselwirkungen als auch gegen kantianische Konzeptionen der Gerechtigkeit. Honneth folgt Talcott Parsons in der Überzeugung, dass auch funktional differenzierte Gesellschaften weiterhin der sozialen Integration über Werte bedürfen. Zugleich stimmt er Hegel darin zu, dass uns die Ansprüche der Gerechtigkeit kognitiv und motivational nur dann etwas zu sagen haben, wenn sie bereits in unserer Lebenswirklichkeit Fuß gefasst haben. Ihr kritischer Stachel treibt dann die jeweiligen Gestalten der „Sittlichkeit" über sich hinaus in die Richtung einer zunehmend adäquaten Verwirklichung sozialer Freiheit. In der modernen Gesellschaft sind demnach Legitimationsansprüche wirksam, deren Telos eine demokratische Form der Sittlichkeit bildet.

Die heute vorherrschenden Gerechtigkeitstheorien sollen dagegen jeweils an wenigstens einem von vier Problemen laborieren. Die vorwiegend prozeduralen Theorien sind zu abstrakt, um einer Gesellschaftskritik die benötigten materialen Maßstäbe zu liefern. Konstruktivistische Ansätze wie derjenige des frühen Rawls abstrahieren von geschichtlichen und gesellschaftlichen Besonderheiten, zu denen sie daher nur nachträglich und äußerlich in Beziehung treten können. Und auch wo sie, wie in Rawls' späterem Werk, solche Besonderheiten in ihr Selbstverständnis aufnehmen, bleiben sie gesellschaftstheoretisch blind: Das Ethos moderner Grundordnungen wird vor allem aus Rechtstexten und vielleicht auch aus öffentlichen Rechtfertigungen abgelesen; es geht aber nicht zugleich aus einer Analyse der wichtigsten sozialen Institutionen und Differenzierungsformen hervor. Dieses Desiderat wird noch am ehesten von kontextualistischen Ansätzen wie denjenigen Michael Walzers und David Millers gefüllt. Aber Walzer und Miller beschreiben und interpretieren die Verkörperung von Werten, ohne deren Vernünftigkeit nachzuweisen. Ihre Maßstäbe der Kritik sind im Grunde konventionalistisch: Sie entspringen einem in seiner geschichtlichen Zufälligkeit bloß hingenommenen Wertbestand.

Honneth favorisiert dagegen die Hegelsche Sicht auf Gesellschaften und deren Geschichte: Die Entwicklung moderner Ordnungen muss am Leitfaden der Verwirklichung eines universal gültigen Wertes als Bildungsgang hin zum Besseren rekonstruierbar sein. Und wie Hegel geht er davon aus, dass im Grunde nur noch ein Wert, die individuelle Freiheit, eine allgemeine Verbindlichkeit beanspruchen darf.

Hier sind allerdings, wie Honneth auf dem Wege einer „historischen Vergegenwärtigung" zeigt, verschiedene Konzeptionen zueinander ins Verhältnis zu setzen. Honneth verteidigt den Vorrang der sozialen Freiheit gegenseitigen Anerkennens vor der negativen Freiheit des Rechts und der reflexiven Freiheit von Ethik und Moral.

Sein Argument lautet im Kern, dass die negative und die reflexive Freiheit die soziale immer schon voraussetzen: Nur weil und soweit wir die lebensweltliche Erfahrung geteilter Freiheit machen, sind wir auch dazu imstande, uns zeitweilig zurückzuziehen, auf uns selbst zu besinnen und nach verallgemeinerbaren Grundsätzen zu fragen. Für sich genommen hängen die Freiheiten des Rechts, der ethischen Selbst- und der moralischen Maximenprüfung hingegen in der Luft. Sie bleiben notwendig unbestimmt, solange ihnen das ‚sittliche' Material zu vernünftiger Hinterfragung fehlt. Oder in Honneths Worten: Recht und Moral stellen „Möglichkeiten" dar, die wir nur unter der Voraussetzung einer intersubjektiven „Wirklichkeit" der Freiheit ergreifen können.

Werden nun aber die abkünftigen Formen der Freiheit für deren Grundform gehalten, so drohen „soziale Pathologien". Moderne Gesellschaften legen ihren Angehörigen nahe, sich rechtfertigungsfrei auf ihr Recht zu versteifen oder selbstgerecht zu glauben, sie könnten die Welt von einem moralischen Nullpunkt aus neu konstruieren. Damit steht das Vermögen in Frage, verständig an den für die Gesellschaft konstitutiven Sozialbeziehungen teilzunehmen. Das Heilmittel gegen solche Pathologien soll in einer Besinnung auf Erfahrungen sozialer Freiheit bestehen. Unter Voraussetzungen funktionaler Differenzierung nehmen diese Erfahrungen eine je sphärenspezifische Form an. Sie stellen sich in Familien- und Intimbeziehungen anders dar als in Kontexten marktwirtschaftlichen Handelns und in diesen wiederum anders als in Prozessen demokratischer Willensbildung.

Honneth behauptet nun, dass genau diese drei Bereiche die für moderne Gesellschaften unverzichtbaren Schauplätze der Verwirklichung sozialer Freiheit bilden. Und ihre jeweilige Fähigkeit zur Erneuerung und Fortentwicklung

soll davon abhängen, dass sie die soziale Freiheit sukzessive zur Geltung bringen. Die Gerechtigkeitstheorie geht damit in einer Art von moralischem Funktionalismus auf: Dieselben Ansprüche, von deren institutioneller Erfüllung die Reproduktion moderner Gesellschaften abhängen soll, bilden zugleich den normativen Maßstab der Sozialkritik.

Dabei kommt der demokratischen Öffentlichkeit ein gewisser Primat zu: Nur diese ist von vornherein auf reflexive Prozesse der argumentativen Willensbildung zugeschnitten. Daher bildet sie auch den Ort, an dem Fehlentwicklungen in allen möglichen Sphären zur Sprache kommen und staatlicher Behandlung zugeführt werden können. Gleichwohl hält Honneth eine Demokratietheorie, die nur die Sphäre öffentlicher Willensbildung in den Blick nimmt, für verkürzt. Vielmehr sei die Demokratie auch auf entgegenkommende Verhältnisse in den beiden übrigen Sphären sozialer Freiheit angewiesen. Ihre eigenen konstitutiven Normen nötigten sie deshalb dazu, für die soziale Freiheit flächendeckend Partei zu ergreifen.

Honneth identifiziert die für moderne Gesellschaften konstitutiv bedeutsamen Handlungsbereiche anhand des Grundwerts sozialer Freiheit. Und er zeichnet ihren Werdegang am Leitfaden von Kämpfen um die Institutionalisierung eines angemessenen Freiheitsverständnisses nach. Dieses Verfahren nennt er „normative Rekonstruktion". Die Maßstäbe der Kritik sollen aus einem geschichtlichen Material hervorgehen, das selbst schon unter werthaften Gesichtspunkten ausgewählt worden ist. Ist das ein produktiver oder nicht doch ein fataler Zirkel? Gibt er Raum für eine Kritik sozialer Fehlentwicklungen, die weder moralisierend von außen kommt noch im Grunde konservativ bleibt?

Monismus der Freiheit

Zunächst, woher nimmt Honneth den einen Grundwert der Freiheit, in dessen angemessener Verwirklichung das Telos moderner Gerechtigkeit liegen soll? Honneth führt diesen für seine Argumentation doch tragenden Gesichtspunkt erstaunlich salopp ein. Zunächst meint er realgeschichtlich zu beobachten, dass alle möglichen normativen Ansprüche heute in der Wertschätzung von Freiheit konvergieren. Sodann untermauert er dies mit dem systematischen Argument, dass moderne Gerechtigkeitsvorstellungen allein noch im Medium unserer Autonomie gerechtfertigt werden können: „Nach Gerechtigkeit zu fragen, den entsprechenden Gesichtspunkt auch nur geltend machen zu wollen bedeutet, selbst (mit) bestimmen zu wollen, welchen normativen Regeln das gesellschaftliche Zusammenleben gehorchen soll" (39). Aber das geschichtliche Argument ist einseitig, das systematische beruht auf einem Kategorienfehler.

Empirisch lässt sich einwenden, dass zur Entwicklung des modernen Moralbewusstseins nicht nur die Verallgemeinerung, Vertiefung und Verfeinerung unseres Autonomiebewusstseins gehört. Gesellschaftstheoretiker wie Weber und Habermas haben die Grundwerte der Modernen eher unter dem Gesichtspunkt der Rationalisierung ins Auge gefasst. Das ist sicher in mehr als einer Hinsicht ein autonomieerheblicher Gesichtspunkt. Aber man kann zumindest fragen, ob instrumentelle Vernunft, institutionell vorgesehene Reflexivität oder methodische Lebensführung *allein* unter dem Aspekt der Autonomiechancen für uns schätzenswert scheinen.

Um nur ein literarisches Beispiel zu nennen, das Honneth, der viele solcher Beispiele bemüht, meines Wissens nicht erwähnt: In Max Frischs „Homo Faber" begegnet uns – jedenfalls bis zur Öffnung der Hauptfigur durch eine unvermutete Liebe – ein angestrengtes Ethos der Nüchternheit und Illusionslosigkeit. Sich nicht täuschen zu lassen, die Dinge zu durchblicken, scheint dem Helden wertvoll zu sein auch unabhängig davon, welche Freiheitschancen es ihm verschaffen mag. Hannah Arendt fand im Homo Faber ihrer Zeit geradezu die Freiheitsvergessenheit der Modernen verkörpert: Diese klammerten sich an die technische Weltbeherrschung, weil ihnen die persönliche Sicherheit und der Wohlstand wichtiger geworden seien als die nur öffentlich erfahrbare Freiheit.

Ein Monismus der Freiheit passt auch schlecht zu der zunehmenden Sensibilität, die moderne Menschen für leibgebundenes Befinden an den Tag legen. Honneth übergeht die in der angelsächsischen Welt überaus bedeutsame hedonistische Tradition moralischen Denkens. Der klassische Utilitarismus spielt bei ihm keine Rolle. Das gleiche gilt für die Mitleidsethiken, die in Schopenhauer einen herausragend reflektierten Vertreter fanden und heute etwa im boomenden Buddhismus wieder aufleben.

Sind die „philanthropischen" Bewegungen gegen Körperstrafen, gegen das Züchtigen von Kindern oder auch gegen industrielle Tierhaltung nicht auch auffällige Merkmale der Äußerung eines modernen Moralbewusstseins? Warum sind wir heute eher bereit, Freiheitsstrafen als Körperstrafen hinzunehmen, wenn es uns doch im Grunde immer nur um den Wert individueller Autonomie geht? Honneth entgehen diese Phänomene, weil er einen vom deutschen Idealismus nahegelegten Tunnelblick auf die Welt wirft. Sein Vorbild Hegel hat in der Tat alles auf den Grundwert vernünftiger Freiheit zulaufen lassen, und noch Marx ist ihm darin, unter dem Titel der „Emanzipation", gefolgt. Aber indem Honneth sich in ein Selbstgespräch des deutschen Idealismus verstrickt, bekommt er darum noch nicht *das* axiologische und normative Denken der Modernen in den Blick.

Vom deutschen Idealismus übernimmt Honneth auch den Kategorienfehler. In ihm spielt die Freiheit, verstanden als Autonomie der Person und des Bürgers, zwei verschiedene Rollen: Sie ist Inhalt und auch Medium ethischer, moralischer und politischer „Gesetzgebung". Dabei soll ihre inhaltliche Schlüsselstellung „reflexiv" aus ihrer Rolle als Medium hervorgehen. Der Fehler besteht nun darin, jeden Wert, dem ich in Freiheit zustimme, darum als im Grunde freiheitsbezogenen oder freiheitsdienlichen Wert zu betrachten. Ich kann aber in Freiheit auch etwa einsehen, dass leibgebundenes Leiden in sich selbst schlecht ist. Andernfalls wäre schwer verständlich, wie wir geistig erheblich behinderten Menschen eine Ungerechtigkeit antun könnten. Ein Monismus der noch so differenziert gedeuteten Freiheit wird darum nicht nur der phänomenalen Vielfalt unserer

Wertorientierungen nicht gerecht; er hat für eine Gerechtigkeitstheorie auch sozial ausschließende Konsequenzen.

Ein weiterer zur Freiheit womöglich alternativer Wert ist die Gleichheit. Honneth fertigt diesen Vorschlag in einer einzigen Fußnote ab: Er sieht in der Gleichheit nichts weiter als eine „Erläuterung des Werts der individuellen Freiheit" (Fn. 1, 35). Auch das versteht sich mit Blick auf die Empirie nicht eben von selbst: Hat sich nicht eine zunehmende Zahl von Menschen auf das Auffinden offener und – mehr noch – verdeckter Diskriminierungen geradezu spezialisiert? Und ist es nicht auch systematisch gesehen zweierlei, ob die Freiheit als vorgebliches Telos der Gerechtigkeit bestmöglich zur Verwirklichung gelangt oder ob jeder in den Genuss der gleichen Freiheit kommt?

Um nicht missverstanden zu werden: Honneth ist darin recht zu geben, dass Freiheit und Gleichheit nicht auf derselben Ebene liegen. Die Gleichheit bildet vielmehr einen möglichen Modus der Verteilung von Freiheit. Aber weil Honneth diesen Modus einfach voraussetzt, umgeht er eine für das Gerechtigkeitsdenken zentrale Frage. Wiederum mag hier ein Vergleich mit dem Utilitarismus aufschlussreich sein. Auch dieser ist schließlich eine teleologische Spielart des Gerechtigkeitsdenkens. Und wenn Freiheit der einzige intrinsische Wert ist, um dessentwillen wir nach Gerechtigkeit verlangen, warum sollte diese dann nicht in der größtmöglichen Freiheit für alle zusammengenommen Erfüllung finden? Die größtmögliche Freiheit für alle zusammengenommen läuft aber nicht unbedingt auf die gleiche Freiheit für jeden einzelnen hinaus.

Honneth geht kommentarlos über diesen Unterschied zwischen einem aggregativen und einem distributiven Gerechtigkeitsdenken hinweg. Er mag sich dazu stillschweigend auf die schon von Rawls geäußerte Überzeugung stützen, dass ein rein aggregatives Gerechtigkeitsdenken für uns nicht akzeptabel sein kann, weil es die Unvertretbarkeit jedes einzelnen ignoriert. Ein Mensch mit Selbstachtung legt Wert darauf, als ein Gleicher unter Gleichen sein eigenes Leben führen zu können. Das aber heißt eben auch, dass wir der Gleichbehandlung ein eigenes Gewicht geben: Sie ist für uns unter dem Gesichtspunkt der Anerkennung unseres moralischen und auch staatsbürgerlichen Status symbolisch bedeutsam.

Honneth selbst hat diese symbolische Dimension in seiner früheren Analyse des Grundguts der Selbstachtung hervorgehoben.[2] Warum würde es uns verletzen, wenn die eigene Stimme bei politischen Wahlen nur mehr halb so viel zählte wie die Stimme eines „wertvolleren" Gesellschaftsangehörigen? Sicher nicht nur um der individuellen Freiheit willen, denn diese bildet bei Wahlen mit mehreren Millionen Wahlberechtigten ohnehin eine verschwindende Größe. Aber das Wahlsystem würde uns bedeuten, dass unsere Stimme als vergleichsweise wenig wichtig gilt. Allgemeiner gesagt: Eine diskriminierende Behandlung greift auch dann die Selbstachtung an, wenn ihre „handfesten" Folgen für die individuelle Freiheit geringfügig sein mögen.

Soviel zu Honneths Axiologie. Wie steht es nun um seine Analyse moderner Anerkennungsverhältnisse, Pathologien und Fehlentwicklungen? Hier sehe ich vor allem drei Ansatzpunkte für Einwände. Honneths Sicht auf das moderne Recht kommt mir einseitig vor. Seine Behauptung, soziale Pathologien könnten überhaupt nur von Recht und Moral, aber nicht auch von den drei Sphären sozialer Freiheit ausgehen, überzeugt mich nicht. An die Stelle der versprochenen „normativen Rekonstruktion" tritt über weite Strecken der Betrachtung von Märkten und politischen Prozessen ein gewöhnliches Moralisieren.

Die Grenzen des Rechts – und seiner Betrachtung

Das Recht erfährt in dem Buch, das es doch offenbar im Titel trägt, eine wenig liebevolle Behandlung. Honneth würde darauf wohl erwidern, er wolle eben die Verengung aufs positive Recht, wie sie etwa der spätere Habermas vornehme, aufbrechen und an einen weiteren Sinn der Rede vom „Recht" erinnern. Dieses müsse als Inbegriff anerkennungswürdiger Sozialverhältnisse verstanden werden, und diese ließen sich nur zum geringsten Teil rechtlich gewährleisten, geschweige denn fundieren. Das positive Recht ist demnach eher ein Reflex auf außerrechtlich realisierte Errungenschaften, als dass es deren Grundlage bildete. Und seine Inanspruchnahme in der Form subjektiver Rechte kann gegenüber der lebensweltlichen Praxis intersubjektiver Freiheit immer nur einen unterbrechenden Sinn haben: Das monologische Beharren auf je meinem Recht darf mich nicht davon ablenken, dass meine Freiheit zuerst und zumeist im Gewebe kommunikativer Praxis zur Geltung gelangt. Nur für sich genommen sind Rechte auch insofern „subjektiv", als sie vereinzelnd wirken. Solange ich mich in ihrem Geltungsraum bewege, habe ich die Zugbrücken zu möglichen Lebens- und Kooperationspartnern gleichsam hochgezogen.

Aber das ist zweifach verkürzt. Erstens hebt Honneth einseitig den Stellenwert der Rechte für den Schutz der Privatsphäre hervor. Selbst noch die kollektiv erkämpften sozialen Anspruchsrechte haben demnach die Tendenz, den einzelnen seiner kommunikativen Umwelt zu entfremden (so 427). Vorgänge der Verrechtlichung sind für Honneth ein wesentlicher Faktor, um Störungen im Gefüge der sozialen Freiheit verständlich zu machen. Wer sich ständig auf sein Recht versteift, ist demnach nicht nur als Freund oder Liebespartner, er ist auch als Kollege oder Mitbürger, ja sogar als Marktteilnehmer nicht zu gebrauchen. Aber die andere Seite der Rechte, die Honneth nicht sieht, besteht darin, dass sie die Menschen auch im positiven Sinne in ein neues Verhältnis zu möglichen Formen der Vergemeinschaftung setzen: Indem sie uns vom *Zwang* zur Mitwirkung entlasten, machen sie uns diese als eine *Möglichkeit* allererst zugänglich. Sie tragen dazu bei, vom sozialen Leben den Anschein der Naturwüchsigkeit zu nehmen.

Honneth schließt hier offenbar zwei Annahmen kurz, eine zutreffende und eine in ihrer Allgemeinheit nicht haltbare. Die zutreffende Annahme ist, dass ich nicht *gleichzeitig* gegen andere auf meinem Recht insistieren und mich ihnen kommunikativ zuwenden kann. Insofern unterbricht die Berufung aufs Recht den Fluss kommunikativen Handelns und wirft mich auf mich selbst zurück. Die falsche Verallgemeinerung liegt darin, dass dies keineswegs den

sachlichen Sinn haben muss, mir Möglichkeiten des Rückzugs ins Private zu verschaffen. Es kann ebenso dazu dienen, mir eine *eigenständige* und selbstbewusste Teilnahme an sozialen Praktiken zu ermöglichen, denen ich andernfalls nur ausgeliefert wäre. Der Behauptung, der Formeigenschaft der Rechte wohne schon als solcher eine pathogene Tendenz zur Vereinzelung inne, kann ich darum nicht folgen.

Verkürzt finde ich auch, wie sich Honneth das Verhältnis von sozialen Kämpfen und der Verrechtlichung ihrer Resultate vorstellt. Er scheint darin ein bloßes Verhältnis aus Grundlegung und nachträglicher Umsetzung zu sehen. Das staatliche Recht fügt demnach den eigentlichen Errungenschaften etwa sozialer Bewegungen gar nichts Konstruktives hinzu. Alles Wesentliche geschieht auf dem Terrain kommunikativ vermittelter Kämpfe in der Sphäre des Sozialen. Das Recht spielt nur die Rolle eines zur Absicherung der Ergebnisse nötigen Mediums der Handlungskoordination. Aber das ist wiederum einseitig. Das Recht ist auch dafür erforderlich, den moralischen Errungenschaften im politischen Raum die nötige Bestimmtheit zu geben. Es trägt konkretisierend dazu bei, dass sie für Gesetzgeber, Regierungen, Gerichte und auch für uns alle als Bürger in der Gestalt von Relationen aus Ansprüchen und Obligationen zureichend fassbar werden.

Das ist weit mehr als eine nur nachträgliche Absicherung gegen die Gefahren von Rechtsbruch und Trittbrettfahrertum. Es ist eine Weise, moralischen Einsichten durch Transformation in ein anderes Medium einen institutionellen Sitz in der sozialen Welt zu geben. Und die Transformation lässt den Gehalt der Einsichten nicht unberührt. Darum drehen sich politische Kämpfe ganz wesentlich um die angemessene rechtliche Institutionalisierung allgemein gerechtfertigter Grundsätze. Das Recht ist Medium und Gegenstand solcher Kämpfe zugleich. Habermas mag diesen Aspekt übermäßig betont und darum die außerrechtlichen Voraussetzungen des Rechts vernachlässigt haben. Honneth aber unterschätzt dessen Form *und Gehalt* gebende Kraft.

Wo Pathologien herkommen

Wer sich in Sphären sozialer Freiheit vor
allem als Rechtssubjekt versteht und bewegt,
beschwört Honneth zufolge die Gefahr sozialer
Fehlentwicklungen herauf. Aber nicht jede
Fehlentwicklung soll auch eine Pathologie
sein. Eine solche kann angeblich nur von den
abkünftigen Arten der Freiheit, der negativen
und der reflexiven, ausgehen. Pathogen sind
demnach das Recht und die Moral, nicht aber
die Sphären sozialer Freiheit. Weder Familien
und Intimbeziehungen noch demokratische
Öffentlichkeiten noch auch nur Unternehmen und Märkte kommen für Honneth als
Quellen sozialer Pathologien in Betracht. Die
drei Sphären sozialer Freiheit können nur von
außen gestört werden, sie können aber nicht
aus sich selbst heraus entarten.

Honneth erläutert diese erstaunliche
Behauptung, indem er die „Autarkie" der sozialen Freiheit (231) hervorhebt: Diese ist, da
genuin intersubjektiv, in jeder ihrer Sphären
immer schon lebensweltlich verwurzelt und
insofern „wirklich". Hingegen bilden Recht
und Moral bloße Möglichkeiten der Freiheit.
Sie müssen ihren lebensweltlichen Anschluss
immer aufs Neue suchen, um jeweils wieder
in den Fluss sozialer Freiheit zurückfinden zu
können. Wo sie sich diesem gegenüber jedoch
zu selbstgenügsamen Gestalten der Freiheit
aufspreizen, rufen sie Stockungen hervor, die
uns den intersubjektivistischen Sinn unserer
Praktiken verfehlen lassen.

Das Ergebnis dieses Gedankenganges ist
stark kontraintuitiv. Laufen die heute im politischen Raum vorherrschenden Klagen nicht
eher darauf hinaus, dass alle möglichen Lebens-
bereiche von Marktmechanismen „kolonisiert"
werden? Begehren Menschen gegen ihre Macht-
haber nicht auch auf, weil sie eine Verquickung
politischer Autorität mit freundschaftlichen und
familiären Loyalitäten vermuten? Kann man
die Legitimitätsbedingungen des Politischen
nicht auch verfehlen, indem man dieses nach
dem Muster von Marktbeziehungen oder von
Liebesverhältnissen auffasst? Können Märkte
nicht auch durch fehlplatziertes Politisieren
gestört, Intimbeziehungen nicht auch durch
zu viel Geschäftssinn aus dem Tritt gebracht

werden? Die intersubjektive Natur der Sphären
schützt diese nicht automatisch davor, ihre
eigenen Geltungsgrenzen zu ignorieren. Sicher
könnte Honneth darauf erwidern, er wolle eben
solche Formen wechselseitiger Kolonisierung
der Sphären sozialer Freiheit nicht „Pathologien" nennen. Aber bilden sie nicht auch, im
Sinne seiner Begriffsbestimmung (vgl. 157),
gesellschaftliche Ursachen, die Menschen daran
hindern, wesentliche Praktiken und Normen
angemessen zu begreifen?

Normative Rekonstruktion

Für die Nachzeichnung des Werdegangs der drei
Sphären sozialer Freiheit wählt Honneth das
Verfahren einer normativen Rekonstruktion. Sie
soll die Kritik in der Geschichte tatsächlicher
Freiheitskämpfe verankern. Honneth müsste
dazu zeigen, dass eben die Werte, auf die hin er
die Sphären ausgewählt hat, in diesen auch legi-
timatorisch wirksam werden. Die allermeisten
Menschen, so dürfen wir das wohl verstehen,
müssten ihre Bereitschaft zur regulären Mitwirkung davon abhängig machen, ob sie den
Eindruck einer angemessenen Verwirklichung
sphärenspezifischer Freiheiten gewinnen.
Fehlentwicklungen müssten über kurz oder
lang zu Legitimationsentzug, dieser zu Re-
produktionsstörungen führen. Das wiederum
müsste immer mehr Menschen ein Motiv zum
Aufbegehren geben. Auf diese Weise sollte sich
wenigstens *in the long run* die Vernunft in der
Geschichte geltend machen, so wie Hegel dies
für seine Zeit schon vermutet hatte.

Soweit das Programm; wie löst Honneth
es ein? Eine generelle Schwierigkeit nicht nur,
aber vor allem mit diesem dritten und längsten
Teil des Buches ist, dass Honneth sich wenig
Mühe gibt, seine theoretischen Entscheidungen
gegen relevante Alternativen zu verteidigen. Das
beginnt schon mit der Auswahl der Sphären:
warum nur persönliche Beziehungen, Markt
und demokratische Politik? Weil sich diese
Trias wirklich sachlich zwingend aus der Fra-
gerichtung der normativen Rekonstruktion
ergibt? Dann hätte man gern die Gründe ge-
wusst, warum nicht auch Handlungsbereiche
wie Bildung oder Kunst für die Reproduktion

der Gesellschaft nach Maßgabe der in ihr verwirklichten Freiheit belangvoll sein sollen. Honneth diskutiert weder Niklas Luhmanns Systemtheorie mit ihrer größeren Zahl an sozialen Subsystemen noch Michael Walzers Sozialphilosophie, die mehr als drei Sphären der Gerechtigkeit kennt. So stellt sich der Verdacht ein, er habe vor allem die bei Hegel zu findende Trias von Gestalten des objektiven Geistes auf den neuesten Stand bringen wollen. Das kann man machen; aber entspricht es dem Anspruch einer zugleich wert- und wirklichkeitsgeleiteten normativen Rekonstruktion?

Diese Art des Verdachts wiederholt sich, wo Honneth darangeht, die Entwicklung der einzelnen Sphären nachzuzeichnen. Wiederum kann man sich fragen, ob Honneth seine leitenden Annahmen einer evaluativ gehaltvollen sozialen Wirklichkeit verdankt oder nicht eher seiner Vorliebe für bestimmte Autoren. So kann man Märkte statt mit den Augen rationalistischer Neoklassiker sicher auch mit den Augen Hegels und Durkheims betrachten. Man kann Adam Smith den Marktapologeten entreißen, indem man seine ökonomische Theorie im Lichte der „Theory of Moral Sentiments" liest. Ebenso mag man einer aggregativen eine deliberative Sichtweise auf moderne Demokratien vorziehen. Die Helden heißen dann nicht Anthony Downs, Robert Dahl oder William H. Riker sondern John Dewey, Hannah Arendt und Jürgen Habermas. Liegt es in Ansehung solcher Alternativen aber nicht nahe, auch den Geist, der die sozialen Sphären beseelt, als wesentlich umkämpft anzusehen? Warum sollen wir denn annehmen, er sei im Grunde immer schon mit sich selbst einig und werde im Lauf der Zeit zwar besser verstanden, bleibe dabei aber substantiell derselbe? Ist diese Sichtweise auf die konstitutiven Werte moderner Gesellschaften nicht zu harmonisch und zu statisch?

Am ehesten leuchtet die Vorstellung einer grundlegenden Selbstgleichheit des objektiven Geistes noch für die Sphäre der persönlichen Beziehungen ein. Honneth führt gute Gründe dafür an, dass und warum im Laufe der Zeit ein ganz bestimmtes Bild gelingender Anerkennung alle alternativen Leitbilder in die Defensive gedrängt habe. Das Ideal eines neigungsbestimmten Beisammenseins erfasst

heute schichtenübergreifend die Beziehungsformen der Freundschaft und Liebe, und es hat sogar das Verhältnis von Eltern zu Kindern tiefgreifend verändert.

Honneth deutet Freundschaft, Liebe und Familie als die grundlegenden Gestalten sozialer Freiheit: In ihnen finden wir uns als bedürftige Naturwesen und in der Vielfalt unserer Antriebe und Wünsche verstanden und angenommen. Gewiss, das ist weit entfernt von der negativen Freiheit, vor anderen die Türen verschließen zu dürfen. Auch mag man einwenden, gerade in der Liebe erführen wir uns weniger als frei denn als überwältigt. Auch könne sich keiner seine Eltern aussuchen, und die Kinder nähmen ihre Eltern in ihrer Bedürftigkeit geradezu gefangen, was sich dann im Alter oft umkehre in eine Bindung der Kinder ans Pflegebett der Eltern. Wo sich Menschen hingegen von solchen Fesseln freizumachen suchten, schössen die Scheidungszahlen in die Höhe, verlören die Kinder ihre wichtigsten Bezugspersonen und füllten sich die Heime mit abgeschobenen Alten.

Honneth leugnet solche Erscheinungen nicht, aber er verfällt über sie nicht in ein konservatives Lamento. Vielmehr deutet er sie teils als Schwierigkeiten der Erprobung neuer Freiheiten in einer bislang utilitär oder konventionalistisch überformten Sphäre; zu einem anderen Teil führt er sie auf externe Störungen etwa durch erzwungene Mobilitäten auf Arbeitsmärkten zurück. Auch relativiert er die Befunde durch die empirische Beobachtung eines über sehr lange Lebensabschnitte erstaunlich gut gelingenden Verhältnisses zwischen den Generationen. In der Umkehrung vieler Pflegeverhältnisse zwischen Kindern und Eltern an deren Lebensabend sieht er sogar eine Möglichkeit der Versöhnung mit dem Unvermeidlichen angelegt. Er spricht von einer „fürsorgliche[n] Heimholung in den Lebensanfang" (310); das Leben kehre dann im Kreis der Familie an seinen Anfangspunkt zurück und vermittle uns so die tröstende Fiktion eines stimmigen Abschlusses.

Das ist ein berührendes Bild. Aber es ist auch bedenklich. Honneth hat hier ausdrücklich die „Zyklizität" im Sinn, die darin besteht, dass Eltern „in ihrer wachsenden Gebrechlichkeit und Orientierungslosigkeit" zu Wesen werden, wie es einst ihre Kinder waren (309). Ein kindischer Alter in Windeln: Wäre das wirklich eine tröstende Aussicht für einen heute noch selbstbewussten Erwachsenen? Wäre es das, was dem Faktum seiner Sterblichkeit die Schwere nehmen könnte, wie Honneth auch schreibt? Wäre durch die Wiederholung des eben erwachenden Bewusstseins im final verdämmernden wirklich ein guter Kreis beschrieben? Oder wäre es nicht doch besser, trostvoller, dem Tod bis zuletzt selbstbewusst entgegengehen zu dürfen? Und vor allem: Worin bestünde im Fürsorgeverhältnis zwischen Kindern auf dem Höhepunkt des erwachsenen Lebens und Eltern an dessen Endpunkt das Moment der Freiheitssteigerung (ebd.), um dass es Honneth auch hier systematisch geht? Das Angewiesensein auf liebevolle Fürsorge gehört sicher zur *Conditio Humana*. Aber muss man es darum, wenn es am Lebensende wiederkehrt, zur Freiheitserfahrung verklären?

Dennoch hat Honneth gute Gründe dafür, in persönlichen Beziehungen eine grundlegend bedeutsame Sphäre sozialer Freiheit zu sehen. Denn zur Erfahrung der Freiheit gehört auch und wesentlich, dass wir uns angstfrei auf die eigenen Bedürfnisse und Antriebe zu beziehen vermögen. Das vorbehaltlose Angenommensein durch geliebte Andere macht uns innerlich dafür frei. Und es bildet einen Spiegel, in dem wir die eigenen Wünsche als wichtig, die eigenen Einfälle als erwägenswert erkennen können. Honneth entfaltet diesen für seine Autonomiekonzeption zentralen Gedanken eines durch liebevolles Anerkennen vertieften und befreiten Selbstverhältnisses in eindrucksvollen Worten und anhand vieler Belege. So ist der Abschnitt über persönliche Beziehungen der beste des Buches geworden. Das Verfahren der normativen Rekonstruktion wird hier fassbar, weil Honneth es am Leitfaden eines seit der Romantik zunehmend wirkmächtigen Motivs zu entfalten vermag.

Ein solches Motiv fehlt ihm hingegen ganz offenbar, wenn er sich den Märkten und der demokratischen Politik zuwendet. Hier bemerkt er jeweils vor allem Verfall: Das Kapital streife die Fesseln mühsam erkämpfter Regulierungen wieder ab; abhängig Arbeitende verlören die Fähigkeit zu kollektivem Handeln; prekäre Beschäftigungsverhältnisse ersetzen die halbwegs gesicherten; Konsumenten verließen die Verbrauchervereine und fielen vermehrt auf Reklame herein. Öffentliche Angebote – wie die Berliner S-Bahn – verrotteten. Neureiche verpesteten stattdessen die Luft mit ihren SUVs und schüchterten umweltbewusste Radfahrer mit ihren Kuhfängern ein. Und das Elend setze sich dort fort, wo die demokratische Politik ihm eigentlich entgegentreten müsste. Die Öffentlichkeit trockne aus. Die Spitzen der Parteien seien mit den Staatsapparaten verwachsen; die Massenmedien böten vor allem Zerstreuung. Die Spielräume politischer Partizipation von unten verlören sich in den verzweigten Gängen von Mehrebenensystemen. Selbst die Parlamente büßten ihren Einfluss auf die Exekutiven ein, die sich wiederum nur mehr auf das Management von Sachzwängen verstünden. Europa? Eher Teil des Problems als Teil der Lösung. Und das Internet? Vereinzelt es die User nicht eher als dass es sie zusammenführt?

Man kann solche Diagnosen, wie der FAZ-Rezensent Christoph Möllers,[3] auf einen beklagenswerten Mangel an begriffsgeleitetem Gegenwartshunger zurückführen. Vor allem aber wecken sie Zweifel an der Treue Honneths zu seinem eigenen methodischen Anspruch. Je mehr er moralisieren muss, um seinem Unbehagen Ausdruck zu geben, um so weniger scheint dieses einen Rückhalt in der sittlichen Wirklichkeit zu haben. Wenn diese in wesentlichen Hinsichten nicht so will, wie Hegel, Durkheim, Dewey oder der junge Habermas es vorsahen, ist sie dann noch eine Sphäre verwirklichter Freiheit, die jene Denker bloß auf den Begriff brachten? Oder kamen die Maßstäbe, die sie anlegten und an die Honneth anknüpft, doch zu einem Gutteil von außen, aus dem Geisterreich freistehenden Denkens? Dagegen wäre nichts einzuwenden, vorausgesetzt nur, die Maßstäbe wären gut begründet, was sie bei Honneth in weiten Teilen sicher sind. Aber, um eine Lieblingswendung des Rezensierten aufzunehmen: Um den Anspruch einer intern ansetzenden Analyse demokratischer Sittlichkeit wäre es geschehen.

Speziell für den Markt ist bereits fraglich, ob dieser überhaupt eine Sphäre sozialer

Freiheit bildet. Die maßgeblichen Akteure im Kapitalismus sind heute ganz offenbar keine guten Genossen in Konsumvereinen, keine engagierten Gewerkschaftsmitglieder, keine sozial verantwortlichen Unternehmer. Sie entsprechen eher den egozentrischen Nutzenmaximieren, von denen der neoklassische Mainstream ausgeht. Gegen diesen Mainstream hat Honneth sicher ein gutes Argument in petto: Er kann, im Anschluss an Forschungen, wie sie früher Durkheim durchführte und heute etwa Jens Beckert leitet, darauf hinweisen, dass Märkte ohne die Einbettung in soziomoralische Regelungen nicht funktionieren könnten. Auch mag man im Sinne von Rawls vermuten, dass Menschen an Märkte die Erwartung einer fairen Kooperation zum gegenseitigen Vorteil aller Beteiligten herantragen. Aber das wäre offenbar noch keine soziale Freiheit, wie Honneth sie versteht. Denn dazu gehörte, dass nicht nur die Randbedingungen des Funktionierens von Märkten, sondern dieses selbst auch moralischen Vorgaben folgte. Die allermeisten Beteiligten müssten dazu auch in ihren Eigenschaften als Anbieter und Nachfrager von Sachen und Leistungen kommunikative Einstellungen an den Tag legen. Sie müssten ihre Bereitschaft zur Mitwirkung, soweit diese nicht durch nackte Not diktiert wird, auch von einer gewissen Verständigungsorientierung aller jeweils anderen abhängig machen.

Ein für Honneths Herangehensweise aufschlussreiches Beispiel bilden die Kosumvereine des 19. Jahrhunderts. Sie dienen dem Autor als Beleg dafür, dass im Kosumbereich ein Anspruch auf kooperative Nutzung des Gütermarktes angelegt ist. Nun soll aber die Epoche des Wirtschaftsaufschwungs in den fünfziger und sechziger Jahren des 20. Jahrhunderts zu einer beispiellosen Vereinzelung der Verbraucher geführt haben. In jener Zeit trat breitenwirksam ein, was an Rosa Luxemburg geschulte Ökonomen als „innere Landnahme" bezeichneten:[4] die Befähigung der Produzenten zum Konsum komplexer Produkte, die sie selbst in den „fordistischen" Fabriken hergestellt hatten. Honneth zufolge hat dies die atomisierten Verbraucher der Anbietermacht von Unternehmen ausgeliefert. Diesen traut er mit einem gewissen Mut zur Plattheit zu, Preise

und auch Bedürfnisse recht freihändig gestalten und manipulieren zu können. Vor allem aber, und darin scheint das Verhängnis zu wurzeln, geht damit der soziale Charakter des Konsums verloren: Dieser hört auf, wesentliche Erfahrungen sozialer Freiheit zu vermitteln.

Warm aber soll von der Vermittlung solcher Erfahrungen die Legitimität des Konsums im Kapitalismus abhängen? Die Konsumgenossenschaften des 19. Jahrhunderts scheinen mir eher schlecht geeignet, diese nicht eben auf der Hand liegende These zu erhärten. Sie antworteten schließlich nicht zuletzt auf die Bedürftigkeit der zugleich arbeitenden und darbenden Massen und ihrer Familien. Deutet man sie in diesem Sinne als Not- und Verstandesgemeinschaften der Armen, so ist ihr Bedeutungsverlust seit den fünfziger Jahren des 20. Jahrhunderts kein Wunder. Mit zunehmendem Wohlstand waren die kollektiven Formen konsumtiver Selbsthilfe weniger wichtig und schließlich – vielleicht nur scheinbar – ganz entbehrlich geworden. Nicht die kommunikativ vermittelten, sondern die privatistischen Formen des Verbraucherverhaltens geben dann Aufschluss über dessen sozial verankerten normativen Sinn: Möglichst alle Menschen sollen über finanzielle Spielräume rechtfertigungsfreien Genusses verfügen.

Honneth scheint dieser für seine These, der Markt bilde eine Sphäre sozialer Freiheit, fatale Verdacht selbst gekommen zu sein. Wie sonst ist die Bemerkung zu verstehen: „So wünschenswert es wäre, so sehr es der Absicht einer normativen Rekonstruktion auch entgegenkommen würde, von einer ‚Moralisierung der Märkte' von unten, von seiten der Konsumenten, kann für die Gegenwart kaum gesprochen werden" (404). „So wünschenswert es wäre" – reden so Hegelianer? Und wen kümmert die Absicht einer normativen Rekonstruktion, wenn die Realität sie nicht beglaubigt?

Fazit

So ist dies ein großes, aber nicht in jeder Hinsicht auch gelungenes Buch geworden. Gewiss äußert sich Honneth hier ausführlicher und systematischer als in allen früheren Schriften zu Fragen der Gesellschaftstheorie. Und seiner konsequenten Orientierung am formalen Vorbild der Hegelschen Rechtsphilosophie verdankt das Werk seinen eindrucksvoll eleganten Aufbau. Honneth hat von Hegel zwar nicht die Dialektik, doch die Vorliebe für Dreischritte übernommen. Leider ist aber der systematisch wichtigste dritte Teil, der von der sozialen Freiheit in ihren wiederum drei Gestalten handelt, zugleich der schwächste: Honneth kann sein Verfahren der normativen Rekonstruktion nur für die Sphäre persönlicher Beziehungen überzeugend entfalten. Die Wirklichkeit auf Märkten und in der Sphäre politischer Willensbildung wird hingegen mit Ansprüchen behelligt, die eher aus Büchern als aus der Wirklichkeit kommen dürften. Dafür spricht der lange Ton der Klage, der die Betrachtung ihrer neueren Tendenzen durchzieht. Gewiss, zu beklagen gibt es manches. Aber um das zu sagen, hätte es Hegels Kant-Kritik nicht bedurft.

Beklagenswert ist im Übrigen auch der wissenschaftliche Apparat dieses dicken und komplexen Buches. Er will zur verständigungsfördernden Absicht, die das Buch inhaltlich hegt, nicht recht passen. Das Inhaltsverzeichnis ist so knapp geraten, dass man etwa 50 Seiten zur „Konsumsphäre" und sogar 93 zur „Demokratischen Öffentlichkeit" ohne jede weitere Unterteilung lesen muss. Weder gibt es ein Literaturverzeichnis noch ein Personenregister. Ein Sachregister ist zwar vorhanden, aber so wenig differenziert, dass man es kaum nutzen kann. Was helfen einem Leser etwa 56 Einträge zum „Kapitalismus", die gefühlt noch einmal so viele Buchseiten abdecken? Was hilft ihm der Hinweis, dass zur „Familie" etwas auf den Seiten 277-317 steht, zumal genau das gleiche schon aus dem Inhaltsverzeichnis hervorgeht? Die wissenschaftliche Kommunikation über dieses wichtige Werk ließe sich sicher verbessern, wenn dieses auch in einer wissenschaftlich brauchbaren Form vorläge. Hier hoffe ich auf die Taschenbuchausgabe.

Anmerkungen

1 Axel Honneth: Das Recht der Freiheit. Grundriß einer demokratischen Sittlichkeit. Frankfurt a.M.: Suhrkamp 2011, 628 Seiten.

2 Siehe Axel Honneth: Kampf um Anerkennung. Zur moralischen Grammatik sozialer Konflikte, Frankfurt a.M.: Suhrkamp 1992, v.a. 195f.

3 Christoph Möllers: Frei macht, was ohnehin geschieht, in: FAZ, 23.08.2011.

4 Siehe etwa Burkhart Lutz: Der kurze Traum immerwährender Prosperität. Eine Neuinterpretation der industriell-kapitalistischen Entwicklung in Europa des 20. Jahrhunderts. Frankfurt a.M., New York: Suhrkamp ²1989.

Claus Leggewie,
zusammen mit Anne Lang:

Der Kampf um die Europäische Erinnerung.

Ein Schlachtfeld wird besichtigt

Rezensiert von Uli Brückner

In Zeiten der Krise drängt sich die Frage auf, was Europa zusammenhält. Zwar mangelte es im Prozess der europäischen Einigung selten an krisenhaften Erscheinungen, aber seit Beginn der Banken- und Schuldenkrise scheint es ernster zu werden und es genügt nicht mehr, den Erfolg europäischer Integration als selbstverständlich und – um im Krisenjargon zu sprechen – „alternativlos" zu nehmen. Will man die Ursachen der Probleme verstehen und Wege zu ihrer Lösung finden genügt es nicht, sich funktional auf den wirtschaftlichen und politischen Bereich zu konzentrieren. Auch bloße technische Anpassungen wie Rettungsschirme und Vertragsänderungen werden nicht reichen, sondern es wird dringender denn je, sich mit den Grundlagen des Einigungsprojekts auseinanderzusetzen.

Einen Beitrag zu dieser notwendigen Debatte, die öffentlich und breit und nicht nur unter Experten geführt werden sollte, weil das Thema die Menschen in Europa unmittelbarer betrifft als es vielen lieb sein mag, liefert das Buch von Claus Leggewie, Professor für Politikwissenschaft in Gießen und medial präsenter Leiter des Kulturwissenschaftlichen Instituts in Essen, und seiner Mitarbeiterin Anne Lang. Ihre Antwort auf die Frage, was Europa zusammenhält, ist eindeutig. Es ist die gemeinsame Geschichte und nicht bloß die funktionale Zweckgemeinschaft des Europäischen Binnenmarktes, die Eurozone, Schengen oder welche anderen Formen der Europäisierung staatlicher Aufgaben auch immer. Deswegen vertritt das Buch die These, dass Europa eine politische Identität braucht und bereits der Klappentext erklärt, wie diese gewonnen werden kann: Nur

„über den Streit um die im doppelten Wortsinne geteilte Erinnerung kann politische Identität Europas entstehen, durch die der Kontinent nach innen und außen handlungsfähig wird". Diese Auffassung ist nicht das Ergebnis des Buches und der Auseinandersetzung mit verschiedenen europäischen Erinnerungsorten. Sie ist vielmehr sein Programm und damit versteht es sich als Gegenposition zu Konzepten, die auf die „Konstruktion einer inhaltlich eindeutigen europäischen Tradition" setzen. Ein solcher Ansatz wird im „Europäischen Haus der Geschichte" verfolgt, das vom Europäischen Parlament 2008 beschlossen wurde und 2014 in Brüssel eröffnet werden soll. Der Titel „Kampf um die europäische Erinnerung" benennt also nicht nur den Gegenstand der Studie, sondern auch die Motivation von Leggewie und Lang, die mit ihrer Position gegen diejenige der Macher des „Europäischen Hauses der Geschichte" streiten wollen. Sie befürchten, dass ein solches zentrales europäisches Geschichtsprojekt gerade versuchen wird, Auseinandersetzung und offene Fragen zu vermeiden und stattdessen durch die einseitige Fokussierung bzw. Überbetonung des Verbindenden eine künstliche politische Identität „von oben" zu beschwören, die nicht reichen wird, um eine europäische Erinnerung zu schaffen und die deswegen scheitern muss.

Ohne diesen Hintergrund ist das Konzept des Buches schwer zu verstehen. Liest man es aber als fachlichen und politischen Diskussionsbeitrag zur Kritik des „Europäschen Hauses der Geschichte" wird klarer, was mit den „Erinnerungskreisen" und „Geschichtsreportagen" beabsichtigt ist und worin ihre Motivation liegt.

Das Buch besteht aus vier Teilen. Es beginnt mit einem klugen, gut geschriebenen Essay, der auf 7 Seiten mehr hält als die Überschrift „Einleitung" verspricht. Denn er führt nicht nur in das Thema ein, sondern setzt sich mit den Einwänden gegen die Hoffnung auseinander, die europäische Einigung könne existentiell und kulturell nur gelingen „wenn wir unsere Erinnerungen miteinander geteilt und vereinigt haben (Semprun)" (7). Damit wird der normative Ausgangspunkt bestimmt: „Europa muss in historischer Tiefendimension an die Desaster des 20. Jahrhunderts erinnern (und dabei erklärte Feinde und Außenseiter von einst einbeziehen), weil ohne diesen Akt geteilter Erinnerung weder demokratische Staatlichkeit noch internationale Kooperation funktionieren" (9).

Das ist das Programm, für das die nachfolgenden Teile Illustrationen liefern. Sie machen den Großteil des Buches aus und sind in zwei Kapitel unterteilt. Das erste ist überschrieben mit „Sieben Kreise europäischer Erinnerung", das zweite mit „Erinnerungsorte der europäischen Peripherie". Aber erst das letzte, als „Ausblick" überschriebene Kapitel klärt über den Zweck des Ganzen auf: Dass dies eine Streitschrift ist gegen das Konzept des geplanten Europäischen Hauses der Geschichte. Am Ende steht ein Anhang mit über 300 Anmerkungen, sowie ein umfangreiches Personen-, Orts- und Sachregister.

Entstanden ist der Text aus der Zusammenarbeit von Claus Leggewie und seinen Mitarbeitern am Essener Kulturinstitut. Unter den Verfassern wird Anne Lang hervorgehoben, die zwar nicht auf dem Umschlag, dafür aber im Innern des Buches als Mitautorin erscheint und deren Beiträge in den Danksagungen spezifiziert werden. Ansonsten gibt keine Hinweise auf die Umstände der Entstehung, auf Finanzierung, Kooperationen oder Zusammenhänge mit eigenen oder anderen Forschungsarbeiten.

Formal ist das Buch übersichtlich gegliedert und folgt einer schematischen Methode, die – leider erst auf Seite 55 – tabellarisch dargestellt wird. Diese Tabelle listet waagrecht sieben Konfliktfälle aus der europäischen Peripherie auf und senkrecht sieben formale Kriterien: „Ort/Medium", „Streitfall", „Konfliktlinie", drei „Arenen (Binnen / Außen / Diaspora)", sowie die europäischen Dimension. Diesem Schema folgen alle „Geschichtsreportagen", auch wenn sich jeder einzelne Fall nicht nur inhaltlich und vom Umfang her unterscheidet. So werden alle 49 Felder der Tabelle abgehandelt.

Ähnlich schematisch geht es bei den sieben Kreisen der europäischen Erinnerung zu. Die dafür verwendete Illustration auf Seite 14 ist nur keine Tabelle, sondern das Bild konzentrischer Kreise mit „Holocaust" als inhaltlichem und historischem Mittelpunkt. Im zweiten Kreis steht „Gulag", gefolgt von „ethnischen Säuberungen", „Kriege und Krisen", „Kolonialverbrechen", „Migrationsgeschichte" und „Europäischer Integration".

Eine Gliederung entlang von Oberbegriffen und Gewichtungen ist angesichts des übergroßen Themas *der* europäischen Erinnerung unerlässlich. Aber auch wenn das formal gut gelingt und man trotz der aufgebotenen Materialfülle und des Detailreichtums der einzelnen „Geschichtsreportagen" immer weiß, wo man sich gerade befindet, so bleiben mehrere Grundprobleme bestehen: Nirgends wird erklärt, wie die Auswahl der Erinnerungsorte vorgenommen wurde und ob und wie sie zueinander im Bezug stehen. Zeit spielt keine Rolle. Das Bild der konzentrischen Kreise suggeriert eine Hierarchie der Themen, die ebensowenig wie ihr Maßstab erklärt wird. Und schließlich bleibt bei der Umsetzung des 49-teiligen Arbeitsprogramms unklar, welche empirischen Details in jedem Fall zu welchem Zweck ausgebreitet werden. So finden sich medientheoretische Ausführungen zur Videoplattform Youtube neben biografischen Details zu vorgestellten Personen. Alles zeugt von Kenntnisreichtum und routiniertem Umgang mit großen Themen, die weit über das hinausweisen, was im Buch behandelt wird. Selbsterklärend ist dies nicht.

Das gilt auch für explizite und implizite Wertungen. Von seiner eingangs formulierten Zielsetzung her will das Buch einen Kontrapunkt setzen zur verbindlichen, von oben verordneten Interpretation europäischer Erinnerung, die einseitig das Gemeinsame und Verbindende herausstellt, statt der Methode eines produktiven Streits zu vertrauen. Ausgangspunkt ist deswegen, dass Erinnerung offen ist und nicht vorbestimmt. Das ist als Programmatik überzeugend, aber auch anspruchsvoll und wie die vielen Setzungen zeigen, kaum durchzuhalten. Denn das Buch wertet nicht nur durch die Auswahl seiner Fälle und seiner Analysekriterien. Es wertet auch durchgängig in den Überblicksdarstellungen der Geschichtsreportagen. Allerdings wird nicht politisch getrickst und suggeriert. Die Autoren legen offen, was sie wollen und wie das Gewünschte erreicht werden soll.

Sie begründen es nur nicht immer und ausreichend.

Schon die Wahl des Formats eines Taschenbuchs beschränkt den Umfang der möglichen Schilderungen, sofern sie wenig Raum für Differenzierungen lässt. Kontroversen und Konfliktlinien werden betont. Darum geht es und so gelingt auch das Anliegen, die Vielfalt europäischer Erinnerung zu illustrieren und auf die Probleme hinzuweisen, die daraus entstehen können. Für eine faire Bewertung der unterschiedlichen politischen Positionen reicht es jedoch selten. In den meisten Fällen entsteht der Eindruck, dass die Verfasser wissen, was richtig ist, z.B. wenn Kanadas Migrationspolitik bewertet wird oder die Letten belehrt werden, wie ihre künftige Sprachpolitik aussehen sollte. Verkürzungen gibt es auch bei den größeren Zusammenhängen. Die Vorstellung von europäischer Politik erscheint in den allgemeinen Ausführungen merkwürdig vereinfachend, wenn erklärt wird, die EU sei auf Harmonisierung aus (22), wo doch gerade das Spannungsverhältnis von Einheit und Vielfalt konstitutiv für die europäische Einigung ist.

Inhaltlich lässt sich ansonsten wenig beanstanden. Die Beiträge sind sauber recherchiert, gut geschrieben und editiert. Trotz des Teamworks gelingt auch sprachlich ein Gesamteindruck. Nur an einzelnen Stellen treten Redundanzen auf wie die zweimal erzählte Geschichte des Attentats auf den osmanischen Innenminister durch einen Armenier am Berliner Steinplatz im Jahr 1921. Auch Schreibfehler fallen nicht ins Auge, sieht man ab vom Namen des ermordeten türkischen Journalisten Hrant Dink, der auf Seite 123 „Drink" heißt.

Insgesamt hinterlässt die Lektüre einen gemischten Eindruck. Zweifellos braucht die Debatte um die Grundlagen europäischer Einigung Beiträge wie diese, die Fragen stellt und Antworten liefert, was Europa zusammenhält. Auch der praktisch-politische Diskurs um ein Haus der europäischen Geschichte in Brüssel verlangt nach intellektuellen Gegenentwürfen. Das von Leggewie und Lang vorgelegte Konzept ist gut begründet, durchdacht und kenntnisreich. Weniger klar als das geschichtspolitische Programm sind die Methodik und die Binnenlogik in den Hauptteilen. Sie folgen

nur formal der gleichen Ordnung, aber es fehlt eine inhaltliche Begründung jenseits des Hinweises, dass es um Ränder Europas geht. Es gibt keine theoretische Fundierung (z.B. was „Erinnern" eigentlich heißt, welche Rolle Zeit dabei spielt und in welchem Verhältnis es zum „Erleben" steht). Und wie erwähnt gibt keine Diskussion der Auswahlkriterien und der Begründung für die Gewichtung der Kreise. Damit erscheinen die beiden Hauptteile bloß als Illustrationen, als nach einem abgesprochenen Schema erzählte, aber ansonsten jeder für sich stehende Fälle. Sie begründen keine These und versuchen auch nicht die Ränder zu bestimmen, also eine Antwort darauf zu geben, wo Europa endet, wenn man sich dieser Frage über das Erinnern nähert. Der Beliebigkeit der ausgewählten Fälle entspricht der Verlauf der europäischen Peripherie. So wie diese Fragen offen bleiben, wird auch nicht deutlich, worin der Unterschied in der Peripherie zum Erinnern im europäischen Zentrum besteht. Denn wo es eine Peripherie gibt, muss es ein Zentrum geben, das aber inhaltlich und konzeptionell im Buch nur indirekt vorkommt. Obwohl es eigentlich für die Argumentation so etwas wie der Referenzpunkt und die Norm sein müsste, von der die Peripherie abweicht. Aber dies zu bestimmen soll vielleicht das Ergebnis des Kampfes um die europäische Erinnerung sein und nicht sein Ausgangspunkt.

Claus Leggewie, zusammen mit Anne Lang: Der Kampf um die Europäische Erinnerung. Ein Schlachtfeld wird besichtigt. München: C. H. Beck 2011 (Beck'sche Reihe, 1835), 224 Seiten.

Sighard Neckel, Ana Mijić, Christian von Scheve, Monica Titton (Hg.):

Sternstunden der Soziologie.
Wegweisende Theoriemodelle des soziologischen Denkens

Rezensiert von Meinhard Creydt

Wenn ein Soziologie-Student beim Besuch seiner Eltern sich den besorgten Fragen ausgesetzt sieht, ob er denn nun nach der Eingewöhnung in die Universität mittlerweile einmal Aufschluss darüber zu geben vermöge, was es denn bitte schön mit „der Soziologie" auf sich habe, so kann daraus leicht eine für alle Beteiligten überfordernde Situation entstehen. Der vorliegende Band offeriert Abhilfe und dokumentiert 21 „wegweisende Theoriemodelle des soziologischen Denkens". Die Herausgeber präsentieren handliche Textauszüge z. B. zu self-fulfilling prophecy (Merton), Zirkulation der Eliten (Pareto), Gefangenendilemma (Axelrod) u. a. Bei der Auswahl fällt auf, dass Autoren, die für gewöhnlich als Klassiker der Soziologie gelten – u. a. Max Weber, Emil Durkheim, Talcott Parsons – fehlen. Von Marx ganz zu schweigen. Insofern erscheint der auf der Rückseite des Bandes formulierte Anspruch etwas ambitioniert: „In diesem Band finden Sie erstmals kompakt und übersichtlich jene theoretischen Modelle des soziologischen Denkens zusammengestellt, die als wegweisend gelten können." Es geht Neckel und seinen Mitarbeitern darum, Wissenschaft (hier: Soziologie) dem Alltagsverstand zu empfehlen, indem sie sie in einer Weise aufbereiten, die *seinen* Plausibilitätskriterien entspricht. Die Überschriften zu den einzelnen Kapiteln lauten dann auch: „Es kommt anders, als man denkt" (zu Mertons „Entdeckung" der unvorhergesehenen Folgen zielgerichteter sozialer Handlungen), „Wer hat, dem wird gegeben" (zu Mertons Matthäus-Effekt in der Wissenschaft) oder „Teile und Herrsche" (zu Elias' „Königsmechanismus").

Ist es unserem Studenten gelungen, die praktisch-quadratischen Modelle („kompakt und übersichtlich") sich anzueignen, so vermag er Anschauliches mitzuteilen. Einerseits erfreut es die Eltern unseres Studenten, dass das Kind sie so hübsch mit Aha-Effekten zu unterhalten weiß. Die Übersetzung von Soziologie in den Alltagsverstand bildet aber keine Einbahnstraße. Die Eltern beschleicht die Ahnung, das Mitgeteilte sei ihnen auch schon vor aller Soziologie bekannt. Wie es eben in den Überschriften zu den Lesestückchen heißt: „Eine Hand wäscht die andere" oder „Wer zuerst kommt, mahlt zuerst". Wenn dies nun aber die Quintessenz sein soll, wozu dann der ganze Aufwand? Die Herausgeber, hätten sie dafür ein Sensorium, würden bei dieser von ihnen beförderten Verkehrung sicher gleich wichtig vom „Pyrrhus-Effekt" sprechen und ihn mit der Überschrift „Noch so ein Erfolg und Du bist verloren" versehen.

Bei den von den Herausgebern verfassten „Erläuterungen" zu den Lesestücken wirkt die immer selbe Machart – am Anfang eine kleine Appetizer-Geschichte, die mit launigen Formulierungen und vermeintlicher Evidenz an den „Spiegel"-Stil erinnert, am Ende einige lieblose Literaturhinweise (überproportional viel Neckel) – auf Dauer etwas ermüdend. Gern wird auf Artikel in Überblickswerken verwiesen, die noch kürzer ausfallen als die inhaltlich knappen „Erläuterungen". Hinweise auf inhaltlich starke Kritiken an den als „wegweisend" präsentierten „Sternstunden" fehlen. Dafür irritieren abenteuerliche Vergleiche, etwa wenn Neckel den „Königsmechanismus" in der Zeit des Hofs von Versailles im 17. und 18. Jahrhundert mit den Taktiken von Angela Merkel gegen ihre Konkurrenten in der CDU zusammenbringt.

Unangekränkelt von Bescheidenheit schlagen die Herausgeber reklametüchtig auf den Gong und bezeichnen ihren Reader, in dem ca. 80% des Umfangs nicht von ihnen und bis auf zwei Ausnahmen (Bosetzky, Granovetter) zudem aus meist keineswegs entlegenen Quellen stammen, als „Lehrbuch" (12). Inhaltlich favorisieren sie eine recht spezielle Soziologievariante bei der Beantwortung der Frage, „was soziologische Analyse auszeichnet" (9).

In einem Lehrbuch würde man eine Argumentation erwarten: Es gibt folgende inhaltlich verschiedene Herangehensweisen an die gesellschaftliche Realität und wir entscheiden uns aus von uns angegebenen Argumenten für unseren Zugang. Stattdessen findet der Leser eine kategorische Auskunft vor, als sei sie selbstverständlich: „Die Soziologie erforscht Akteure, die eo ipso immer auch anders hätten handeln können, als sie es letztlich getan haben" (12). Der Band folgt damit jener Filtrierung des Zugangs zur gesellschaftlichen Wirklichkeit, die auch anderen Veröffentlichungen von Neckel zugrunde liegt: „Wie es vielleicht auch unserer Erfahrung entspricht, kommt Gesellschaft mehr als Episode denn als Struktur in den folgenden Beiträgen vor"[1].

Die kurzen Erläuterungstexte des „Lehrbuchs" enthalten manch desorientierende Auskünfte: „Ihm (dem Königsmechanismus – Verf.) kommt dadurch anhaltende Bedeutung zu, als die funktionale und soziale Differenzierung in der modernen Gesellschaft zunimmt und somit unverändert die Notwendigkeit koordinierender Zentralorgane besteht" (290). Sehen wir einmal von der Sprache ab („dadurch ..., als"). Zwar hat die Theorie funktionaler Differenzierung bei Luhmann ihre Pointe gerade darin, Möglichkeit *und* Notwendigkeit solcher „koordinierender Zentralorgane" zu bestreiten, aber bei Neckel sollen Theoriemodule (hier: funktionale Differenzierung und koordinierendes Zentralorgan) zusammenpassen wie Legosteine. Neckel und seine Assistentin Titton meinen, „die mikropolitische Schule" von Crozier und Friedberg bis Bosetzky „eint die gemeinsame Überzeugung, dass menschliches Handeln in Organisationen durch formelle Regeln und übergeordnete Strukturen nicht determiniert ist, so dass Spielräume für Aushandlungsprozesse existieren" (256f.). Dumm nur, dass Bosetzky gerade *gegen* Crozier und Friedberg Stellung bezieht: „So viele Freiräume gibt es m. E. in großen Organisationen bei weitem nicht; die Dominanz bürokratischer Elemente erscheint mir unbestreitbar; zuviel an Abläufen und Handlungen ist a priori festgelegt, ist unverrückbar in Routineprogramme gegossen, kann durch mikropolitisches Handeln im wesentlichen nicht verändert werden, zumal in

den unteren Rängen; der Schwanz kann nicht mit dem Hunde wedeln"[2].

In Zeiten des Bachelor-„Studiums" braucht niemand unbedingt mehr ganze Bücher lesen, sondern bekommt die einschlägigen „Stellen" präsentiert. Die „Sternstunden der Soziologie" ähneln einem Reiseangebot à la „Europa in zehn Tagen". Der Band spricht sich für eine Soziologie ohne Gesellschaftstheorie aus. Sie thematisiert den Gesamtaufbau und das Strukturgefüge der Gesellschaft. Stattdessen geht es im vorliegenden Band um das im Kontrast zum Popanz „allumfassender Gesellschaftstheorien" profilierte Angebot „einer Art universellen soziologischen Werkzeugkastens" (10). Suggeriert wird, es ließe sich leicht trennen zwischen den von den herangezogenen Autoren vertretenen ex- oder impliziten Gesellschaftstheorien und den aus ihnen herauspräparierten kleinen „Theoriemodulen" (12). Um dieses Vorgehen zu motivieren, schrecken die Herausgeber nicht vor der Verkehrung von Positionen in ihr Gegenteil zurück: „Auch Adorno sprach bspw. davon, dass die Sozialforschung der gesellschaftlichen Realität in ihren ‚Konstellationen' gewahr werden und in ‚Modellen' denken solle" (13). Das Zitat wirkt wie eine ausgerupfte Feder. Selbst zur eigenen Vorgehensweise gegnerische Positionen werden ihr imperial eingemeindet. So alternativlos erscheint den Herausgebern *ihr* Denken.

Bei aller Rede von nichtintendierten Effekten bilden ausgerechnet diejenigen kein Thema, die dann auftreten, wenn Anwender zu „Theoriemodulen" greifen, ohne die mit den zugrunde liegenden Theorien verbundenen inhaltlichen Zugzwänge, Risiken und „Neben"wirkungen zu beachten. Was als konkret imponiert, stellt sich dann als ziemlich abstrakt heraus, ist es doch seiner konstitutiven Kontexte beraubt. Hegels kleiner Aufsatz „Wer denkt abstrakt?" sollte in keinem Grundstudium fehlen. Wissenschaftliche Erkenntnis gilt der Alltagserfahrung häufig als verkehrt. Ihr zufolge dreht sich die Sonne um die Erde. Auf die Zumutung eines Bruchs mit der Perspektive des Alltagsverstandes kann Gesellschaftstheorie nicht verzichten. Die Problematik, etwas sei gerade insofern und in der Weise *nicht* erkannt, in der es als bekannt erscheint, ist allerdings für die Herausgeber der „Sternstunden" keine.

Neckel zufolge „weist der Königsmechanismus (also das präsentierte „Modell" von Elias – Verf.) alle Merkmale einer Akteurkonstellation auf, die aus sich heraus immer weitere Folgen gleichartiger Interaktionsketten bewirkt" (290). Der Begeisterung an zirkulären Modellen entspricht das Desinteresse für die Wirklichkeit. Ignoriert wird die Kritik an Elias, er gehe auf die Rolle der Regierung und die Entwicklung der Bürokratie nicht ein. „Pauschal überträgt Elias den Königsmechanismus des Hofes auf das ganze Königsreich, ohne hier jemals seine These zu belegen. [...] So finden auch die sporadisch wiederkehrenden, großen, äußerst blutig verlaufenden Volksaufstände (in der Normandie, in der Bretagne, Aquitanien, Provence usw.) nicht die geringste Andeutung, obwohl gerade sie seit zwanzig Jahren besonders beliebter Forschungsgegenstand sind (Porschnew, Mousnier, Tilly [...]). [...] Der Ausbruch der Revolution von 1789 kann aus dem Elias'schen Modell heraus nicht einleuchtend erklärt werden. Der König und die beiden Elitegruppen im unentschiedenen ‚Clinch' – wo soll da die Revolution herkommen? [...] Das Modell erweist sich als statisch, verschlossen für diese dynamischen Prozesse".[3]

Der Band verbreitet in Bezug auf gesamtgesellschaftliche Perspektiven mit Popitz' Prozessen der Machtbildung, Paretos Elitenzirkulation, Michels „Unvermeidlichkeit der Funktionärsherrschaft" und Elias' Königsmechanismus eine Botschaft: Substanzielle Reformen und Gesellschaftstransformation zu denken – das kann im soziologisch abgeklärten Horizont nur ein Fall sein für den Generalverdacht des Illusorischen. Albert O. Hirschmann hat das „Denken gegen die Zukunft" oder „die Rhetorik der Reaktion" analysiert (1992) und drei Grundfiguren herausgearbeitet. Ihnen zufolge verkehrt das Handeln sich in sein Gegenteil (Sinnverkehrungsthese), bleibt vergeblich (Vergeblichkeitsthese) oder gefährdet in seinem Erfolg andere Errungenschaften

(Gefährdungsthese). Dem Alltagsverstand sind diese drei Thesen allzu plausibel. Die Herausgeber sehen ihre Aufgabe nicht darin, solche Evidenzen ergebnisoffen infragezustellen. Sie präsentieren zum Alltagsverstand passenden und ihn gelehrig-unterhaltsam bestätigenden Modellplatonismus. Geistige Risikoscheu als heimlicher Lehrplan. Um es in der von ihnen so geschätzten Sprichwort-Form zu sagen: „Pessimism is easy, optimism makes work" (Erik Olin Wright).

Zum vorliegenden „Lehrbuch", das Theorien zu Modellen und Modelle zu Modulen transformiert, Gesellschaft zu Episoden verkürzt und Erfahrung und Theorie kurzschließt, passt die Werbung des Verlags. Zitiert wird stolz aus einer FAZ-Rezension (vom 1.10.2010): „ein nützlicher theoretischer Wälzer aus dem Unterhaltungsfach". Verlag und Herausgeber fassen „Unterhaltungsfach" als Kompliment auf.

Anmerkungen

1 Albert Cremer: Höfische Gesellschaft und ‚Königsmechanismus' – zur Kritik an einem Modell absolutistischer ‚Einherrschaft', in: Sozialwissenschaftliche Informationen für Unterricht und Studium, Bd. 12, 1983, S. 230f.).

2 Sieghard Neckel: Die Macht der Unterscheidung. Frankfurt a. M. 1993, 24.

3 Horst Bosetzky: Machiavellismus, Machtkumulation und Mikropolitik. In: Willi Küpper, Günther Ortmann (Hg.): Mikropolitik: Rationalität, Macht und Spiele in Organisationen. Opladen 1988, 37).

Sighard Neckel, Ana Mijić, Christian von Scheve, Monica Titton (Hg.): Sternstunden der Soziologie. Wegweisende Theoriemodelle des soziologischen Denkens. Frankfurt/New York: Campus 2010. 501 Seiten.

Stephan Krüger:

Kritik der Politischen Ökonomie und Kapitalismusanalyse
Band 1 und Band 2

Rezensiert von Ulrich Busch

Zwei Bücher, groß und schwer wie Ziegelsteine im Kirchenformat, zusammen 1.636 Seiten, stellen für den Buchmarkt und für die Leserschaft eine nicht geringe Herausforderung dar. Dies gilt gleichermaßen für den Umfang wie für den Inhalt. Dabei wecken nicht nur das Ausmaß, sondern auch Titel und Diktion beider Bände Erinnerungen an das *opus magnum* der Politischen Ökonomie, das „Kapital" von Karl Marx, dessen Untertitel bekanntlich „Kritik der politischen Ökonomie" lautet. Diese Assoziation ist gewollt, ebenso wie der damit gesetzte Anspruch: Während die politische Linke immer mehr von Karl Marx abzurücken scheint und die Rezeption seiner Werke nur noch symbolisch, zufällig und selektiv erfolgt, aber kaum mehr umfassend und systematisch, stellt die vorliegende Arbeit von Stephan Krüger den Versuch dar, die Fragen unserer Zeit mit Hilfe eines Rekurses auf Marx und auf die ökonomische Theorie des Marxismus umfassend anzugehen.

Das Werk versteht sich damit zugleich als theoretische Antwort der marxistischen Schule auf den Finanzmarktkapitalismus und auf die „große Krise" zu Beginn des 21. Jahrhunderts. Es basiert auf wirtschaftstheoretischen und -politischen Überzeugungen, wie sie seit einiger Zeit alternativ zum Mainstream in wissenschaftlichen Zirkeln verstärkt diskutiert werden sowie auf wirtschaftshistorischen Beobachtungen und statistisch unterlegten Analysen aus den letzten Jahrzehnten. Seine Lektüre verlangt jedoch ein Studium, zumal die einzelnen Kapitel aufeinander aufbauen und in einem stringenten logischen Zusammenhang zueinander stehen.

Mit der vorliegenden Edition wird eine aktualitätsbezogene Interpretation der ökonomischen Lehre von Karl Marx angeboten. Der Autor betont jedoch die Originalität seiner Leistung, indem er hervorhebt, dass es sich dabei weder um eine bloße „Interpretation der verschiedenen, in der II. Abteilung der Marx-Engels-Gesamtausgabe mittlerweile veröffentlichten Marxschen Manuskripte, noch um eine Kommentierung oder Leseanleitung der einzelnen Kapitel der ‚Kapital'-Bände" handelt (I: 13). Vielmehr setzt die Lektüre der Krügerschen „Kritik" die genaue Kenntnis der Marxschen „Kritik" voraus. Das macht die Rezeption der beiden Bände nicht einfacher und schränkt zudem den potenziellen Leserkreis erheblich ein.

Eine weitere Schwierigkeit entsteht dadurch, dass der Autor in allen zentralen Aussagen an Marx festhält. Er räumt zwar ein, dass „eine Theorie, die mittlerweile mehr als ein Jahrhundert auf dem Rücken trägt, an vielen Stellen einer Weiterentwicklung und Aktualisierung" (I: 14) bedarf, erblickt darüber hinaus aber *keinen Korrekturbedarf*. Ganz im Gegenteil, beinahe in jedem Kapitel seines umfangreichen Werkes erweist Krüger dem Klassiker seine Referenz, indem er ihn ausgiebig zitiert und seine Kategorien und Interpretationsmuster unkritisch übernimmt. Zudem betont er explizit die seiner Meinung nach ungebrochene Aktualität der Marxschen Lehre – auch da, wo die Zeit inzwischen darüber hinweggegangen ist und der Diskrepanz zwischen Theorie und Praxis unübersehbar geworden ist.

Die beiden Bände folgen in großen Teilen einer ziemlich orthodoxen Marx-Exegetik. Zugleich erhebt ihr Autor aber den „Anspruch einer theoretisch fundierten Erklärung und Interpretation der Wirklichkeit" (I: 15), was gleichermaßen die Verarbeitung aktueller Daten wie den Rekurs auf zeitgenössische Erklärungsansätze impliziert. In der Tat findet sich beides in Krügers Werk, wenn auch in unterschiedlichem Maße: Während er seine analytischen Aussagen umfassend mit aktuellen Daten belegt, fällt die Berücksichtigung nichtmarxistischer Theorieansätze, verglichen mit den Anleihen bei Marx, dagegen eher sparsam aus. Teilweise ist sein Vorgehen hier auch unverhältnismäßig selektiv. Er stützt sich vor allem auf solche Ansätze, die mit Marx einigermaßen kompatibel sind. Andere, der Marxschen Theorie gegenüber kritische bis ablehnende Theorien, blendet er dagegen weitgehend aus. Dies gilt insbesondere für den zweiten Band, seine „Politische Ökonomie des Geldes".

Bemerkenswert ist die von der Spezifik und inneren Logik des Gegenstandes diktierte Darstellungsweise: Während die Bestimmung der Kapitalakkumulation im ersten Band ausgehend vom Nationalkapital und von dessen nationalem Kreislauf entwickelt wird, setzt die Analyse des Geldes im zweiten Band bei dessen Funktion als „Weltgeld" an. Krüger begründet dies damit, dass die Weltgeldfunktion historisch „die erste Bestimmung" des Geldes sei und dass das Geld in dieser Funktion „unmittelbar als Geld", das heißt als „Einheit von Wertmaß sowie Kauf- und Zahlungsmittel" auftrete. Alle weiteren Betrachtungen monetärer Prozesse, etwa der Preisentwicklung, von Inflation und Deflation, des Geldumlaufs und des Kredits, setzen folglich die „vorgängige Transformation des Außenwerts des Geldes in seinen Binnenwert" voraus (II: 11). Hieraus leiten sich hochgesteckte Ansprüche an das weitere Vorgehen ab: Die historische Entfaltung des kapitalistischen Geldsystems und der internationalen Währung sind mithin als integrale Momente einer systematischen Darstellung des Kategoriengebäudes zu betrachten. Dies auf 600 Seiten auszuführen erweist sich als alles andere als eine leichte Übung.

Die „Gretchenfrage", an der auf diesem Felde kein Autor vorbeikommt, ist die Frage nach dem Verhältnis zwischen Geld (bzw. Kredit) und Gold. Marx hat sich hier definitiv festgelegt, indem er das Gold als „Unterlage" bezeichnet, „wovon das Kreditwesen der Natur der Sache nach *nie* loskommen kann" (MEW Bd. 25: 620). Danach basiert *jedes* Geld, egal wie es in die Zirkulation gelangt ist und welchen Bestimmungen es unterliegt, auch das gegenwärtige kreditbasierte Geld, auf dem *Gold*. Krüger zitiert diese Passage als Beleg dafür, dass Marx' Charakterisierung des kapitalistischen Geld-, Kredit- und Bankensystems nach wie vor „gültig" ist – und dies

auch fernerhin bleiben wird (II: 85). Die von anderen Autoren, auch von Marxisten, seit 1971 diskutierte „Demonetisierung" des Goldes hält er für einen „falschen Schein" und in der Sache für nicht zutreffend.

Richtig ist in diesem Kontext der Verweis auf die fundamentale Bedeutung der von Marx apodiktisch behaupteten Werthaltigkeit des Geldes für die Konsistenz der Marxschen Theorie insgesamt. Fällt die Goldbindung, so sind auch Werttheorie und Wertgesetz nicht zu halten. Diese Konsequenz, die Krüger sehr wohl begreift, wird von anderen Forschern nicht so gesehen, was dazu beigetragen hat, die ökonomische Lehre des Marxismus theoretisch zu entwerten. Auch wurde von den Verfechtern einer „Demonetisierung des Goldes" bisher kein alternatives Konzept vorgelegt, welches sich schlüssig in das Theoriegebäude des Marxismus einfügen würde. Die Diskussion gilt in diesem Punkt als unbefriedigend und „ergebnisoffen".

Krüger wertet dies kritisch und ist bemüht, trotz einiger Relativierungen und Zugeständnisse an die veränderten Gegebenheiten (II: 68) eine marxistische Wirtschaftstheorie zu formulieren, die nicht nur den Kapitalismus des 19. Jahrhunderts zu erklären vermag, sondern auch in der Lage ist, das Wirtschaftsgeschehen der Gegenwart hinreichend zu erfassen. Ob ihm dies gelungen ist, lässt sich hier nicht abschließend beurteilen. Auf jeden Fall aber stellt sein Vorhaben einen mutigen und anerkennungswürdigen Entwurf dar, den qualifiziertesten, den es im deutschsprachigen Raum gegenwärtig gibt. Krügers Arbeit ist vor dem Hintergrund der sogenannten Marx-Renaissance und angesichts des Scheiterns neoliberaler Entwürfe und substanzieller Erklärungsdefizite ökonometrischer Analysen als ein ernst zu nehmender Beitrag zur ökonomischen Theorie zu würdigen. Es zeigt sich aber auch, dass die gestellte Aufgabe *allein mit Marx* nicht zu bewältigen ist. Dafür ist die historische Reichweite der ökonomischen Theorie des Klassikers des Industriekapitalismus zu gering. Mit dem Übergang vom Industrie- zum Finanzkapitalismus zu Beginn des 20. Jahrhunderts, spätestens aber seit der Weltwirtschaftskrise der 1930er Jahre, haben sich die Bedingungen kapitalistischer Reproduktion gravierend verändert. Dies konnte Marx nicht vorhersehen und folglich auch nicht theoretisch verarbeiten. Weitere Zäsuren stellten der Zweite Weltkrieg und die 1944 vereinbarte Nachkriegsordnung von Bretton Woods dar sowie deren Zusammenbruch in den 1970er Jahren und der Übergang zum Finanzmarktkapitalismus. Seitdem Karl Marx sein „Kapital" schrieb sind nicht nur 150 Jahre vergangen; in dieser Zeit ist die Welt auch eine gänzlich andere geworden. Dies räumen selbst Autoren ein, die den Konstanten im historischen Prozess ein größeres Gewicht beimessen als den sich vollziehenden Veränderungen und die davon ausgehen, dass es sich bei der gegenwärtigen Wirtschafts- und Sozialordnung substanziell immer noch um dasselbe System handelt wie zu Marx' Zeiten, um Kapitalismus. Es scheint daher mehr als zweifelhaft zu versuchen, den gegenwärtigen Kapitalismus mit *denselben* Kategorien und theoretischen Konstruktionen erfassen zu wollen wie einst Marx im 19. Jahrhundert. Das weiß auch Krüger. Er bezieht deshalb überall da, wo er konkrete Prozesse analysiert, neben Marx andere Autoren mit ein, ohne jedoch seinen paradigmatischen Ansatz aufzugeben oder gar in Eklektizismus zu verfallen. Für eine Analyse der wirtschaftlichen Entwicklung des 20.und beginnenden 21. Jahrhunderts sind Autoren wie Hilferding, Schumpeter, Cassel, Wicksell, Veblen, Mitchell, Walras, Fisher, Keynes, Eucken, Friedman, Robinson, Galbraith, Tobin, Kalecki, Haberler, Minsky, Aglietta und andere nun mal unverzichtbar. Dadurch gewinnt die Darstellung unbedingt an Überzeugungskraft.

Ein unbestreitbarer Vorzug der vorliegenden Arbeit ist die gelungene Verbindung von theoretischer Darstellung und historischer Analyse. Die Kapitel zur Geschichte des Kapitalismus (I: 800-882, II: 197-292, 440-477) weisen nicht nur einen hohen Grad an Lesbarkeit auf; sie enthalten auch eine Fülle neuer Ansichten und interessanter Details. Dies gilt zum Beispiel für die komparative Behandlung der Weltwirtschaftskrise 1929-1932 und der großen Krise der 1970er Jahre (I: 603ff.). Aber auch für die Charakterisierung des Finanzmarktkapitalismus als „kapitalistisch-immanente Antwort auf die Krisenprozesse der strukturellen Überakkumulation von Kapital" (I: 611). Mitunter bieten auch die Fußnoten reizvolle Einsichten, so zum Beispiel wenn die Tatsache, dass „die Gewährleistung der Kaufkraft einer Geldeinheit an den Warenmärkten mit Deflation des Arbeitspreises am Arbeitsmarkt und Inflation des fiktiven Kapitals an den Finanzmärkten einhergeht" als „eine der besonderen ‚Schönheiten' des Finanzkapitalismus" und „bewusst ins Werk gesetzte ganz und gar unheilige Trinität" bezeichnet wird (I: 611, Note 33).

Was die Perspektive des Kapitalismus anbetrifft, so äußert sich Krüger hierzu widersprüchlich: Einerseits betont er, dass der Kapitalismus historisch noch längst nicht am Ende sei, sondern „um den Preis seiner evolutionären Weiterentwicklung und tendenziellen Aufhebung durch Relativierung seiner privaten Vergesellschaftungsformen im Äußeren wie im Inneren" weiterleben wird (I: 882). Andererseits erwartet er einen „größeren Zusammenbruch", damit sich alternative Lösungsmöglichkeiten durchsetzen können und misst der Parole „Sozialismus oder Barbarei" höchste Aktualität zu (II: 531).

Man darf auf den dritten Band des Werkes gespannt sein, welcher in Kürze unter dem Titel „Wirtschaftspolitik und Sozialismus. Vom politökonomischen Minimalkonsens zur Überwindung des Kapitalismus" erscheinen wird.

Stephan Krüger: Allgemeine Theorie der Kapitalakkumulation. Konjunkturzyklus und langfristige Entwicklungstendenzen. Kritik der Politischen Ökonomie und Kapitalismusanalyse, Bd. 1. Hamburg: VSA Verlag 2010, 1022 Seiten.

Stephan Krüger: Politische Ökonomie des Geldes. Gold, Währung, Zentralbankpolitik und Preise. Kritik der Politischen Ökonomie und Kapitalismusanalyse, Bd. 2. Hamburg: VSA Verlag 2012, 614 Seiten.

Karolina Stegemann:

Gewerkschaften und kollektives Arbeitsrecht in Polen.

Wechselbeziehungen im geschichtlichen Kontext

Rezensiert von Martin Krzywdzinski

Karolina Stegemann hat mit ihrem Buch „Gewerkschaften und kollektives Arbeitsrecht in Polen" eine historische Untersuchung vorgelegt, die von den Anfängen der polnischen Gewerkschaften und des polnischen Arbeitsrechts in den ersten Jahren des 20. Jahrhunderts bis zu heutigen Diskussionen über Reformen des Arbeitsrechts reicht. Diese lange historische Perspektive ist etwas Neues in der Forschung und macht Kontinuitäten und Brüche in der Entwicklung des kollektiven Arbeitsrechts und der Gewerkschaften in Polen sichtbar. Stegemanns zentrale Fragen sind, welchen Einfluss die polnischen Gewerkschaften auf die Entwicklung des Arbeitsrechts genommen haben und wie das Arbeitsrecht selbst die Entwicklung der Gewerkschaften beeinflusst hat.

Das Buch richtet sich an deutsche Forscher, die sich mit dem Vergleich des Arbeitsrechts in Europa beschäftigen, und bettet daher die Untersuchung der arbeitsrechtlichen Entwicklung in Polen in einen Vergleich mit dem deutschen kollektiven Arbeitsrecht ein. Nach einer Einführung in die Grundbegriffe der Analyse beginnt das Buch mit den Jahren 1902 bis 1939, der „Frühgeschichte" des polnischen Arbeitsrechts und der polnischen Gewerkschaften. Dieser Teil zählt zu den interessantesten Abschnitten des Buches, da er ein bislang in deutscher Sprache nicht zugängliches Thema aufarbeitet. Nach den Teilungen Polens galt in den Teilungsgebieten das Recht der jeweiligen Besatzungsmacht. Im preußischen Teil waren die in Deutschland erlassenen Normen des kollektiven Arbeitsrechts in Kraft, zu denen auch die Arbeiter- und Angestelltenausschüsse in den Betrieben zählten. Die „Polnische Berufs-

vereinigung", die erste polnische Gewerkschaft, entstand 1902 im Ruhrgebiet als Antwort auf die Diskriminierung polnischer Arbeiter im Kohlebergbau und verlegte erst 1911 ihren Sitz von Bochum nach Katowice. Als Antwort auf die antipolnische Politik der preußischen Regierung war sie stark katholisch-national ausgerichtet. Im russischen Teilungsgebiet galt hingegen ein Koalitions- und Streikverbot, das gewerkschaftliche Aktivitäten in den Untergrund verdrängte. Im österreichischen Teilungsgebiet im Süden Polens förderte schließlich die liberale staatliche Politik und die Aktivität der österreichischen Sozialdemokratie die Entwicklung sozialistischer Gewerkschaften.

Das Erbe der Teilungszeit wirkte sich auch nach der Wiedergründung des polnischen Staates aus, wie Stegemann herausarbeitet. Zu einem erheblichen Teil blieben die Gesetze der Teilungsmächte nach 1918 in Kraft und es gelang bis zum Ausbruch des Zweiten Weltkriegs nicht, ein einheitliches Arbeitsrecht für ganz Polen zu entwickeln. Einen besonderen Status hatte Oberschlesien, wo nach den Kämpfen und der vertraglichen Festlegung der deutsch-polnischen Grenze im Jahr 1922 die deutschen Regelungen (beispielsweise auch das deutsche Betriebsrätegesetz von 1920) erst innerhalb einer Übergangsfrist von 15 Jahren ersetzt werden durften. Aber auch über Oberschlesien hinaus wurde dem deutschen Arbeitsrecht in Polen eine Vorbildfunktion zugewiesen. Dabei wurden in den Anfangsjahren der Zweiten Republik in Polen fortschrittliche Arbeitsgesetze verabschiedet. Erst nach dem Militärputsch von 1926 kam es zu einer Unterordnung der Gewerkschaften unter von der Regierung kontrollierte Dachverbände und zu einer Einschränkung des Streikrechts.

Die Entstehung einer starken christlich-nationalen Gewerkschaftsbewegung sowie die Vorbildfunktion des deutschen Arbeitsrechts sollten die Entwicklung in Polen auch über die ersten Dekaden des 20. Jahrhunderts hinaus prägen. Ihr unmittelbarer Einfluss wurde jedoch durch den Zweiten Weltkrieg und die kommunistische Herrschaft unterbrochen. Stegemann beschreibt die Jahre 1945 bis 1980 als eine „Stagnation" des kollektiven Arbeitsrechts (137). „Ausgehend vom Staatseigentum an allen Produktionsmitteln und damit jedes einzelnen Bürgers an ihren Betrieben wurde eine Kongruenz zwischen den Interessen der Beschäftigten und denen der Betriebe angenommen. Nach diesem Verständnis waren kollektive Regelungen zum Streik oder die Interessenkollision zwischen Arbeitnehmern und der Betriebsleitung überflüssig" 137).

Allerdings wurde der Schein der Interessenharmonie durch wiederholte Streiks und Ansätze zur Bildung unabhängiger Arbeiterräte durchbrochen. Die Entwicklung der Solidarność im Jahr 1980 beschreibt Stegemann als den Kulminationspunkt der Konflikte. Der Protest gegen die kommunistische Herrschaft konstituierte sich als eine christlich geprägte Gewerkschaftsbewegung und nahm damit Vorkriegstraditionen auf. Stegemann stellt die Ereignisse der Jahre 1980/81 sowie die Verhandlungen am Runden Tisch 1989 detailliert dar, wobei sich drei Prinzipien als besonders folgenreich herausstellten: der Gewerkschaftspluralismus, die betriebszentrierte Organisation der Gewerkschaften sowie die zentrale Bedeutung des Streiks als eines politischen Kampfmittels.

Der Gewerkschaftspluralismus im Sinne der Konkurrenz von christlichen und sozialistischen bzw. kommunistischen Gewerkschaften war seit Anfang des 20. Jahrhunderts charakteristisch für Polen. Seit der Gründung der Solidarność wurde er aber nicht als Ausdruck einer Zersplitterung der Gewerkschaftsbewegung diskutiert, sondern als Ausdruck der Demokratisierung und des Aufbrechens des Machtmonopols der Kommunistischen Partei (die kommunistische Seite propagierte dagegen das Prinzip „Ein Betrieb – eine Gewerkschaft"). Ebenso wurde die Selbstverwaltung der Gewerkschaft und der Betriebe als ein Element der Demokratisierung gefordert. Ergebnis waren die 1981 und 1982 (nach dem Verbot der Solidarność) beschlossenen Gesetze über die Belegschaftsräte und über Gewerkschaften, welche den Betrieb als die zentrale Arena der kollektiven Arbeitsbeziehungen etablierten. Die Belegschaftsräte erhielten weitgehende Kontrollbefugnisse in den Betrieben, die betrieblichen Gewerkschaftsorganisationen eine eigene Rechtspersönlichkeit, um sie ge-

genüber den Verbandsstrukturen zu stärken, sowie (formal) eine größere Eigenständigkeit gegenüber der Partei und sogar ein Streikrecht (einzigartig im Ostblock), was Stegemann als eine frühe „Abkehr von der Theorie des Transmissionsriemens" der Gewerkschaften bezeichnet 213).

Mit diesem Erbe trat Polen in die Transformation ein. Wie Stegemann zeigt 290), nahmen arbeitsrechtliche Reformdiskussionen der 1990er Jahre die Debatten aus der Entstehungszeit der Solidarność ebenso wie den an das deutsche Arbeitsrecht angelehnten Rechtsstand der Vorkriegszeit auf. Stegemann diskutiert den Einfluss der Gewerkschaften auf die arbeitsrechtliche Entwicklung nach 1989 unter dem Stichwort „sozialer Dialog" zwischen Staat, Gewerkschaften und Arbeitgebern (Tripartismus). Die tripartistischen Gremien entstanden Mitte der 1990er Jahre als Antwort auf soziale Konflikte, die durch die Marktreformen hervorgerufen wurden. Nach einer Phase der Lähmung des Tripartismus durch den Wettbewerb zwischen der Solidarność und dem postkommunistischen Gewerkschaftsverband OPZZ kam es erst im Kontext des EU-Beitritts Polens (nicht zuletzt unter dem Einfluss der EU) zu einer Wiederbelebung dieses „sozialen Dialogs".

Aber auch die Existenz tripartistischer Verhandlungsgremien konnte nicht die Schwäche des Tarifvertragssystems in Polen beheben, was Stegemann als den bleibenden und entscheidenden Defekt des heutigen polnischen Systems der kollektiven Arbeitsbeziehungen ansieht. Diese Schwäche äußert sich darin, dass es keine Branchentarifverträge gibt und dass selbst Betriebstarifverträge nur in einem kleinen Teil der Betriebe existieren. Neben dem Gewerkschaftspluralismus und der betriebszentrierten Organisation der Gewerkschaften sieht Stegemann das polnische kollektive Arbeitsrecht als eine primäre Ursache dieser Schwäche 482, 513). Zum ersten führe die sehr niedrige Schwelle für die Gründung von Gewerkschaften zu einer Zersplitterung der Gewerkschaften. Erst in den 2000er Jahren sind die Kriterien der sogenannten „Repräsentativität" von Gewerkschaften als Voraussetzung der Tariffähigkeit geklärt worden. Zum zweiten ist das Streikrecht relativ permissiv: Die obligatorische Schlichtungsprozedur kann leicht umgangen werden, politische Streiks sind zugelassen, Verstöße gegen die vorgeschriebene Streikprozedur werden kaum geahndet und eine Aussperrung durch die Arbeitgeber ist nicht zugelassen. Stegemanns Einführung in die polnische Diskussion über das Tarifvertragsrecht und ihr Vergleich mit Deutschland ist für vergleichende Arbeitsrechtsforschung sehr interessant, in ihrer Interpretation der Wirkungen des kollektiven Arbeitsrechts in Polen drückt sich aber eine „deutsche" Lesart aus. Tatsächlich sind Tarifverhandlungen und Tarifkonflikte in Polen deutlich weniger reguliert als in Deutschland, zudem fehlt das Prinzip der „Kampfparität" von Streik und Aussperrung. Da allerdings Polen seit Ende der 1990er Jahre zu den europäischen Ländern mit der geringsten Streikintensität zählt, erscheint es mir zumindest diskussionswürdig, ob die Regulierung von Tarifkonflikten die Ursache für die Schwäche des Tarifvertragssystems ist.

Die „deutsche Brille" der Analyse zeigt sich auch in dem Gebrauch des Begriffs der Mitbestimmung. Stegemann gebraucht diesen Begriff für alle Formen betrieblicher Interessenvertretung, angefangen von gewählten Fabriksprechern der Vorkriegszeit 127) bis zu heutigen Rechten der Gewerkschaften und Betriebsräte in Polen, obwohl es ein Mitbestimmungsrecht im deutschen Sinne in Polen nicht gibt. Stegemann merkt selbst an 31): „Die Schwierigkeit der Deutung von Fachausdrücken gilt als eines der größten Probleme bei der Betrachtung aus rechtsvergleichender Perspektive. Sie erwächst aus der Tatsache, dass Recht ein kulturelles Phänomen ist, das gesellschaftlichen und politischen Wandlungsprozessen unterliegt und dessen Medium die Sprache ist." Sie beschreibt auch überzeugend, dass im kommunistischen Polen die Kämpfe um Beteiligung der Arbeitnehmer unter dem Schlagwort „Selbstverwaltung" geführt wurden. Im Kontext der Marktreformen nach 1989 wurde dieses Schlagwort zunehmend durch das Konzept der „Beteiligung" im Sinne von Arbeitnehmeraktienbesitz verdrängt. Das Prinzip der Mitbestimmung hat sich in Polen dagegen nicht entwickelt, auch wenn in den Selbstverwaltungsforderungen der 1980er Jahre eine solche Möglichkeit angelegt war.

Karolina Stegemann hat ein detailreiches und sehr gut informiertes historisches Nachschlagewerk über die Entwicklung der Gewerkschaften und des kollektiven Arbeitsrechts sowie über die gegenwärtigen Reformdiskussionen in Polen vorgelegt, das Studenten und Forschern der historischen Entwicklung des Arbeitsrechts sowie des vergleichenden Arbeitsrechts in Europa zu empfehlen ist. Für deutsche Leser ist der Vergleich mit dem deutschen Arbeitsrecht hilfreich, auch wenn dadurch die Entwicklung in Polen etwas zu stark durch die „deutsche Brille" gelesen wird. Deutlich wird gerade im Vergleich mit Deutschland der bis heute umkämpfte Charakter des polnischen kollektiven Arbeitsrechts, dem kein mit Deutschland vergleichbarer Interessenkompromiss zugrunde liegt.

Karolina Stegemann: Gewerkschaften und kollektives Arbeitsrecht in Polen. Wechselbeziehungen im geschichtlichen Kontext. Baden-Baden: Nomos 2011, 630 Seiten.

Arno Münster:

André Gorz oder der schwierige Sozialismus.
Eine Einführung in
Leben und Werk

Rezensiert von André Häger

Bankrotte Staaten, Aktienbörsen in Aufruhr, Proteste in Athen, Madrid, Lissabon, aber auch in Santiago de Chile und Tel Aviv, Krawalle in London, die Bewegung der „Occupy Wall Street" in New York, kampierende Bankengegner in Frankfurt. Die Wut auf das kapitalistische System sowie auf eine Politik, die Rettungspakete für insolvente Banken schnürt und gleichzeitig die soziale Exklusion forciert, eint das Aufbegehren der Demonstranten. Und viele der Empörten haben die Rekapitalisierungsdebatte der Entscheidungsträger satt und verspüren einen Appetit nach einer zeitgemäßen Formulierung eines Jenseits des Kapitalismus.

Die derzeitigen Proteste hätte André Gorz sicherlich begrüßt. Seine Schriften wenden sich an Menschen, die innerhalb sozialer Bewegungen nach Auswegen aus dem Kapitalismus suchen. Er verstand sich als intervenierender Intellektueller, dessen Aufgabe darin bestand, die reflexive Selbsterkenntnis emanzipativ wirkender Subjekte zu unterstützen. Dabei war er sich bewusst, dass die Einsichten, die zu vermitteln er sich bemühte, erst Gehör finden, wenn die kapitalistischen Widersprüche sich zuspitzen und der Druck der Geschehnisse eine genügende Anzahl politisch aktiver und entschlossener Leute hervorbringt. Die Konturen einer solchen Konstellation zeichnen sich gegenwärtig ab. Da passt es ins Bild, dass der Alt-68er Arno Münster die neue Generation von Revoluzzern an das umfassende Werk von André Gorz erinnert. Als Theoretiker der kapitalistischen Krise und des „(Öko-) Sozialismus von morgen" (120) ist dieser aktueller denn je.

Arno Münster lässt seine Schrift mit einem Prolog beginnen, der Gorz als einen „kritischen und radikalen Intellektuellen" (9) huldigt, dessen „theoretischen Pionierarbeiten einen ganz wesentlichen Beitrag zur (zeitgenössischen) Theorie des Sozialismus, der politischen Ökologie und des Neo-Marxismus geleistet haben" (10). Im Anschluss gliedern sich die Ausführungen in drei Teile. Im ersten Teil „Ausbildung und Lehrjahre (1949-1970)" (13-30) zeichnet Münster, neben biographischen Bemerkungen, insbesondere Gorz' Verhältnis zu Jean-Paul Sartre nach. Auch erfolgt hier eine knappe Analyse der autobiographischen Schrift „Der Verräter", anhand derer Münster den Charakter von Gorz als den eines „»gespaltene[n]« Menschen" (23) skizziert. Die beiden folgenden Teile „Ein autonomes kritisches Werk" (31-64) und „Der Sozialismus des Möglichen" (65-124) stehen in engem Zusammenhang, insofern sie den Versuch unternehmen, anhand zweier Grundmotive von Gorz' Denken eine Zusammenschau seines Werkes zu ermöglichen. Im erstgenannten Teil beginnt Münster einen Rahmen zu entwerfen, wonach die Überlegungen von Gorz zwischen einer „Kritik des *Produktivismus* und der produktivistischen Orientierung (Logik) des organisierten Kapitalismus" und der „Forderung nach einer *ökologischen* Ausrichtung (Orientierung) der Ökonomie" (34) stehen. Im Weiteren konzentriert sich der Autor auf das Motiv der Kritik und arbeitet den kritischen „Stachel" heraus, der den Gorzschen Reflexionen eigen ist, um dann unter Hinzuziehung des Motivs der Hoffnung oder auch des Optimismus die sozialistische Utopie eines Auswegs aus dem Kapitalismus abzustecken.

Die Ausführungen überzeugen in dreierlei Hinsicht. Erstens entwirren sie verschiedene kritische Stoßrichtungen, die sich in Gorz' Denken verschränken. Zu Recht macht Münster darauf aufmerksam, dass Gorz' „theoretische[r] Grundlegung eines *Ökosozialismus*" (34) nicht nur eine „Kritik der ökonomischen Vernunft" (Gorz) beinhaltet. Begleitet wird diese Stoßrichtung zudem von einer „Kritik des demokratischen Defizits der parlamentarischen Demokratie" (71), von einer kritischen Beurteilung der „Scheinalternative der Sozialdemokraten"

(77), von einer „Entmystifizierung einiger Dogmen des orthodoxen und des zeitgenössischen Marxismus" (35), von einer „Kritik des Systems des sowjetischen Kommunismus" (46) sowie von einer „Kritik des Parteibegriffs (der Parteiform)" (87). Münster gelingt es in diesem Zusammenhang, die originelle Position von Gorz herauszustellen, „die sich zugleich innerhalb und außerhalb des Marxismus des 20. Jahrhunderts situiert." (33). Zweitens bietet Münster zahlreiche Querverweise zu Autoren wie Hannah Arendt, Jean-Marie Vincent, Ivan Illich, Herbert Marcuse und Lelio Basso, aber auch zu Rainer Land und Stefan Meretz, denen die Gorzsche Theorie Anregungen vermittelt hat. Schließlich spart der Autor nicht mit kritischen Einwänden zu einzelnen Überlegungen von Gorz, die in der Sache stets berechtigt, gut nachvollziehbar und ohne Polemik vorgetragen sind.

Drei Aspekte der Darstellung rufen jedoch Widerspruch hervor. Erstens sind Münsters Ausführungen teilweise oberflächlich. In knappen Aussagen wird beispielsweise konstatiert, dass Gorz' Denken sich „«im Schatten Sartres» entwickelt" habe und sukzessive aus diesen Schatten herausgetreten sei, „ohne jemals die große philosophische und politische Nähe zu Sartre zu verleugnen" (22). Festgemacht wird die „Emanzipation" (in den 1970er Jahren) u. a. an „der Weigerung Gorz', auf den promaoistischen Kurs von Sartre und Simone de Beauvoir einzuschwenken" (ebd.). Münster spielt hier, ohne weitere Ausführungen, auf Sartres intellektuelle Beziehung zu Benny Lévy an, der Anfang der siebziger Jahre mit dem Pseudonym Pierre Victor zeichnete und als Anführer der maoistischen Gruppe „Gauche prolétarienne" galt. Mit dem radikalen Kurs dieser Gruppe und ihrer religiös-dogmatischen Verehrung des Proletariats hatte Gorz – wie vom Autor richtig angedeutet – nichts zu schaffen. Die Pointe ist jedoch, dass sich in diesem Zusammenhang nicht nur eine Autonomisierung seitens Gorz ablesen lässt. Sartre selbst emanzipierte sich unter dem weiteren Einfluss von Lévy, zumindest etwas, von seinem eigenen Denken, was wiederum die Sympathiebekundung – wenn man so will, eine Annäherung – von Gorz hervorrief. Als Sartre und Lévy das auf Deutsch

„Brüderlichkeit und Gewalt" betitelte Gespräch 1980 zu publizieren beabsichtigen, kam es zum Aufruhr innerhalb der Sartre-Familie. „Was für eine Scheiße!", soll Simone de Beauvoir nach der Lektüre des Textes ausgerufen haben. Innerhalb des Clans ist es Gorz, der die Veröffentlichung des brisanten Austausches des einstigen Maoisten mit dem „Papst des Existenzialismus" im „Nouvel Observateur", dessen stellvertretender Chefredakteur er war, unterstütze. Auch befürwortete er Sartres Rede von der Hoffnung, die vielen Sartrianern als jenes „Dynamit" galt, das drohte, das gesamte philosophische Gebäude des Meisters zum Einsturz zu bringen. Für Gorz hingegen war die Hoffnung stets ein zentraler Bestandteil der eigenen Überlegungen, gleichsam eine Art „roter Faden" seines Werkes. Des Weiteren kann der ebenfalls 1980 publizierte „Abschied vom Proletariat", wie Gorz selbst zum Ausdruck brachte, „in gewissen Beziehungen als eine Anwendung der ‚Kritik der dialektischen Vernunft' gedeutet werden",[1] was ebenso Münsters These zuwiderlaufen würde, dass sich eine „immer größere Autonomie gegenüber Sartre" offenbart und ein „philosophisch-politischer Kurswechsel [...] 1970" erfolgte (23). Ohne sich hier weiter in Details zu verbeißen: Gorz hatte die politischen „Eskapaden" Sartres nie wirklich mitgemacht, doch die philosophischen Arbeiten seines Lehrers zum Teil weiterentwickelt und immer verstanden, diese als Bausteine für die eigene Theoriebildung zu nutzen. Die von Münster konstruierte Metapher des „Schattens von Sartre" ist deshalb nicht fehl am Platz. Doch gibt es meines Erachtens keine wirkliche Emanzipation. Vielmehr ist der „Schatten", um im Bild zu bleiben, von Anbeginn an einigen Stellen „lichtdurchlässig" und Gorz wusste sich immer in dieses „Licht" zu stellen. Dass Münster als ausgewiesener Sartre-Kenner auf gewisse interessante Details der komplexen Beziehung von Gorz und Sartre nicht eingeht, ist bedauerlich.

Zweitens ignoriert Münster so gut wie völlig das Gorzsche Erstlingswerk „Fondements pour une morale". Zu der Analyse dieser in deutscher Sprache nicht zugänglichen Schrift findet sich in den Ausführungen lediglich der Verweis auf die französische Publikation Münsters, „Sartre et la morale" aus dem Jahr 2007 (vgl. 14), die hierzulande nur wenigen weiterhelfen dürfte. Dabei ist der sechshundertseitige „Essay", wie Gorz ihn nannte, für die Beziehung zu Sartre und die Entwicklung seines eigenen Denkens von besonderer Bedeutung. Sein früher philosophischer Entwurf, der erst 1977, 22 Jahre nach seiner Fertigstellung, veröffentlicht wurde, ist eine Art Fortsetzung von „Das Sein und das Nichts". Gorz hatte sich hier der Fragen angenommen, die in Sartres Schlüsselwerk zwar aufgeworfen, aber offen geblieben sind: Was ist die „Eigentlichkeit"? Worin besteht die existenzielle Bekehrung und wie kommt es dazu? Was heißt es, die Freiheit als höchsten Wert und Quelle aller Werte zu setzen? Die Antworten auf diese Fragen ergaben sich für ihn nicht ohne weiteres aus Sartres Ontologie. Er machte sich daran, diese umzuarbeiten. Auch ist es weniger der die Philosophie Sartres prägende „Blick", den Gorz hier in seine phänomenologischen Überlegungen einbaut. Vielmehr wird dem „Leib" ein zentraler Stellenwert beigemessen, ein Aspekt, der den Einfluss von Merleau-Ponty betont. Wenn man so will, beginnt schon hier eine „Emanzipation" von Sartre – falls es jemals eine solche gegeben hat - die Münster in den 70er Jahren erkennen will. Als Sartre den voluminösen Text, an dem Gorz fast 10 Jahre gearbeitet hat, ignoriert und sich für das Buch kein Verleger findet, verfaßt er die autobiographische Schrift „Der Verräter", die Münster im ersten analysiert. Dass „Le Trâitre" eine Anwendung der „Grundlagen einer Moral" auf sich selbst, auf seine eigene Existenz war, fällt dabei unter den Tisch. Ferner waren die „Fondements pour une morale", denen Gorz in den 40er und 50er Jahren seine ganze Aufmerksamkeit schenkte, ursprünglich als dreibändige Untersuchung geplant, wobei er faktisch nur den ersten Band vollendete. Vom zweiten Band, in dem es um die Beziehung des Subjektes zu anderen Subjekten gehen sollte, fertigte er 1948 nur einen Rohentwurf an. Der dritte Band, der beabsichtigte, die Beziehung des Subjektes zur Gesellschaft, zum Kollektiven, zu thematisieren, findet sich in Teilen in den Büchern „La morale de l'histoire" (1959) und „Abschied vom Proletariat" (1980). Die längjährige Beschäftigung mit der Moral, die

eng mit der von Münster ignorierten Schrift verwoben ist, enthält somit wichtige Wegmarken in Gorz' späteres Schaffen und ist für die Zusammenschau seines Denkens von eminenter Bedeutung.

Drittens finden sich in den Ausführungen immer wieder Fehler, die die Lektüre der Schrift teilweise zu einem Ärgernis werden lassen. Dass Münster den Freitod von André Gorz und seiner Frau Dorine falsch datiert (vgl. 7) sei dabei nur am Rande erwähnt. Ärgerlich ist vor allem die Handhabung der Literatur, die stellenweise irreführend ist. Über Seiten hinweg liefert der Autor Zitate, die in den Fußnoten angeben werden mit „André Gorz, *Reform und Revolution*, Europäische Verlagsanstalt, Frankfurt a. M. 1971, S. 208-209" (71-75). Eine solche Veröffentlichung mit einem derartigen Seitenumfang sucht man in deutscher Sprache vergeblich. Auch die Angabe, dass Gorz' „Kritik der ökonomischen Vernunft" im Jahr 1967 erschienen sein soll (vgl. 37) ist falsch. Ferner sei bemerkt, dass mit dem Diskussionsband „Abschied vom Proletariat?"[2], der von Leggewie und Krämer herausgegebenen Festschrift[3] und dem Einführungsbuch von Lodziak und Tatman[4] drei wichtige Schriften der Sekundärliteratur in den bibliographischen Angaben am Ende des Buches keine Erwähnung finden.

André Gorz war zeitlebens eine Art „Trüffelschwein" für die politische Theorie der europäischen Linken, der unentwegt nach Auswegen aus dem Kapitalismus suchte. Diese Suche war stets von zwei Fragen strukturiert: 1. Welches Befreiungspotential enthält die gesellschaftliche Entwicklung für den Menschen? 2. Wie unterdrückt das herrschende Gesellschaftssystem die potentielle Befreiung, die es selbst ankündigt? Gorz' Bücher dokumentieren eine regelrechte Fahndung nach Emanzipationspotentialen, die langfristig tatsächliche Emanzipation vom kapitalistischen System in Aussicht stellen. Arno Münster bietet einen in deutscher Sprache längst überfälligen Einblick in diese langjährige innovative Fahndungsarbeit. Gerecht wird er dem intellektuellen Schaffen von Gorz damit aber nicht. Anstatt einer systematischen Zusammenschau des Gorzschen Werkes erbringt das Buch vielmehr den Hinweis, dass am reichhaltigen Buffet der Kapitalismuskritik mit den Schriften von Gorz ein Theorieangebot vorliegt, das den aktuellen Appetit nach einer zeitgenössischen Formulierung eines Jenseits des Kapitalismus zu stillen weiß.

Anmerkungen

1   Interview von Rainer Maischein und Martin Jander mit André Gorz vom 16.10.1983 in Frankreich, in: DGB-Bundesvorstand, Abteilung Jugend (Hg.): Abschied von Proletariat? Eine Diskussion mit und über André Gorz. Protokoll einer Arbeitstagung vom 30. Mai bis 3. Juni 1983 in Oberursel, Düsseldorf 1983, 163-199, hier 169.

2   DGB-Bundesvorstand, Abteilung Jugend (Hg.): Abschied von Proletariat? Eine Diskussion mit und über André Gorz. Protokoll einer Arbeitstagung vom 30. Mai bis 3. Juni 1983 in Oberursel, Düsseldorf 1983.

3   Leggewie, Claus/Krämer, Hans Leo (Hg.): Wege ins Reich der Freiheit. André Gorz zum 65. Geburtstag, Berlin 1989.

4   Lodziak Conrad/Tatman Jeremy: André Gorz. A Critical Introduction, London/Chicago 1997.

Arno Münster: André Gorz oder der schwierige Sozialismus. Eine Einführung in Leben und Werk. Zürich: Rotpunktverlag 2011, 127 Seiten.

Autorenverzeichnis

Roland Benedikter, Dott. Dr. Dr. Dr.,
Soziologe; University of California, Santa
Barbara/ Visiting Scholar, Stanford University, The European Center

Regina Bittner, Dr. phil.
Kulturwissenschaftlerin, Leiterin der Akademie der Stiftung Bauhaus Dessau

Uli Brückner, Dr., Politikwissenschaftler,
Berlin

Heinz Bude, Prof. Dr.,
Soziologie, Universität Kassel / Hamburger
Institut für Sozialforschung

Ulrich Busch, Dr. habil.,
Finanzwissenschaftler, Berlin

Meinhard Creydt, Dr.,
Soziologe und Psychologe, Berlin

Jörg Dürrschmidt, Dr.
Soziologe, Gastprofessor an der TU Darmstadt

Gunter Gebauer, Prof. Dr.,
Philosoph und Soziologe, Institut für Philosophie, Freie Universität Berlin

André Häger, Dipl.-Politikwissenschaftler,
Universität Greifwald

Wladislaw Hedeler, Dr.,
Historiker, Berlin

Martin Krzywdzinski, Dr.,
Sozialwissenschaftler, Wissenschaftszentrum Berlin für Sozialforschung

Bernd Ladwig, Prof. Dr.,
Politikwissenschaftler,
Freie Universität Berlin

Rainer Land, Dr. sc.,
Philosoph und Wirtschaftswissenschaftler,
Thünen-Institut Bollewick

Judit Miklos, Dipl.-Soziologin,
Unternehmerin, Berlin

Nikita Petrov,
Historiker, Stellvertretender Vorsitzender
des Informations-und Aufklärungszentrums
von „Memorial" Moskau

Fred Scholz, Universitätsprof. a.D., Dr. Dr.
h.c., Sozial- und Wirtschaftsgeograph, Zentrum für Entwicklungsländerforschung, FU
Berlin / NUM Ulaan Baatar

Michael Thomas, Dr.,
Soziologe, BISS – Brandenburg-Berliner
Institut für Sozialwissenschaftliche Studien,
Berlin

Ruti Ungar, Dr.,
Historikerin, Universität Frankfurt am Main

Alexander Vatlin, Prof. Dr.,
Historiker, Lehrstuhl für neue und neueste
Geschichte der Staatlichen Moskauer
Lomonossow-Universität

Mathias Wagner, Dr.,
Sozialgeograph, Universität Bielefeld

Loïc Wacquant, Prof. Dr.,
Soziologe, University of California, Berkeley

Andreas Willisch, Soziologe,
Thünen-Institut Bollewick

Welt🌐Trends

Zeitschrift für internationale Politik

Bisher erschienene Themenhefte

www.welttrends.de

bestellung@welttrends.de | www.welttrends.de | www.amazon.de

Analyse statt Hysterie

Themenschwerpunkt Iran bei **Welt⊕Trends**

ISBN: 978-3-941880-06-1
Preis: 6,00 Euro

WeltTrends 70
Brodelnder Iran

Die letzten Wahlen im Iran waren die Zündschnur am Pulverfass: Der angestaute Protest entlud sich. Wenig organisiert, jedoch mit Kreativität und erstaunlicher Dauer der Opposition. Es brodelte bedrohlich im Iran. Trotzdem gelang es dem Regime, sich dem Druck zu widersetzen. Mit langen Haftstrafen und Todesurteilen holte es zum Gegenschlag aus. Iranische und deutsche Autoren diskutieren in Anbetracht der wachsenden Konflikte die Zukunft der „Islamischen Republik".

ISBN 978-3-941880-25-2
Preis: 12,00 Euro

WeltTrends *Lehrtexte* 12
Das politische System Irans

Seit nunmehr 30 Jahren hat die Islamische Republik Iran Bestand, doch noch immer dauern Debatten über die Einordnung des politischen Systems an. Handelt es sich um ein autoritäres oder totalitäres Regime oder gar um eine neuartigen Regimetypus islamischer Prägung? In sechs Abschnitten wird hinter den Schleier der Islamischen Republik geblickt. Dazu begeben sich deutsche und iranische Autoren unterschiedlicher Disziplinen auf die Spur eines scheinbar undurchsichtigen iranischen Herrschaftsmodells – das der velāyat-e faqih.

ISBN 978-3-86956-127-1
Preis: 8,00 Euro

WeltTrends *Papiere* 17
Herrschaft und Moderne im politischen Diskurs Irans

Iran zwischen Schia und Moderne: Im Zentrum steht die Genese einer sich im 20. Jahrhundert zunehmend ideologisierenden Schia, deren wachsende diskursive Macht sich mit der Iranischen Revolution von 1979 durch die Schaffung realpolitischer Strukturen in Form der velāyat-e faqih niederzuschlagen vermag. Azadeh Zamirirad und Arash Sarkohi untersuchen, wie und unter welchen Bedingungen sich der gesellschaftspolitische Entwurf des schiitischen Klerus in Hinblick auf nicht-religiöse Gegendiskurse gewandelt hat.